DANS LA PEAU DE MERYL STREEP

Mia March

DANS LA PEAU DE MERYL STREEP

Roman

Traduit de l'anglais (Etats-Unis)
par Marion Roman

PRESSES DE LA CITÉ

Titre original : *The Meryl Streep Movie Club*

ISBN 978-2-258-09991-3

Presses de la Cité | un département **place des éditeurs**

place des éditeurs

A la mémoire de Greg

« Peut-être savait-il – moi, je l'ignorais – que la terre est ronde afin que nous ne puissions pas voir trop loin notre route. »

Karen Blixen, incarnée par Meryl Streep
dans *Out of Africa*

Soirées ciné
à l'auberge des Trois Capitaines

Sur la route de Madison
Le diable s'habille en Prada
Mamma Mia !
La Brûlure
Rendez-vous au paradis
Kramer contre Kramer
Bons Baisers de Hollywood
Pas si simple
Out of Africa
(Mention spéciale : *Julie & Julia*)

Prologue

Lolly Weller

Quinze ans auparavant,
nuit de la Saint-Sylvestre, 2 h 30 du matin,
auberge des Trois Capitaines
(Boothbay Harbor, Maine)

On rediffusait *Le Mystère Silkwood.* Meryl Streep, l'actrice préférée de Lolly, y arborait cette coupe dégradée qu'elle avait copiée adolescente. Avec ce tempérament explosif qui la caractérisait, Cher lui donnait la réplique. Explosive, Lolly l'était aussi, de l'avis de sa sœur notamment. Mais Lolly n'en croyait rien. Non, le mot pour la décrire appartenait à un tout autre registre. D'ailleurs, si elle avait été catholique, elle se serait confessée tous les jours – deux fois par jour, même.

Il y eut deux appels ce soir-là et, après le premier, Lolly commit un acte qui allait la hanter pour le restant de ses jours, un acte qu'elle ne se pardonnerait jamais. Sa sœur Allie avait téléphoné vers 2 heures du matin. Très éméchée, elle pouffait dans le combiné : c'était la Saint-Sylvestre et son mari se trémoussait, tel Travolta dans *Pulp Fiction,* en plein milieu du hall du

Boothbay Resort, un hôtel très comme il faut. Ils avaient tous deux forcé sur le champagne, Lolly ou son époux pouvait-il venir les chercher ? Il y en avait pour cinq minutes, tout au plus…

Lolly fit le calcul. Cinq minutes aller, cinq minutes retour. Plus cinq minutes pour les accompagner jusqu'à la porte de leur appartement. Soit quinze précieuses minutes – quinze minutes perdues. Elle avait réveillé Ted, son mari. Pestant dans sa barbe contre les ivrognes, il avait enfilé sa parka par-dessus son pyjama et était parti les chercher.

Lolly s'était assurée que les filles dormaient. Les festivités du Nouvel An se limitaient pour elle et Ted à offrir champagne et cotillons aux clients des Trois Capitaines, aussi avaient-ils accepté de garder leurs nièces pour la soirée. Lolly était descendue sur la pointe des pieds. Au premier étage, elle avait poussé doucement la porte de la buanderie : comme souvent, Isabel Nash, sa nièce de seize ans, y avait traîné son matelas, sa couette et son oreiller, calés entre l'aspirateur et les produits d'entretien. Son beau visage détendu, elle dormait à poings fermés. Difficile d'imaginer les cris et les jurons qu'elle proférait parfois. Et pourtant, quand elle était rentrée une heure après son couvre-feu, quelle dispute entre elle et sa mère !

En la rebordant, Lolly remarqua dans son cou un suçon. Quand son père verrait ça…

De retour au second, Lolly passa une tête dans la chambre que sa fille partageait ce soir-là avec sa cousine June. Située à l'opposé de celle de Ted et Lolly, la pièce suffisait à peine pour un enfant, alors avec les deux lits de camp que Ted y avait installés, imaginez un peu… Mais en cette période de fêtes de fin d'année les Trois Capitaines affichaient complet, et les cousines n'avaient pas le choix. Sur la poitrine de June, treize ans, un exemplaire de *Jane Eyre* se soulevait au rythme de sa respiration. Une petite lampe de poche rouge lui éclairait le menton. Lolly l'éteignit et la posa avec le livre sur la table de chevet, puis elle écarta une boucle auburn du visage de sa nièce. June, la petite fille modèle.

Contre le mur d'en face dormait Kat, sa fille de dix ans. Quand elle avait entendu son père se lever, elle avait enfilé manteau, gants et bonnet en deux temps, trois mouvements : « Je peux venir avec toi ? Allez, papa ! Il n'y a pas école demain ! » Mais il était tard, il faisait froid et les routes fourmillaient de fêtards avinés : Ted l'avait recouchée illico.

Elle avait gardé ses moufles violettes et serrait contre elle son vieux Bourriquet en peluche. Lolly s'approcha à pas de velours. Une chance qu'elle dorme face au mur : la seule vue de son visage angélique, si semblable à celui de son père, aurait pu la faire pleurer – elle pleurait sans arrêt, ces derniers temps. Avec mille précautions, elle lui retira les moufles. Kat remua mais ne se réveilla pas. Rongée par la culpabilité, Lolly se mordit la lèvre et sortit.

Il lui restait environ dix minutes. Elle regagna sa chambre précipitamment, ferma la porte derrière elle et s'installa devant la télé, la télécommande et le téléphone sur le ventre. Elle changea de chaîne : *Le Mystère Silkwood* comptait parmi ses films préférés, mais elle l'avait vu une dizaine de fois, dont la dernière très récemment. Elle zappa, tomba sur *Quand Harry rencontre Sally*, monta le son juste assez pour masquer sa voix, puis composa le numéro. Pendant leur conversation, comme chaque fois, son cœur battait dans sa poitrine au rythme de rêves qu'elle croyait envolés. Elle chuchotait tandis qu'en fond sonore Billy Crystal dressait face à Meg Ryan l'inventaire de ses défauts.

Lolly perdit la notion du temps. Trente ou quarante minutes plus tard, un double appel les interrompit. C'était la police de Boothbay Harbor.

« Toutes nos condoléances... »

Lolly devait se rappeler toute sa vie cet instant où elle avait lâché l'appareil, pétrifiée, le souffle coupé, fixant avec horreur Billy Crystal à l'écran. Des années plus tard, elle resterait incapable de regarder un film dans lequel il jouait, de le voir en photo, d'entendre le son de sa voix. Heureusement qu'elle avait changé de chaîne, s'était félicitée un jour son amie Pearl : si elle avait opté pour *Le Mystère Silkwood*, ce soir-là, c'est aux films de Meryl Streep qu'elle aurait dû renoncer.

1

Isabel Nash McNeal

Isabel misait sur trois ingrédients pour sauver son couple : une vieille recette italienne de raviolis aux trois fromages, les bons souvenirs, et sa détermination à ne plus jamais mentionner ce qui les déchirait, elle et son mari. Elle aimait Edward, et ce depuis ses seize ans : elle n'allait pas baisser les bras !

N'empêche : sur le plan de travail, à côté de la recette couverte de pattes de mouche tracées à l'encre noire sur une feuille volante, la boule de pâte grisâtre qu'elle venait de confectionner lui inspirait une certaine perplexité.

Elle attrapa son exemplaire de *L'Italie au goût du jour*, de Giada De Laurentiis, et l'ouvrit au chapitre « Pâtes maison ». Sa boule ne ressemblait en rien à celle de la photo. Qu'à cela ne tienne, elle recommencerait. Il lui restait cinq jours pour y arriver. Le mardi suivant, Edward et elle fêteraient leur dixième anniversaire de mariage et Isabel avait tout planifié pour recréer la dernière nuit de leur lune de miel, à Rome. Agés tous deux d'à peine vingt et un ans et follement amoureux, ils avaient découvert un adorable restaurant avec terrasse et service continu à deux pas de la fontaine de

Trevi. Ils s'étaient installés à une petite table ronde, sous un croissant de lune. C'était une chaude nuit d'août et un air d'opéra, venu de nulle part, égrenait ses notes. Alors, Edward lui avait révélé le vœu qu'il avait fait en jetant sa pièce dans la fontaine, quelques minutes plus tôt : que la vie ressemble toujours à cet instant. Isabel avait fait le même. Devant leur plat de raviolis aux trois fromages, qu'ils s'accordèrent à trouver proprement divins, Edward lui avait répété qu'elle était toute sa vie, qu'il l'aimerait éternellement, puis il s'était levé, la main tendue, et l'avait emportée dans un baiser si passionné que le propriétaire, attendri, les avait invités à entrer pour leur confier sa recette. En cuisine, sa vieille mère s'affairait au-dessus de ses chaudrons ; une vraie sorcière, avec son nez crochu, sa robe noire et son chignon serré. Mais elle leur avait décoché un large sourire, les avait embrassés comme du bon pain avant de leur copier sa recette à la main, en italien. Le fils la leur avait traduite, ajoutant ce post-scriptum : *D'après ma mère, cette recette est magique et vous garantira un mariage heureux.*

Depuis, Isabel la conservait dans son portefeuille. Elle avait prévu à l'époque de préparer les raviolis pour chacun de leurs anniversaires de mariage, mais finalement ils partaient en week-end ou allaient au restaurant. De toute façon, leur mariage prospérait, année après année : la magie de la recette opérait sans qu'il faille la réactiver.

Jusqu'à récemment.

Récemment, leur couple avait viré à la guerre froide parce que Isabel désirait une chose interdite, éprouvait un besoin tabou, avec une force qui l'effrayait, la grisait, la faisait vibrer d'une soif de vivre insoupçonnée. Et qui lui tirait des larmes, aussi. Sous la douche, au supermarché, au volant de sa voiture et jusque dans son lit, la nuit. Parce que, cette chose, elle devait y renoncer.

Isabel venait de jeter à la poubelle sa pâte ratée et plongeait son verre mesureur dans la farine lorsqu'un bruit retentit dans l'entrée. Elle passa une tête dans le couloir : on venait de glisser une enveloppe sous sa porte. Bizarre. Isabel s'essuya les mains sur son tablier et, claquant des talons sur le sol en marbre, alla satisfaire sa curiosité.

L'enveloppe ne portait pas de nom d'expéditeur et la lettre, tapée sur une feuille A4, n'était pas signée.

Votre mari a une liaison. Peut-être le savez-vous déjà ; peut-être auriez-vous préféré l'ignorer. Je vous le dis parce que moi, à votre place, je voudrais être au courant. Et que vous avez été gentille avec moi, une fois, ce qui n'arrive pas souvent par ici.

La Mercedes noire est garée à l'arrière du 56, Hemingway Street, tous les jours vers 18 heures.

Désolée.

Isabel poussa un cri et lâcha la lettre. Les jambes en coton, elle s'assit sur la banquette. Edward, une liaison ? Ça ne tenait pas debout. Elle se ressaisit, ramassa la lettre et la relut, certaine qu'on faisait erreur. Madame Désolée avait dû se tromper d'adresse, elle ne voyait pas d'autre explication. Sa voisine, Sasha Finton, habitait une maison blanche de style colonial, avec porte rouge, volets noirs, allée pavée et parterres d'impatiens, qui ressemblait trait pour trait à celle d'Isabel. Darin, son mari, ne ratait pas une occasion de flirter, que ce soit aux dîners ou aux goûters d'anniversaire des enfants du quartier.

Pauvre Sasha, toujours si polie ! Ce matin, encore, en accompagnant son mari jusqu'à sa voiture, elle lui avait adressé un signe de la main et un sourire crispé. Isabel avait bien remarqué que quelque chose clochait. Darin paraissait sombre et elle bouleversée...

Quant à la voiture : une Mercedes... noire, comme celle d'Edward. Non ?

Isabel courut au salon et écarta les doubles rideaux, plissa les yeux et scruta l'allée des Finton, derrière la grille blanche en fer forgé : seule la BMW gris métallisé de Sasha y était garée. Mais la Mercedes de Darin était noire, Isabel en aurait mis sa main à couper. D'ailleurs, il était 18 heures passées : elle devait se trouver à l'arrière du 56, Hemingway Street. Tout concordait.

De retour dans la cuisine, Isabel posa une tomate sur la lettre en guise de presse-papiers. A vrai dire, elle aurait préféré laisser le vent l'emporter par la fenêtre et la faire disparaître à tout jamais. Mais alors, elle risquait d'atterrir sur le perron d'une autre femme...

Son couple battait de l'aile depuis longtemps déjà. Avant même leur petite guerre froide.

Mais une liaison, Edward ? Impossible.

Isabel ravala ses larmes. Elle versa trois doses de farine sur sa planche à découper, y creusa un puits, cassa dedans quatre œufs et entreprit de les incorporer, pétrissant avec la paume. Au lieu d'une pâte souple et élastique, elle obtint un paquet de grumeaux. Il y avait quelque chose qu'elle faisait de travers.

Il était sans doute naïf de se raccrocher ainsi au passé. Isabel persistait néanmoins à penser qu'en recréant cette nuit à Rome, cette époque où son couple n'était qu'enchantement, elle parviendrait à toucher son mari. Le mariage de la ricotta et de la sauce marinara lui évoquerait leur table romaine baignée de lune, réveillerait sa mémoire et ses sentiments d'antan. Isabel ressortirait du placard sa petite robe en coton et dresserait le couvert dans le jardin, sous les étoiles. Le décor serait loin d'être identique mais avec un peu de chance cela suffirait à raviver la flamme – celle qui avait brûlé durant leurs neuf premières années de mariage, constante, rassurante.

Au cours des derniers mois, leur relation s'était dégradée. La deuxième partie de son plan arrangerait ça : elle ne ferait plus jamais allusion au Problème qui s'était dressé comme un mur entre eux. A cette chose que voulait Isabel – et pas Edward.

Ecartant le presse-papiers de fortune, Isabel parcourut une nouvelle fois la lettre.

La Mercedes noire est garée à l'arrière du 56, Hemingway Street, tous les jours vers 18 heures.

Bon. Edward possédait une Mercedes noire. Et alors ? Darin Finton également. Les Carmichael, leurs voisins d'en face, aussi. Et ils étaient loin d'être les seuls dans le quartier.

Une voiture s'engageait dans l'allée des Finton. Isabel se rua à son poste d'observation. Darin descendait de sa Mercedes... anthracite. Isabel frissonna et traversa le salon à pas lents. A travers les voilages, elle inspecta l'allée des Haverhill. Faites qu'ils aient une Mercedes noire... Voilà à quoi elle se trouvait réduite : à souhaiter à Victoria Haverhill un mari volage ! Mais, de leurs deux voitures, la seule Mercedes était bleu foncé.

Isabel se tenait pétrifiée à côté du piano, le souffle court.

Vous avez été gentille avec moi, une fois, ce qui n'arrive pas souvent par ici...

Isabel se montrait toujours gentille. Sasha Finton, ça dépendait des jours. Quant à Victoria Haverhill... une vraie garce.

Et si la lettre lui était vraiment destinée ? Le bruit de ses pas résonnait dans son crâne tandis qu'elle regagnait la cuisine. Edward et elle voulaient sauver leur couple. Ils s'étaient juré d'essayer.

— Oh là là, Madame Isabel, mais qu'est-ce qui s'est passé ?

Marian, la femme de ménage, rangeait les ustensiles de cuisine tout en contemplant la pâte ratée. Elle parlait d'une voix douce. Vingt fois, Isabel lui avait demandé de l'appeler par son prénom, mais Marian, sans se départir de son sourire, s'entêtait : « Oh, non, Madame Isabel. »

— Je vais vous arranger ça, poursuivit-elle. Vous allez faire un bon repas, Monsieur Edward et vous.

« Monsieur Edward » et « Madame Isabel » habitaient depuis cinq ans leur vaste demeure de Westport, dans le Connecticut, et depuis cinq ans Marian s'occupait deux fois par semaine du ménage et parfois de la cuisine. La maison était bien trop grande pour deux. Ce qui provoquait parfois chez Marian un sourire malicieux et une remarque : à l'en croire, l'une des quatre chambres ferait une magnifique nursery, avec sa porte vitrée et ses fenêtres cintrées. « Une vraie chambre de conte de fées ! »

En attendant, elle servait de chambre d'amis, bien qu'elle n'en accueillît jamais. Seule Isabel y déambulait, à toute heure du jour et de la nuit, et la meublait dans son imagination d'un berceau à bascule blanc, d'une gigoteuse jaune pâle, d'un mobile musical, d'une fresque de canetons qu'elle ferait peindre le long des murs, sous les moulures...

Un bébé. Allison si c'était une fille. Allie – comme la mère d'Isabel. Et Marcus si c'était un garçon. Comme le père d'Edward.

Mais il n'y aurait pas de bébé. Isabel avait conclu un pacte, Edward ne manquait pas de le lui rappeler.

Un pacte qui lui crevait le cœur, certes, mais qu'elle respectait. Alors la lettre ne pouvait pas lui être adressée. Edward ne pouvait pas la tromper.

D'un autre côté, les vœux, ceux qu'on échange au moment du mariage, constituaient une sorte de pacte eux aussi – et ça n'avait jamais empêché quiconque de les briser.

Avec un sourire peu convaincant, elle remercia sa femme de ménage.

— Ce n'est pas la peine, Marian. Je m'entraînais. Pour notre anniversaire de mariage, la semaine prochaine. Ça fera dix ans.

— Vous faites un si joli couple ! J'espère que Monsieur Edward parviendra à s'échapper avant 20 heures pour votre grand jour. Il travaille si dur, et si tard !

La Mercedes noire est garée à l'arrière du 56, Hemingway Street, tous les jours vers 18 heures. Désolée.

Isabel saisit ses clés de voiture.

Isabel avait seize ans et l'esprit rebelle quand elle avait rencontré Edward McNeal au Centre régional pour jeunes en deuil de Boothbay. Il y travaillait tous les mercredis, après l'école, comme conseiller bénévole, ayant lui-même perdu ses parents dans un accident d'avion, cinq ans auparavant. Quand sa tante Lolly les avait conduites au centre, sa sœur, leur cousine et elle, deux jours après l'accident, Isabel avait participé à deux sessions, l'une animée par un adulte et l'autre par Edward. Dès le premier jour, avec ses yeux sombres pleins d'empathie, il l'avait subjuguée, au point qu'elle en avait oublié l'espace d'un instant où elle se trouvait – c'est-à-dire en enfer, privée de ses parents, fauchés par un chauffard le soir du Nouvel An alors qu'elle dormait paisiblement.

Elle ne voulait pas en parler. Et encore moins de sa dispute avec sa mère, le soir du drame. Ou de sa sœur June, qui pleurait tout le temps. Ou de leur emménagement chez la tante Lolly, dans cette auberge pourrie. Ou de sa cousine Kat, que ses parents avaient privée de son papa. Tout ce qu'elle voulait, c'était écouter Edward raconter sa propre expérience, de la nouvelle de l'accident jusqu'à sa réaction, différée, six mois plus tard : l'état de choc passé, les crises de larmes avaient débuté, et duré des mois. Elles lui tombaient dessus sans crier gare, à l'école, dans son lit, à l'église, où son demi-frère plus âgé le traînait dans l'espoir de l'apaiser – ce qui avait d'ailleurs marché pendant un temps. Puis un beau jour, d'après Edward, on s'interrompait en plein milieu d'une activité pour réaliser, stupéfait, qu'on n'y pensait plus. Alors l'acceptation commençait. Et la peine qui vous habitait tout entier prenait enfin sa juste place.

Une semaine plus tard, Isabel était amoureuse. Sa petite sœur aussi. Les sœurs Nash, qui s'étaient toujours entendues comme chien et chat, avaient transféré leur chagrin sur cette rivalité, déversé l'une sur l'autre leur colère. « Tu lui plais juste parce que t'es une traînée ! » hurlait la cadette. « Non, je lui plais parce que j'ai du caractère, rétorquait l'aînée. Pas comme toi, sale fayotte ! » Folles de douleur, elles ne mâchaient pas leurs mots. Isabel en avait parlé à Edward : « Isa, l'avait-il raisonnée, si les insultes de ta sœur ne sont que pures calomnies, il en va sans doute de même des tiennes. Songes-y. » Isabel avait essayé. Mais immanquablement les disputes repartaient de plus belle, jusqu'à ce que sa sœur lui ressorte *la* chose qui la vidait de son sang et la faisait trembler de la tête aux pieds, au point que June courait à toutes jambes chercher tante Lolly.

Il suffisait d'une journée pour qu'elles violent à nouveau la trêve. June se trouvait assez grande pour avoir un copain, même si Edward avait trois ans de plus qu'elle : elle bourrait ses soutiens-gorge de coton et se tartinait la bouche de gloss à la pêche pour attirer son attention. Tante Lolly avait fini par la changer de groupe et June s'était très vite attachée à sa nouvelle conseillère, Sarah, qui avait quatorze ans. Toutefois, le fossé qui s'était creusé entre elle et Isabel ne devait plus jamais se refermer. Lolly avait bien tenté de les réconcilier, en vain. Quant à Isabel, elle avait beau savoir qu'il lui suffirait pour calmer le jeu de rester sourde aux provocations de sa petite sœur, rien à faire : chaque fois elle surenchérissait, puis courait se réfugier dans les bras d'Edward. Elle y avait passé le plus clair de cet effroyable hiver. Ils marchaient de jetée en jetée dans le port de Boothbay, blottis l'un contre l'autre pour se protéger du froid mordant, s'enlaçaient sur des bancs face aux bateaux amarrés, Isabel lovée contre Edward tandis qu'il lui réchauffait les joues de ses mains gantées. Ils parcouraient des kilomètres avec leurs gobelets de chocolat chaud, et plus Isabel s'éloignait des Trois Capitaines, mieux elle respirait. Un soir, vers la fin du printemps, allongés main dans la main sous le chêne du jardin, ils avaient admiré les étoiles brillant de mille possibilités, et Isabel y avait décelé une lueur d'espoir.

« Faisons un pacte, avait suggéré Edward, les yeux rivés sur le ciel. Jurons qu'on restera ensemble toute la vie, juste toi et moi. »

Elle avait serré sa main dans la sienne.

« Juste toi et moi. Pour toujours.

— Et on n'aura pas d'enfants. Pour ne pas qu'ils deviennent orphelins, malheureux comme nous. »

Isabel s'était tournée vers lui, éblouie par sa sagacité. Il n'avait que seize ans et il avait déjà tout compris.

« Pas d'enfants, avait-elle promis.

— Marché conclu. Juste toi et moi, sans enfants, pour l'éternité. »

Ils étaient restés ainsi à contempler la nuit étoilée jusqu'à ce que Lolly les appelle pour le dîner.

Et pendant des années, ce pacte, Isabel n'y avait plus repensé.

Ils avaient trente et un ans à présent, et dix ans de mariage derrière eux. Et ils habitaient Westport, une adorable ville du Connecticut très prisée des jeunes parents. Isabel serra fort ses clés dans son poing, hypnotisée par les grumeaux de sa pâte : elle se remémorait toutes ces fois, au cours de l'année écoulée, où elle s'était surprise à dévisager des nourrissons dans leurs landaus. Par crises, un mal étrange la saisissait – alors, elle lâchait tout, ou se réveillait en sursaut, songeant que leur notion du risque méritait peut-être d'être révisée. Jusqu'à ses vingt-huit, vingt-neuf ans, Isabel aimait sa vie telle qu'elle était. L'instinct maternel ? Très peu pour elle ! Puis Edward était devenu distant. Renfermé. Il travaillait de plus en plus tard. S'interrompait au milieu d'une anecdote sur sa journée : « Laisse tomber, tu ne comprendrais pas. » Alors avait commencé de sourdre en elle une sorte de manque. De quoi ? Isabel n'aurait su le dire. Jusqu'à ce jour, un peu plus d'un an auparavant, à l'hôpital où elle travaillait presque à temps plein comme conseillère bénévole auprès des personnes endeuillées. Elle réconfortait une jeune veuve, mère d'un bébé de sept mois. Un membre de la famille – au demeurant aimante et très présente – avait demandé à Isabel de tenir la petite un instant.

En sentant ce petit être tout léger dans ses bras, elle avait étouffé un cri. Et compris, instantanément, qu'elle voulait un enfant. Le pacte, elle l'avait conclu adolescente, en deuil, quinze ans auparavant – il y avait prescription –, il n'était plus pertinent. Certes, la petite fille qu'elle berçait dans ses bras avait perdu son papa, mais mènerait-elle pour autant une vie malheureuse ? Serait-elle moins aimée ?

Isabel voulait un bébé. Ce n'était pas une passade. Elle avait analysé ses sentiments, laissé passer du temps. Jusqu'à ce que son envie devienne certitude : elle voulait un bébé, maintenant.

Un soir, quelques mois plus tard, elle s'était endormie en imaginant les traits de leur futur enfant, à Edward et à elle. Hériterait-il des cheveux bruns de son père, de son nez aquilin ? Ou plutôt des yeux noisette pailletés de vert de sa mère, de son visage ovale ? Elle s'était éveillée en sursaut au milieu de la nuit et avait lancé, à la faveur de l'obscurité : « Edward ? Tu dors ? » Un marmonnement. Isabel avait pris une profonde inspiration et déclaré que, ces derniers temps, elle songeait à faire un bébé. Silence. Peut-être dormait-il, finalement. Mais Edward avait enfin répondu : « On a conclu un pacte, Isa. » Le lendemain, il lui avait rappelé pourquoi. Gentiment d'abord. Puis son ton s'était durci.

« Et si je changeais d'avis ? avait protesté Isabel.

— Alors, nous sommes dans une impasse. »

Au début, elle avait tenté d'argumenter : ils n'étaient plus les ados endeuillés d'autrefois, ils n'avaient pas à obéir à des lois dictées par la peur et le chagrin.

Edward se contentait de la toiser froidement.

« Je ne veux pas d'enfants, Isabel. Point barre. On était d'accord. »

Puis il s'éloignait, une porte claquait. Au bout de quelques mois d'infructueuses négociations, ils avaient tous deux battu en retraite. Ils n'évitaient pas seulement le sujet : ils s'évitaient l'un l'autre. Isabel passait plus de temps à l'hôpital et dans ses rares moments de liberté elle se postait devant la nursery et regardait les nouveau-nés, fermant les yeux lorsque son cœur se serrait trop, laissant monter en elle pleinement son désir d'enfant. Elle se replia en elle-même, furieuse de l'obstination de son mari. Qui, pour sa part, rentrait de plus en plus tard le soir, retournait travailler le samedi matin et finit même par éviter les pièces où elle se trouvait. Pour finir, il avait déserté leur chambre à coucher. Au matin, elle le trouvait allongé sur le canapé du salon ou recroquevillé sur la causeuse de son bureau. Quand il lui arrivait encore de se joindre à elle pour le petit déjeuner, elle ressentait, à un mètre de lui, une solitude écrasante.

« Edward, il faut qu'on parle. Il faut qu'on fasse quelque chose », lui rabâchait-elle, à table, par mail, au téléphone, ou au milieu de la nuit quand, se réveillant seule, elle descendait et le trouvait en train de regarder un match de base-ball ou simplement de se prendre la tête à deux mains. Alors, elle frémissait, incapable d'atteindre cet inconnu qui avait pourtant partagé la moitié de sa vie.

Quelques mois plus tôt, Isabel avait donc pris une résolution. Elle ne montait plus à la nursery, avait cessé de rêver éveillée à de tout petits nez aquilins surmontés d'une paire d'yeux noisette pailletés de vert – un doux mélange de leurs deux visages. Elle avait fait un pacte, prononcé des vœux, prêté serment, et elle entendait bien respecter ses engagements. Edward l'avait sauvée : à elle de lui rendre la pareille en sauvant leur couple. Leur couple, autrefois si solide, si heureux... Longtemps, longtemps il avait continué à la soulever de terre pour l'embrasser avec ardeur, comme pendant leur lune de miel. Ils faisaient l'amour, regardaient des DVD au lit en picorant des sushis. Elle lui racontait sa journée et, quand elle rentrait de l'hôpital particulièrement éprouvée, il la serrait dans ses bras jusqu'à ce qu'elle se détende. Quand, de corvée de visite dans sa famille, dans le Maine, elle étouffait sous le poids des souvenirs et des tensions avec sa sœur, Edward l'accompagnait au port, ils marchaient main dans la main, comme au temps de leur adolescence, et tout rentrait dans l'ordre.

« Toi et moi, ensemble, pour toujours. Rien que toi et moi. »

Edward McNeal était toute sa vie. Alors, ces derniers mois, elle s'était battue. Elle avait tout donné.

Au début, Edward avait réagi. A ses sourires spontanés, sincères. A ses œillades énamourées, dépourvues de rancœur. Aux petits massages dont elle le gratifiait, humant au passage son odeur de savon et de virilité, qu'elle chérissait depuis si longtemps. Il se retournait, l'embrassait passionnément, l'attirait à l'étage. C'était après que ça se gâtait. Elle le voyait à son expression, à son attitude. Quelque chose entre eux s'était cassé. Peut-être même avant qu'elle lui parle d'enfant. Une chose que ni le sexe, ni les sourires, ni peut-être même le temps, ne suffiraient à réparer.

Elle avait attendu. Essayé. Tant et tellement qu'il lui arrivait de fondre en larmes pendant l'amour. Edward se contentait alors de secouer la tête, et de disparaître des heures durant…

« On peut mentir à autrui, jamais à soi-même », disait toujours sa tante Lolly.

Isabel avait redoublé d'efforts. Quelques semaines plus tôt, elle avait pris Edward entre quatre yeux et renouvelé d'elle-même leur pacte. Oui, elle avait trente et un ans et, oui, elle avait changé d'avis au sujet des bébés et, oui, elle pensait pouvoir faire une bonne mère. Mais son couple passait en premier. Elle allait suivre ses conseils : prendre un chien, pour commencer – non, deux, et des gros, des rhodesian ridgebacks par exemple, ou bien des lévriers anglais. Ils partiraient en voyage, retourneraient en Italie, exploreraient l'Inde et l'Ouest américain, comme elle en avait toujours rêvé. Ou bien ils feraient un safari en Afrique pour savourer leur liberté – ensemble, rien qu'elle et lui.

Rien qu'elle et lui… Leur relation avait changé, leur couple vacillait, dangereusement même, mais elle aimait son mari et ils s'en sortiraient. Parfois, la nuit, elle se remémorait une pique que lui avait lancée sa sœur le Noël précédent. En pleine dispute, comme souvent, Isabel avait consulté son mari et June avait persiflé : « Tu ne sais même pas qui tu es sans lui ! » Certes, avant de perdre ses parents et de le rencontrer, Isabel affichait une tout autre personnalité… Et voilà que lui naissaient de nouvelles envies – des envies de nature à transformer une vie… Cédait-elle à Edward par peur ? Qu'importe. Son choix était fait. Il n'y aurait pas de bébé. Pas de petits petons, pas de rires d'enfants.

Au fond, il lui suffisait presque de savoir qu'elle en avait envie : ça la rassurait sur le genre de personne qu'elle était.

Ses clés de voiture lui meurtrissaient la paume. Isabel avait cru son mariage tiré d'affaire, du moins en rémission. Mais... Edward lui avait annoncé ce matin-là qu'il ne l'accompagnerait pas dans le Maine cette fois. Une première : il profitait habituellement de ces visites pour aller saluer son frère et sa femme, et il avait toujours apprécié Lolly. Pourtant, quand Isabel lui avait fait part de l'appel mystérieux de sa tante, qui voulait les voir, June, Kat et elle, aux Trois Capitaines le vendredi suivant, Edward s'était défilé. Trop de rendez-vous. De dîners avec des clients. De réunions.

Un week-end ?

« Je ne peux pas me libérer, Isa. Va voir ta famille. Ça fait longtemps. Passe quelques jours là-bas. Et pourquoi pas une semaine ? »

Sa famille. Elle l'avait vue au mois de décembre – on était en août. Deux réunions de famille annuelles, pour Thanksgiving et pour Noël, ça leur suffisait amplement à toutes.

« Passe quelques jours là-bas... Pourquoi pas une semaine ? »...

Avait-il oublié leur anniversaire de mariage, le mardi suivant ?

« Qu'est-ce qu'elle vous veut, déjà ? » avait-il demandé, sans cesser de pianoter sur son iPhone.

Il ne l'écoutait plus. Isabel s'interrogeait depuis l'appel de sa tante, qui n'avait pas pour habitude de convoquer ainsi ses nièces. Sans doute avait-elle décidé de vendre l'auberge. Lolly n'était pas sentimentale pour deux sous mais, les cousines y ayant grandi, elle devait juger l'événement digne d'une annonce officielle. Isabel voyait ça d'ici ; Lolly emprunterait le même ton détaché qu'elle utilisait pour leur signaler que les lilas embaumaient particulièrement cet été, puis chacune reprendrait le cours de sa vie : Lolly rejoindrait ses hôtes au salon pour la soirée ciné tandis que June, qui craignait toujours de croiser en ville de vieilles connaissances, se terrerait dans le jardin avec son fils Charlie et une boîte de Lego. Quant à Kat, elle trouverait un prétexte pour éviter... Isabel.

Décidément, pourvu que Lolly vende l'auberge ! Isabel n'y avait pas beaucoup de bons souvenirs.

Ecoute-moi. Regarde-moi. Reviens-moi ! avait-elle supplié, en silence. Son mari n'avait pas levé les yeux de son écran.

« Elle ne m'a rien dit, avait-elle répondu. Mais je crois qu'elle va vendre les Trois Capitaines. »

Un vague hochement de tête, un coup d'œil à sa montre et, empoignant sa serviette, Edward était parti.

C'était donc tout l'effet que ça lui faisait ? Il n'éprouvait pas une once de nostalgie pour l'endroit où ils avaient passé tant de nuits allongés sur l'herbe, à la belle étoile, sous les chênes centenaires ? A ébaucher ensemble leur avenir commun : un avenir sans enfants mais plein de rêves...

Pas le moindre commentaire. Rien.

A présent, Isabel fixait la lettre anonyme qui dépassait de son sac. Elle la parcourut une énième fois avant de la ranger dans son enveloppe.

Votre mari a une liaison...

Avait-elle vraiment envie de savoir ? Certaines épouses, pour des tas de raisons, fondées ou non, pratiquaient la politique de l'autruche.

Il pouvait encore s'agir d'une méprise. D'un autre modèle de Mercedes noire. D'un sosie d'Edward, surpris à se faufiler par la porte de derrière, en catimini...

Et si c'était bien lui ? Alors quoi ? Tomberait-il à genoux pour implorer son pardon ? Tâcheraient-ils de surmonter cette nouvelle épreuve ? Lui jurerait-il ses grands dieux que ça n'était arrivé qu'une seule fois, qu'il n'avait jamais aimé qu'elle ?

Sauf qu'il ne semblait plus l'aimer depuis un certain temps. Peut-être ne prendrait-il même pas la peine de nier.

Restait une option : jeter ce torchon à la poubelle et faire comme si de rien n'était. Se persuader qu'il ne lui était pas destiné. Isabel ferma les yeux et s'assit au moment où ses jambes se mettaient à trembler.

Il était 18 h 25.

Il fallait qu'elle sache.

Après un dernier regard à la pâte qui s'affaissait sur la planche en bois, Isabel fourra la lettre dans son sac et prit sa voiture. Trois minutes plus tard elle s'engageait dans Hemingway Street. Le numéro 56 était le dernier de la rue. Isabel reconnut la belle maison à colonnades : elle y était venue quelques années plus tôt, pour une réunion entre voisins au sujet d'un référendum municipal.

Qui donc habitait là ? Elle fouillait en vain sa mémoire tout en se garant plus loin, avant de revenir à pied, fébrile. Un auvent dissimulait les voitures.

Faites que sa Mercedes n'y soit pas !

Mais elle y était.

Espèce de salaud !

Une rage acide lui vrilla l'estomac, puis vint la tristesse, immense – elle n'avait rien ressenti de tel depuis ce funeste matin où elle avait appris la mort de ses parents. Elle s'appuya contre le mur de la maison, à l'abri des grands pins. Ils dérobaient aussi son époux et sa Mercedes à la vue des voisins – seule Madame Désolée devait veiller au grain.

Au-dessus de la porte en verre coulissante, sur un écriteau de bois tanné par les ans, on lisait, en lettres colorées : *FAMILLE CHENOWITH.* Mais bien sûr ! L'ambitieuse Carolyn Chenowith et son mari – son prénom lui échappait. Un couple d'une bonne trentaine d'années, avec un enfant, une fillette de trois ou quatre ans. Sans oublier la jeune fille au pair : une Irlandaise de dix-neuf ans à la taille menue, au sourire ravageur et aux seins énormes.

Edward se tapait la nounou... Quel cliché !

Les larmes lui brûlaient les paupières. Que faire ? Rentrer à la maison et ronger son frein le temps de prendre une décision ? Téléphoner à Carolyn pour l'avertir des mœurs légères de son employée, dont Edward n'était peut-être pas la seule proie ? Les surprendre en pleins ébats ?

D'un pas hésitant, Isabel gravit les marches du perron et appuya sur la poignée. La porte n'était pas verrouillée. Sur le seuil, elle s'immobilisa, aux aguets. Bruits de voix au premier. Retenant son souffle et se soutenant à la rampe, elle monta les escaliers tendus de moquette blanche. Son cœur cognait si fort qu'elle s'étonna de n'avoir pas encore été repérée.

Edward surgit soudain sur le palier, vêtu en tout et pour tout d'une chemise déboutonnée.

A la vue de sa femme, sa mâchoire se décrocha et il blêmit. A deux doigts de s'évanouir, crut-elle. Il tituba, recula, s'agrippa au cadre de la porte.

— Qu'est-ce que...

— Chéri ? Ça va ? demanda une voix de femme.

Une voix dénuée de tout accent irlandais.

Carolyn Chenowith sortit de la chambre, entièrement nue. Elle vit Isabel, pâlit à son tour et resta un instant comme paralysée. Reprenant ses esprits, elle courut s'envelopper d'un drap et revint, le rouge au front.

— Isabel, je... bredouilla-t-elle.

Isabel ne rêvait pas : son visage exprimait la compassion !

Edward leva la main, les yeux brouillés de larmes.

— Isabel. Oh, Isa. Je... je suis désolé.

Elle ne cilla pas. Elle restait plantée là, incapable d'intégrer la situation, de formuler une pensée.

— Tu...

Tu as une liaison. Avec Carolyn Chenowith. Une mère de famille.

Elle les dévisagea pendant quelques secondes puis se détourna et dévala l'escalier.

2

June Nash

Pauline Altman… June avait toujours espéré, si elle devait la recroiser, qu'elle aurait vingt kilos de trop et le visage couvert d'acné. Pas de chance : elle restait mince et blonde, et jolie comme un cœur.

Quoiqu'un peu chevaline sur les bords.

Elle feuilletait un guide du Pérou au rayon « Voyages » de la librairie Books Brothers. June, qui s'apprêtait à remettre en rayon un *Paris sans se ruiner* oublié sur une table de l'espace café, courut se cacher dans l'allée « Histoire et monuments du Maine » et prévint à mi-voix un vendeur qu'elle se retirait dans l'arrière-boutique.

Une fois en sécurité, elle poussa un soupir qu'il lui semblait retenir depuis sept ans.

La dernière fois qu'elle avait vu Pauline Altman, June avait vingt et un ans et, enceinte de huit mois, elle vendait des livres au Books Brothers de Boothbay Harbor, sa ville natale. Pauline, à qui June avait raflé de peu au bac le titre de major du lycée, s'était présentée à la caisse avec un gros volume sur les concours d'entrée en fac de droit, les yeux ronds comme des billes de loto.

« Eh ben, Juju, t'es enceinte ? Dis donc, ce que tu es grosse ! J'imagine que les études, pour toi, c'est fini. »

Quelle perspicacité, avait grincé June en son for intérieur. Si elle avait pu disparaître derrière les piles de nouveaux arrivages ! Non, elle ne retournerait pas à la prestigieuse université Columbia, et ne décrocherait pas son diplôme – il lui manquerait une année pour ça. Mais l'angoisse et l'isolement dont elle avait souffert là-bas ces six derniers mois, eux, ne lui manqueraient pas. Elle était tombée enceinte en novembre mais ne s'en était aperçue qu'au printemps. Après, elle n'avait plus pensé qu'à deux choses : le bébé, et son père, qu'il lui fallait à tout prix retrouver.

Pauline avait laissé traîner son regard sur l'annulaire de June : pas d'alliance. Ce détail avait semblé la réjouir.

« Sacrée Juju, je n'aurais jamais cru ça de toi ! Je t'imaginais en stage à la rédaction d'un journal ou dans une prestigieuse maison d'édition, promise à une brillante carrière de reporter au *New Yorker*... »

Une cliente attendait, aussi Pauline avait-elle empoché son achat et conclu :

« Comme quoi, tout le monde peut se tromper... même les majors de promo ! »

Et, claquant des sandales, ondulant des hanches dans son minishort de la fac de Yale, elle était enfin partie.

June avait dû demander dix minutes de pause – son patron, compréhensif eu égard à son état, lui en accordait autant qu'elle en souhaitait. Assise sur le couvercle des toilettes, elle avait tâché de se calmer. Pauline et les autres pouvaient bien penser ce qu'ils voulaient, elle ne s'était pas « trompée ».

Mais alors pourquoi, sept ans plus tard, se terrait-elle à nouveau dans la réserve d'un Books Brothers ? Au moins cette librairie-ci, à Portland, était-elle plus vaste que celle de la maison mère, à Boothbay. Où June ne mettait pratiquement plus les pieds, entre autres parce que la ville pullulait de Paulines qui, toutes, lui renvoyaient son image passée : June, l'intello du lycée qui rêvait de conquérir New York... et s'était retrouvée en cloque après une aventure sans lendemain, puis mère célibataire vendant des bouquins dans une petite librairie de province.

Elle y avait gravi les échelons : gérante désormais, elle gagnait assez pour payer ses factures et même mettre un peu d'argent de côté, chaque mois, pour les études de Charlie notamment.

Charlie... Penser à lui la ragaillardit : au diable Pauline et ses préjugés ! Au diable les regrets ! Sa vie était telle qu'elle était, elle n'y pouvait rien changer, et au fond June ne se plaignait pas. Au contraire. Elle avait un fils formidable, des amis loyaux, un boulot en or. June entortilla ses longs cheveux auburn et y planta un stylo, puis s'assit à son minuscule bureau. *Goûter Charlie*, nota-t-elle sur un Post-it – un ami de son fils venait jouer à la maison après le centre aéré et elle prévoyait d'acheter pour l'occasion les bâtonnets de fromage dont il raffolait, du raisin et peut-être quelques mini-muffins au chocolat. Elle les voyait déjà, sur le tapis de Charlie imprimé de constellations, parmi les robots et les Lego, tirer de longs fils de fromage et s'extasier sur leurs gâteaux...

— Ah, June, te voilà.

Jasper Books sortait du bureau adjacent, plus exigu encore que celui de June, où il travaillait deux jours par semaine. La trentaine, grand, plutôt séduisant, il portait son fameux pantalon à bretelles. Jasper possédait les deux Books Brothers et son frère jumeau, Henry, gérait celui de Boothbay Harbor. June leur devait beaucoup à tous les deux. Jasper l'avait fait muter à Portland quand elle n'avait plus supporté les regards obliques et les réflexions assassines. « Si c'est pas malheureux d'en arriver là, quand on a la vie devant soi… » persiflaient les mauvaises langues, comme si elle avait braqué une banque et s'était retrouvée en prison ! Mais June fuyait aussi sa tante, et sa… désapprobation, faute d'un mot plus adapté.

La librairie de Portland se nichait entre les cafés, les boutiques d'antiquités et les restaus d'Exchange Street, dans le quartier du vieux port. June habitait le petit appartement de fonction qui la surplombait. Elle y élevait son fils avec l'aide de sa voisine, une gentille grand-mère trop heureuse de jouer les nounous. Ce deux pièces, c'était à Jasper qu'elle le devait, tout comme sa promotion au rang de première vendeuse, puis de gérante. June adorait la librairie Books Brothers. Elle aimait manipuler les livres, conseiller les clients en quête de lectures ou d'idées de cadeau, rédiger sur des affichettes les « Recommandations du libraire ». Elle aimait le parquet rayé, les tapis tressés et les canapés trop rembourrés où les clients s'installaient pour lire un livre jusqu'à la moitié, sans pour autant l'acheter en repartant.

— Salut, Jasper. Tu refais la compta ?

Ces derniers temps, Jasper se rongeait les sangs : le chiffre d'affaires chutait. June se démenait pour booster les ventes, organisant des lectures de best-sellers et des dédicaces avec les grands auteurs de la région, créant un club de lecture et un espace café, et même un

« après-midi contes et comptines » pour les enfants. Ses efforts payaient… mais pas assez.

Jasper tardait à répondre. Il entra dans le bureau de June et s'assit sur la chaise calée contre le mur.

— Mauvaise nouvelle. Henry et moi, on a dû prendre une décision. On va fermer la librairie de Portland.

— Quoi ?

— Au train où vont les choses, on ne pourra bientôt plus payer notre bail et nos frais généraux. Inutile de se leurrer : il faut fermer. On envisage d'agrandir la maison mère. On possède les locaux et les affaires marchent bien, à Boothbay, notamment parce qu'on n'a que deux concurrents locaux. Tu pourrais y être transférée. C'est Henry qui est aux commandes, donc cette décision lui appartient, mais je suis sûr qu'il accepterait. On ne va pas te renvoyer comme ça !

Le ciel lui tombait sur la tête. La librairie fermait ! Elle allait perdre son emploi… Sa boutique adorée…

Quant à rentrer à Boothbay… June rechignait déjà à s'y rendre pour ce stupide dîner ! Mais sa tante l'avait expressément invitée. Ainsi que sa sœur. Apparemment, Lolly avait quelque chose à leur annoncer. June trépignait rarement d'impatience à la perspective d'affronter les millions d'Isabel, le mutisme de Kat et l'indifférence de Lolly, qui préférait à ses nièces ses films et ses clients. Et maintenant qu'elle était quasiment au chômage elle y répugnait carrément. A Noël dernier, lord Edward (ainsi que June surnommait en secret son arrogant beau-frère) lui avait servi toute une litanie : « Trois ans dans une des meilleures universités du pays, et toujours vendeuse ? Allons, June. Tu ne préférerais pas travailler pour un magazine régional, comme le *Portland* ou le *Down East* ? » Non mais qu'est-ce qu'il s'imaginait ? Que n'importe qui pouvait du jour au lendemain se faire embaucher à la rédaction d'un journal ? Bien sûr que June en rêvait – autrefois. Puis elle avait trouvé un boulot stable, avec revenus fixes et logement de fonction. Et d'abord elle n'était plus vendeuse, mais gérante. « Oh, pardon, ça change tout ! » aurait raillé lord Edward – June l'entendait d'ici.

Dire qu'à seize ans il la fascinait ! Elle avait passé des heures à étudier ses traits, ses longs cils, l'angle de son nez, ses yeux brun foncé capables aujourd'hui encore de réveiller le souvenir de la jeune fille triste et révoltée qu'elle avait été, une jeune fille à qui la tragédie avait volé ses rêves. Ce n'avait été qu'une fois admise à Columbia qu'elle avait réappris à rêver, une fois à New York, loin de sa tante Lolly et de son auberge « au charme rustique authentique », à en croire les guides touristiques – traduction : démodée et à moitié décrépie. Loin de Boothbay, June s'était trouvée. Jusqu'à ce jour où, sur ce banc de pierre à Central Park, sa vie avait basculé pour la seconde fois.

Rentrer à Boothbay... Où tant d'anciens camarades de lycée s'apitoyaient sur son sort qu'elle s'attendait parfois à ce que même de parfaits inconnus l'appellent « ma pauvre Juju »...

Pas question !

— Jasper, Boothbay Harbor est à une heure et demie d'ici, je ne peux pas faire l'aller-retour tous les jours. De toute façon, je ne veux pas y retourner. Je trouverai autre chose. A la bibliothèque, peut-être...

Jasper la prit par l'épaule.

— June, tu ne comprends pas... L'appartement est sur le même bail que le magasin. On va le rendre.

June s'affaissa sur sa chaise. Oh non !

Jasper lui serrait toujours l'épaule.

— Tout ira bien. Tu vas trouver un nouveau boulot et un nouveau logement. Tu retombes toujours sur tes pattes.

Vraiment ? En attendant, le sol semblait s'être dérobé sous ses pieds.

Dans sa kitchenette, June tentait d'encaisser la nouvelle. Entre ces quatre murs, elle avait fait goûter à son fils sa première cuillerée de beurre de cacahuète, elle lui avait appris à jouer à la bataille. Elle avait cherché le sommeil aussi, certaines nuits, une tasse de thé dans une main et dans l'autre une poignée de vieilles photos de ses parents. Avec ses vieux placards en Formica et son carrelage défraîchi, la cuisine ne payait pas de mine, surtout comparée à la maison de sa sœur dans le Connecticut, qui semblait tout droit sortie d'un magazine de déco. Mais c'était chez elle. Elle avait repeint les murs en jaune, disposé au sol des tapis en kilim aux couleurs vives, jeté sur les meubles des tissus et des coussins, tendu des rideaux aux fenêtres et transformé le petit appartement bruyant en un nid douillet pour Charlie et pour elle.

Surtout, ne pas pleurer. Attablé derrière elle, drapé de la cape de Batman que Kat lui avait offerte pour ses sept ans, Charlie préparait avec son copain Parker un projet pour le centre aéré. Parker et Charlie, le jour et la nuit. Charlie avait les yeux verts et les cheveux bruns (ce qu'il ne tenait pas d'elle), tandis que Parker était blond aux yeux bleus – un vrai chérubin. June sortit du frigo deux bâtonnets de fromage, remplit de jus de pomme deux gobelets Batman et leur servit leur goûter. Elle s'était arrêtée à la boulangerie pour leur acheter des muffins mais elle leur ferait la surprise plus tard.

— Tu sais quoi ? chuchotait Charlie à son ami en rapprochant sa chaise. Moi, je peux pas faire le projet du centre aéré, parce que j'ai pas de papa.

June tendit l'oreille.

— Pourquoi t'as pas de papa ? demanda Parker.

Charlie haussa ses petites épaules.

— Je sais pas. C'est comme ça.

— Je croyais que tout le monde avait un papa.

Charlie secoua la tête.

— Pas moi.

Les enfants levèrent sur June un regard inquisiteur. Une inquiétude familière l'envahit, comme chaque fois que Charlie abordait le sujet. Le pire, c'était quand elle croisait des couples aux réunions parents-profs, ou quand d'autres enfants mentionnaient leur père devant le petit. Elle éprouvait cette peine qui l'avait si souvent empêchée de dormir quand Charlie était bébé – ce qui s'avérait au moins pratique pour l'allaiter, songeait-elle amèrement. Elle se payait alors le luxe d'une rêverie, dans laquelle John tenait parole et la rejoignait, sur son banc, par cette froide journée de novembre. Ils découvraient ensemble sa grossesse et décidaient de garder l'enfant. Ils se mariaient, trouvaient un logement à New York, élevaient ensemble le bébé. Elle terminait ses études et intégrait l'équipe rédactionnelle du *New Yorker*. Lui remettait à plus tard son année sabbatique. Et ils vivaient heureux, tous trois, en famille. Un bien doux rêve, dans lequel Charlie avait un papa.

Sauf qu'en réalité il n'en avait pas.

June s'agenouilla à ses côtés.

— Raconte-moi. C'est quoi, ce fameux projet ?

— C'est pour la journée portes ouvertes. On va faire un collage géant, grand comme au moins dix personnes, avec tous nos arbres généalogiques. Tu sais ce que c'est ?

— Oui, Charlie, je sais ce que c'est.

Il tira d'une pochette une feuille de papier vert cartonné. June l'examina. On y avait tracé un arbre schématique ainsi que des bulles destinées à recueillir les noms des différents membres de la famille : arrière-grands-parents, grands-parents, parents, frères et sœurs. Avec une consigne : *Remplis les bulles et écris dessous trois adjectifs ou mots pour décrire tes parents et tes grands-parents.*

Le cœur de June se serra. Côté maternel, pas de difficulté : il suffirait d'indiquer *décédé* sous les noms des grands-parents. Côté paternel, les choses se compliquaient. Elle connaissait le nom du géniteur de Charlie, Dieu merci. Mais comment le décrire ? Un grand brun aux yeux verts, elle n'aurait pu en dire davantage. Elle ne l'avait connu que deux jours et tout ce qu'elle avait cru apprendre de lui, la suite des événements l'avait réduit en fumée. John Smith n'était plus qu'un visage, qu'elle n'oublierait jamais : Charlie avait le même.

— Maman, on peut aller dans l'autre pièce pour parler ? demanda-t-il, la figure toute crispée.

Il ne voulait pas pleurer devant son copain.

— On revient tout de suite, Parker. Si tu veux encore du jus de fruits ou du fromage, sers-toi.

Dans sa minuscule chambre décorée sur le thème de Harry Potter, Charlie saisit sa baguette magique en plastique et demanda, le regard humide :

— Maman, pourquoi tout le monde a un papa sauf moi ?

June s'assit sur le lit, attira le garçon sur ses genoux et lui fit un gros câlin. Ils en avaient déjà parlé souvent, mais elle le lui répéterait aussi souvent qu'il en ressentirait le besoin.

— Tu as un papa, Charlie. Il ne fait pas partie de notre vie, c'est tout. Il ne savait pas que je t'attendais et il a déménagé avant que j'aie pu le lui dire. Je l'ai cherché longtemps mais je ne l'ai pas retrouvé.

Les cheveux de son fils étaient fins comme du duvet contre sa joue.

— S'il avait su, s'il te connaissait, il serait avec nous et il t'aimerait comme un fou. Ça, je te le garantis !

— Mais comment je vais remplir mon arbre ?

June se mordit la lèvre. Ce jour devait arriver : son explication ne le satisfaisait plus tout à fait. Il réclamait plus d'informations, de nouveaux éléments. Un nom et quelques anecdotes glanées en deux rendez-vous, ça ne lui suffisait plus.

— Je vais essayer de me renseigner, poussin. Sur ton papa, et sur ses parents aussi.

Charlie s'illumina comme seuls le peuvent les enfants.

Comment retrouver la trace de John Smith après toutes ces années, June n'en avait aucune idée, d'autant qu'à l'époque il lui avait semblé avoir tout essayé, en vain. Mais Charlie méritait de savoir qui était son père. Peut-être qu'Edward connaissait un avocat ou un détective privé qui pourrait l'aider. Isabel ne faisait jamais rien sans son mari, June le verrait donc à coup sûr le lendemain pour la fameuse annonce de Lolly.

Lolly… Aurait-elle décidé de vendre l'auberge ? A cette idée, June se troublait. Elle avait vécu aux Trois Capitaines ses heures les plus sombres, mais il y avait eu de bons moments, aussi… Charlie était invité, bien sûr ; Boothbay Harbor, au mois d'août, c'était le paradis pour un enfant de sept ans. Mais ça restait la ville où elle avait dû emménager à la mort de ses parents. Où, d'une certaine façon, elle avait perdu sa sœur. Où, pour couronner le tout, elle avait subi les moqueries d'anciennes camarades quand elle y était retournée, enceinte, à vingt et un ans. Non, elle ne s'était jamais sentie chez elle à Boothbay.

Et elle appréhendait ce dîner. Entre son boulot, son appartement et les angoisses de Charlie, June avait d'autres chats à fouetter. Il lui fallait pour réfléchir du temps et du calme… qu'elle ne trouverait certainement pas à l'auberge de sa tante. Et pas davantage à Boothbay Harbor, malgré la splendeur de la ville et de son port. Du moins profiterait-elle de l'occasion pour aller saluer Henry à la librairie. Il aurait plaisir à voir le petit.

Charlie lui fit un bisou et courut à la cuisine rejoindre son ami, toute sa joie restaurée.

3

Kat Weller

Kat remplit la poche à douille de crème au beurre et traça six initiales autour de son gâteau : un *L* pour Lolly, un *I* pour Isabel, un *E* pour Edward, un *J* pour June, un *C* pour Charlie et un *K* pour elle-même. C'était un moelleux au cœur coulant, au chocolat, au caramel et aux noix de pécan, le dessert préféré du petit Charlie. Il lui manquait. Kat n'avait pas vu ses cousines depuis des siècles. Elles n'étaient pas proches – elles ne l'avaient jamais été. Mais, même avant de faire de la pâtisserie son métier, Kat avait toujours confectionné un gâteau à leurs initiales pour leurs retrouvailles. C'était sa façon d'essayer.

Après un coup d'œil à l'horloge, Kat retira son tablier taché et le déposa dans le panier à linge en osier. Il lui restait une heure avant leur arrivée.

Tout va bien ? lui avait demandé Oliver par texto, vingt minutes plus tôt. *Je sais que tu stresses pour ce soir. N'hésite pas à m'appeler.*

De fait, elle stressait. Sa mère avait convoqué ses cousines. Quand, à Noël, des années auparavant, Isabel ne s'était pas jointe aux festivités faute d'avoir été formellement invitée, Lolly avait lâché un « On croit rêver ! » et, depuis, toute la famille se réunissait deux fois l'an, sans faute, pour Noël et Thanksgiving. On n'envoyait pas de carton, c'était la tradition, un point, c'est tout. Deux fois l'an, Isabel et Edward arrivaient donc du Connecticut à bord de leur Mercedes noire, June et son fils de Portland au volant de son break vert vétuste, et Kat du troisième étage, par l'escalier – elle habitait toujours avec sa mère. Qui, à ces deux occasions près, n'invitait jamais les cousines. Et voilà qu'en cassant les œufs pour le petit déjeuner des clients, ce matin-là, elle avait déclaré nonchalamment : « Au fait, Kat, prépare-nous donc ton fameux gâteau à initiales pour ce soir : les cousines viennent dîner. J'ai quelque chose à vous annoncer. »

Stupéfaction. Une annonce ? Lolly Weller, avec sa longue tresse grisonnante, ses claquettes et son grand jupon marron, s'embarrassait rarement de formalités. Quand elle avait quelque chose à dire, elle ne tournait pas autour du pot. Les chichis, les cérémonials : très peu pour elle !

Aussi Kat se creusait-elle la tête : sa mère allait-elle vendre les Trois Capitaines ? Déménager à Hawaï ? Se remarier ? Il fallait que la nouvelle soit de taille pour qu'elle convoque les cousines, qui détestaient Boothbay et s'entendaient comme chien et chat. Leurs rapports avec Kat n'étaient guère meilleurs...

Kat alla récupérer une paire de lunettes de soleil coincée entre les coussins du canapé, un plan de la région qui traînait sur la table du petit déjeuner, un téléphone portable oublié sous une serviette, sur une chaise longue ; elle déposa le tout dans le carton des objets trouvés, puis prépara la chambre Merlebleu pour de nouveaux clients, mais tout en s'affairant elle s'interrogeait. Qu'est-ce que sa mère mijotait ? Il lui paraissait impensable qu'elle vende les Trois Capitaines ou convole à Las Vegas avec un mystérieux fiancé – sa mère n'avait pas regardé un autre homme depuis la mort de son mari, quinze ans auparavant. Quant à une retraite anticipée à Hawaï : impensable. Elle ne s'était jamais aventurée hors du Maine, même pas pour sa lune de miel.

Pearl, l'aide domestique qui passait trois fois par semaine plier le linge et arroser les plantes, savait peut-être quelque chose. Kat avait bien tenté de lui tirer les vers du nez : les cousines invitées à Boothbay, en plein mois d'août et sans motif particulier, bizarre, non ? Mais Pearl s'était contentée de répondre : « Quelle bonne nouvelle, ma chérie ! Vous vous joindrez à nous pour la soirée ciné ? On va regarder *Sur la route de Madison*, avec Meryl Streep et Clint Eastwood. » Kat avait respiré : si sa mère avait eu quelque chose de grave à leur annoncer, elle aurait annulé la soirée ciné.

Quoique. Lolly, d'un naturel réservé, voire morose, s'éclairait lorsqu'elle regardait ses films préférés au salon avec Pearl et ses clients. Le monde aurait pu s'écrouler autour d'elle qu'elle n'aurait pas pour autant annulé la séance.

Le minuteur du four retentit et Kat vérifia la cuisson de ses cupcakes au citron : dorés à souhait, ils sentaient divinement bon. Elle mit les gâteaux à refroidir sur la grille près de la fenêtre et laissa vagabonder son regard en direction du port. Perchée sur sa colline, tout au bout de la longue et sinueuse Harbor Hill Road, l'auberge des Trois Capitaines n'était pas très centrale, contrairement aux hôtels les plus prisés de Boothbay Harbor. Mais elle avait son petit succès, avec sa façade néovictorienne bleu ciel, son calme et sa vue imprenable sur les quais et les jetées, en contrebas, avec leurs croisières aux baleines, leurs majestueux voiliers et les dizaines de boutiques et restaurants grouillant d'activité l'été. La décoration, d'inspiration « chalutier » (comprendre : gouvernails, bouées et filets de pêche), la distinguait des grands complexes modernes et lui conférait un charme suranné. Les clients appréciaient l'authenticité de l'établissement, tenu par « une vraie locale », revêche et taciturne, mais aussi ses chambres confortables et ses généreux petits déjeuners. Lolly avait hérité l'auberge de sa mère ; on se la léguait de génération en génération depuis sa création par trois frères capitaines au tournant du XIXe siècle.

Une cloche sonna et Lizzie Hamm, cliente et amie à la fois, entra, sa bague de fiançailles ornée d'un diamant de deux carats scintillant à son doigt.

— Mmm, j'en ai l'eau à la bouche ! s'exclama-t-elle en lorgnant le moelleux avec un sourire béat (les oisillons en sucre, coquillages en caramel et brindilles en chocolat dont Kat ornait ses œuvres produisaient souvent cet effet). Je brûle de savoir ce que ta mère va vous annoncer. Tu m'appelleras ? Même tard, n'hésite pas ! Tiens, tu t'es fait couper les cheveux ? Ça te va bien !

— Merci, répondit Kat. J'avais envie de changer de tête.

Ses cheveux blonds, autrefois très longs, lui arrivaient désormais aux épaules et, pour la première fois de sa vie, elle osait la frange. Et se sentait… changée. Ces derniers temps, elle avait soif de nouveauté. La coupe la mûrissait un peu, et c'était tant mieux : elle ne paraissait pas ses vingt-cinq ans.

Lizzie posa son cabas sur une chaise.

— J'ai hâte de voir les plans !

Kat la mena à un petit secrétaire sous une fenêtre. Dans le jardin, à une table de pique-nique, Lolly et Pearl jouaient au poker avec pour jetons des morceaux de brownies au chocolat blanc – une autre spécialité de Kat. Elle sourit et oublia, l'espace d'un instant, que très bientôt l'atmosphère se chargerait à nouveau de rancœurs mal digérées et qu'elle se remettrait à étouffer, comme au temps de son enfance.

Comment avaient-elles tenu dans cette maison à quatre, sans compter les clients qui allaient et venaient dans les parties communes ? Quand les sœurs Nash avaient emménagé, Lolly avait changé en dortoir la grande chambre à balcon qui avait été la sienne avant la mort de son mari et s'était retranchée en face, dans l'ancien cagibi de Kat. Kat avait mal vécu la promiscuité forcée avec ces deux grandes de respectivement treize et seize ans. June l'intello et Isa la rebelle. Et elle, dans tout ça ? Kat était... normale. Ni pimbêche ni délurée, elle ne faisait pas de vagues. Devant les fortes personnalités de ses cousines, elle s'était effacée. Elle les avait observées en silence, complètement déconcertée par ce qu'elle voyait, entendait et ressentait. Une boule à l'estomac lui rappelait en permanence que, sans leurs parents, son père ne serait pas mort. Son père, réfléchi, responsable, qui ne buvait jamais une goutte d'alcool, ne se trémoussait pas comme un idiot aux fêtes de famille, n'empruntait jamais d'argent, ne prononçait jamais de phrases telles que « C'est juste pour tenir jusqu'à la fin du mois, je te rembourse, sans faute ! »... Les cousines avaient la faculté d'occuper tout l'espace des pièces où elles se trouvaient, même la douce June, et quand Kat saturait il arrivait qu'elle se mette à hurler qu'elle les détestait, qu'elle ne voulait plus jamais les revoir, que c'était la faute de leurs parents si elles se retrouvaient à cohabiter, leur faute si elle n'avait plus de papa. June répondait d'une voix blanche : « Au moins, toi, tu as encore ta mère », et s'enfuyait, en larmes. Mais le pire, c'était le silence inattendu d'Isabel (qui l'avait toujours intimidée), son regard empreint de tristesse et de culpabilité.

Les cousines s'évitaient donc soigneusement depuis quinze ans. Et voilà qu'une mystérieuse annonce les réunissait de nouveau.

Kat tendit à Lizzie les esquisses et simulations en 3-D de sa pièce montée : celle-ci se mariait au mois de mai et attendait cent vingt invités. Depuis le collège, les pâtisseries de Kat ponctuaient les hauts et les bas de leur amitié et Kat avait accepté avec gratitude sa commande. Elle voulait même lui offrir le gâteau, mais Lizzie, décidément une très bonne amie, avait refusé. A ce rythme-là, Kat pourrait bientôt ouvrir sa propre boutique : « Aux Délices de Kat » – un nom qui, en attendant ce grand jour, ornait déjà ses boîtes à gâteau abricot.

— Avant de commencer, tu permets que je te pique un cupcake ? Tant pis si je craque ma robe !

Kat rit gaiement. Elle adorait Lizzie. Et lui enviait sa vie amoureuse : elle semblait si sûre d'elle ! Kat nappa de glaçage un cupcake encore chaud et Lizzie inhala à pleins poumons son fumet puis se pencha sur les esquisses et poussa un petit cri.

— Magnifique ! Inutile de chercher plus loin : c'est le bon.

Kat savait qu'il lui plairait. Elle l'avait conçu à cinq branches, comme une étoile de mer, et monté sur un lit de fleurs sauvages : parfait pour un mariage champêtre dans le domaine familial de Peaks Island de son amie.

— J'embarque le tout, je vais les montrer à deux, trois personnes, pour avis, dit Lizzie en glissant le dossier dans son cabas. Maintenant, raconte-moi : vous en êtes où, avec Oliver ?

Lizzie trouvait si romantique « l'histoire » de Kat et Oliver qu'elle rêvait de les voir se marier – comme tout le monde, d'ailleurs. Mais cette « histoire », que Kat n'envisageait jamais qu'entre guillemets, écrasait la jeune fille et ne laissait guère de place à leurs vrais sentiments...

Nés à deux mois d'intervalle, Katherine Weller et Oliver Tate avaient grandi ensemble, séparés seulement par une haie de thuyas. Ils en avaient fait leur cabane et s'y retrouvaient pour jouer et parler, qu'il pleuve ou qu'il neige, hauts comme trois pommes et déjà inséparables, pour le plus grand bonheur de leurs parents. « On dansera à votre mariage ! » plaisantaient-ils, et les deux amis de lever les yeux au ciel et de détaler en courant. Kat se souvenait avec précision du moment où Oliver était devenu son univers tout entier. C'était l'année de ses dix ans, par cette froide matinée de 1er janvier, le jour où la nouvelle était tombée : il y avait eu un accident, son oncle, sa tante et son père étaient morts. Kat avait secoué la tête, hurlé, traversé pieds nus la pelouse enneigée et le bosquet, indifférente aux branches qui l'écorchaient, et tambouriné à la porte des voisins jusqu'à ce que la mère d'Oliver lui ouvre. Il lui avait prêté des bottes, des moufles et un manteau et l'avait suivie dans sa course échevelée jusqu'à la haie. Assis dans leur abri glacé, il l'avait bercée dans ses bras, mêlant ses larmes aux siennes et répétant en boucle : « Je suis désolé, je suis désolé... » Les jours, semaines et mois suivants, cernée par deux orphelines et une mère endeuillées, Kat s'était plus que jamais tournée vers Oliver. Tant qu'il restait avec elle, ça allait. Il lui semblait qu'à ses côtés rien de mal ne pourrait plus lui arriver.

Un des derniers échanges de Kat avec son père, ce soir-là, concernait justement Oliver. Il l'avait bordée une première fois et en avait profité pour lui demander si elle avait pris de bonnes résolutions pour la nouvelle année. Kat avait répondu oui : se faire une meilleure amie. Kat se confiait à son père mais jamais à sa mère, et son seul ami était un garçon. Or elle enviait les grandes amitiés de ses petites camarades de classe. Son père avait hoché la tête gravement : il comprenait. Mais, avait-il ajouté, Oliver, c'était une perle rare. Un ami, un vrai – il ne faisait pas semblant ! Et quand on avait un ami comme ça, même un seul, ça suffisait.

De fait, Oliver ne faisait pas semblant. Ni à cinq ans, quand les autres garçons s'amusaient à terroriser les filles. Ni à dix, quand ils les méprisaient. Ni à vingt ans, quand ils ne songeaient qu'à les mettre dans leur lit. D'autres auraient paniqué à l'idée de se caser avec une fille qui leur avait presque été assignée à la maternité, mais pas lui.

— On... prend notre temps, dit Kat, évasive. On sort ensemble à l'occasion. Mais... Oliver est mon meilleur ami. Je me demande s'il ne devrait pas le rester...

Oh, il lui inspirait bien par moments des pensées d'une tout autre nature, mais dès qu'elle imaginait se lancer un étrange malaise l'envahissait. Il en avait toujours été ainsi. Pourquoi ? Elle ne l'avait jamais compris.

— C'est compliqué, compatit Lizzie. Mais c'est un mec en or. Ne le laisse pas filer juste parce que t'as la trouille !

— Je n'ai pas la trouille, se défendit Kat. Je le connais depuis toujours, je n'ai pas peur de lui !

En était-elle vraiment sûre ? Kat se remémora un épisode qui avait ébranlé leur relation. L'année de leurs treize ans, elle avait soudain changé de regard sur Oliver. Son ami de toujours, le grand blond dégingandé, aux fossettes et aux yeux bleu foncé si familiers... Du jour au lendemain, elle avait commencé à se demander ce que ça ferait de l'embrasser. Elle qui lui confiait tous ses secrets avait gardé pour elle ses sentiments, à la fois terrifiants et exaltants. Puis un vendredi soir, lors d'une de leurs premières boums, à l'occasion d'une partie d'Action ou Vérité, on avait défié Oliver de l'embrasser. Elle avait senti une vague de chaleur l'inonder – elle devait être écarlate ! Embrasser Oliver Tate ? Elle ne demandait que ça !

Lui guettait sa réaction.

Le malaise s'était emparé d'elle. Kat avait bredouillé : « Je ne... je peux pas t'embrasser, Oliver : t'es mon meilleur ami ! »

Elle le connaissait mieux qu'elle ne se connaissait elle-même et vit donc la déception qui l'assombrit un instant. Elle venait de refuser de l'embrasser devant la classe de cinquième presque au complet... Veronica Miller, une jolie rousse aux yeux verts, avait sauté sur l'occasion : « Dans ce cas, je me dévoue ! » Et elle l'avait attrapé par la nuque. Veronica possédait tout ce dont Kat rêvait : du cran, de la poitrine... Elle avait été pour Oliver la première d'une longue série de petites copines, qui s'étaient succédé du collège à l'université, de sorte que Kat n'avait plus jamais eu à s'inquiéter d'embrasser Oliver : elle n'en avait plus jamais eu l'occasion.

Jusqu'à ce matin de février, six mois plus tôt. Il neigeait. Ils remontaient Townsend Avenue jusqu'au cottage d'Oliver quand il avait pilé au milieu du trottoir, planté son regard dans le sien et déclaré : « Je t'aime tellement, Kat. » Elle avait répondu en riant : « Et moi, je t'adore. T'es épatant ! » – un terme désuet que sa mère affectionnait. Mais Oliver ne s'était pas déridé pour autant. « Kat, tu ne comprends pas. Je t'aime, tout court. Je t'aime ! » La seconde fois, il l'avait hurlé à pleins poumons, et les passants s'étaient retournés, ravis. Deux adolescentes gloussant d'aise les avaient même applaudis. Puis il avait pris ses joues entre ses mains gantées et avait répété sa déclaration : « Je t'aime, Kat. Je t'ai toujours aimée. »

Pour toute réaction, Kat avait senti sa gêne familière se propager le long de chacun de ses nerfs et elle s'était dégagée, muette, les yeux baissés.

« Je sais, avait-il repris. Je n'ai pas oublié. Tu ne peux pas m'embrasser, je suis ton meilleur ami. »

Elle lisait dans son expression une infinie tendresse et quelque chose d'autre aussi, d'inédit.

« Mais je suis très sérieux, Kat. Je t'aime depuis toujours. On est faits l'un pour l'autre. Je n'ai pas raison ?

— Je... Je ne sais pas. »

Elle le pensait parfois, oui. Mais il lui arrivait aussi de se dire que l'homme de sa vie l'attendait quelque part, loin de Boothbay – ville qu'elle n'avait jamais quittée. Il lui semblait aussi que, si elle couchait avec Oliver, son cœur risquerait d'exploser.

Son amie Lizzie restait perplexe : comment ça, « exploser » ? Peut-être que les cousines comprendraient, elles... Mais s'ouvrir à elles ? Impossible. Quant à sa mère, mieux valait faire une croix dessus. Depuis l'accident, ses sourires se comptaient sur les doigts d'une main.

Elle avait élevé seule trois ados en crise et en deuil mais, pour discuter d'affaires de cœur, il ne fallait pas compter sur elle. Avant le drame, elle formait avec le père de Kat un couple uni et paraissait heureuse, ou contente, du moins. Mais depuis elle s'était tue, laissant les filles démêler seules leurs doutes et leurs questions. Ce qui n'avait pas contribué à les rapprocher.

Malgré tout, Kat était restée. Pas seulement à Boothbay mais à la maison. Sa mère avait besoin d'elle. Alors partir ? Elle n'y songeait même pas. D'autant qu'elle craignait, si elle partait, de ne jamais revenir. Kat n'aimait pas particulièrement jouer les femmes de chambre à l'auberge, mais les clients appréciaient ses pâtisseries et elle gagnait suffisamment d'argent – assez pour payer, si Lolly l'avait accepté, le loyer de sa grande chambre sous les toits, l'ancien dortoir, qui se louait l'été jusqu'à deux cents dollars la nuit. Encore six mois et ses économies couvriraient le prix du bail et de l'équipement nécessaires pour ouvrir sa pâtisserie. Son commerce de pièces montées commençait à bien tourner et plusieurs clients – des cafés, des restaurants en ville – lui commandaient régulièrement des fournées de scones et de muffins. Elle s'était également fait un nom dans la confection de gâteaux d'anniversaire. Tôt le samedi précédent, une femme avait appelé, hystérique, et commandé pour le jour même un gâteau à l'effigie de Dora l'exploratrice – son fils fêtait ses quatre ans. La mère avait payé cent dollars. Pour un gâteau ! Et Kat avait fait du si bon boulot qu'elle avait reçu dans la foulée cinq nouvelles commandes !

— Kat, si tu le repousses, il finira par en épouser une autre, poursuivait Lizzie, sa bague scintillant dans les rayons rasants de la fin d'après-midi. Et cette amitié que tu préserves depuis tant d'années volera en éclats.

Or c'est précisément ce que tu redoutes, non ? Alors fonce !

— Lizzie, je…

Je… quoi ?

Kat était paumée. Craignait-elle de tout gâcher ? Ne se sentait-elle tout simplement pas attirée ? La nature exacte de ses sentiments lui échappait.

— Je passe beaucoup de temps avec lui. On… flirte.

Lizzie renâcla.

— Tu te fiches de moi ? Ça fait six mois qu'il s'est déclaré et il ne t'a toujours pas vue à poil ! Ce n'est pas du flirt, ça, c'est de l'amitié.

Elle se leva et passa le bras dans l'anse de son cabas avant d'ajouter :

— Ne le prends pas mal. Je voudrais juste que tu sois aussi heureuse que moi. Bon, tu m'offres un deuxième cupcake, pour la route ?

Kat se détendit, nappa un deuxième gâteau et fit la bise à son amie. Il était tard : dans vingt minutes, ses cousines seraient là. Le moment de l'annonce approchait.

Kat inspira les effluves de citron pour se donner du courage, un truc qui marchait à tous les coups, même dans ses pires moments d'appréhension.

Elle détestait ignorer ce que l'avenir lui réservait.

4

Isabel

Dans le salon de sa tante, absorbée par un sinistre portrait des trois capitaines qui avaient bâti la maison dans les premières années du XIXe siècle, Isabel attendait. A son arrivée, dix minutes plus tôt, elle avait trouvé Lolly en cuisine, occupée à transvaser des farfalles fumantes d'une passoire dans un plat de service. Peu adepte des grandes effusions, pour toute salutation elle lui avait effleuré l'avant-bras. Puis avait décliné son aide : elle mettrait le couvert elle-même, qu'Isabel aille donc se détendre dans le salon, sur la terrasse ou dans le jardin.

Pas un seul « Comment vas-tu ? », pas le moindre « Où est Edward ? », pas même un simple « Contente de te voir ! »... Tout au plus un rapide coup d'œil dans sa direction.

Pour une fois, Isabel ne s'en plaignait pas. Elle avait encore les yeux rouges. Non seulement la lettre anonyme lui était bien adressée mais elle disait vrai ! Une fois rentrée chez elle, la veille, Isabel avait rempli deux valises de vêtements et de produits de beauté et pris le volant, conduisant droit devant elle pendant des heures. Jusqu'à ce qu'elle craque. Elle s'était garée sur le bas-côté pour laisser libre cours à ses larmes, à la peine qui l'avait aiguillonnée du Connecticut jusqu'au Rhode Island, au Massachusetts et enfin au New Hampshire. Dans une quelconque bourgade du sud du Maine (Ogunquit, ou Kennebunkport, ou une autre dans ce goût-là…), elle avait pris une chambre dans le premier motel venu et, recroquevillée en position fœtale sur le lit, s'était mise à sangloter si fort qu'elle s'étonnait encore que personne ne s'en soit plaint.

Vingt fois son mari l'avait appelée sans qu'elle décroche, la veille puis encore ce matin. Isabel laissait son iPhone sonner dans le vide. Edward tentait de la joindre. Il voulait lui demander pardon. Si absurde que ce fût, cette idée la consolait.

Aussi avait-elle fini par décrocher, une demi-heure plus tôt. Près de vingt-quatre heures après l'avoir surpris avec sa maîtresse. Elle se trouvait à ce moment-là sur la route 27, juste après Wiscasset, à quinze minutes de Boothbay Harbor. Entourée de repères familiers – les étals de myrtilles, la ferme Chandler et ses hectares de terrain vallonné, les bœufs galloway qui paissaient alentour, leur masse bourrue blanc et noir nettement découpée sur fond de forêt –, elle s'était sentie moins démunie. S'arrêtant le long de la barrière de bois blanc, elle avait pris l'appel.

Et déchanté.

En silence, elle l'avait écouté, jusqu'au bout, mais sans répondre à ses explications. Ses oreilles sifflaient, sa gorge se nouait. Puis elle avait subi un nouvel assaut des larmes, alors qu'elle s'en croyait vidée… Elle avait tâché de se concentrer sur les bœufs dans le pré, sur deux oies qui se dandinaient, sur un chat de gouttière roux qui chassait une feuille morte… En vain : le téléphone lui était tombé des mains. « Isabel ? Tu es là ? »

Elle avait raccroché. Fixé les oies. Les bœufs. Le chat. Sous le choc. Puis on avait toqué à sa vitre : « Vous êtes perdue ? Je peux vous aider ? » Elle était immatriculée dans le Connecticut, alors forcément...

Baissant sa vitre, elle avait acheté cinq cents grammes de myrtilles pour se réconforter. La vendeuse, une quadragénaire en bottes kaki et salopette au logo de la ferme, lui avait offert un bouquet de fleurs des champs.

« Compliments de la maison. J'espère qu'elles égaieront votre journée ! » lui avait-elle dit avec cette gentillesse caractéristique des habitants du Maine.

— Vous venez d'où ? lui demandait à présent une cliente de l'hôtel.

Il s'agissait d'une femme jeune, trop bronzée, qu'Isabel, perdue dans ses pensées, n'avait pas vue en entrant. Sur son front, d'immenses lunettes de soleil à monture blanche et, sur ses genoux, un magazine féminin. Isabel lui envia son insouciance, l'odeur de monoï de son huile solaire, sa capacité à lire des futilités.

— Je ne suis pas cliente de l'hôtel, se justifia-t-elle, sans quitter des yeux les trois capitaines figés pour l'éternité. Enfin, je veux dire que je n'habite pas ici. Je suis en visite.

Je suis complètement paumée, oui !

— Ah... Vous êtes d'où, alors ? demanda l'autre en fronçant le nez, déconcertée. Moi, je viens de New York. J'y retourne demain, d'ailleurs. Quelle plaie !

Isabel hocha la tête poliment. Ce bavardage lui pesait, mais où se replier ? Sur la terrasse, un couple sirotait un verre de vin, Lolly occupait la cuisine, quant à Kat... Kat semblait omniprésente.

Justement, la voilà qui entrait, les bras chargés de fruits, de fromages et de biscuits apéritifs.

— Servez-vous, leur dit-elle en déposant son plateau.

La New-Yorkaise ne s'arrêtait plus de parler. Combien y avait-il de phares à Boothbay ? Sept ? Vraiment ? Elle n'en avait vu que cinq ! Il fallait absolument qu'elle voie les deux derniers avant son départ ! Sous les yeux d'Isabel, les biscuits aux graines de sésame, le gouda et le brie devinrent flous sur leurs assiettes fleuries...

Ne pleure pas. Concentre-toi sur les couteaux à fromage. Regarde le portrait de ton ancêtre, sa barde drue... Tu ne vas tout de même pas t'effondrer dans cet affreux salon tendu de chintz !

— Isa, ça va ?

Kat scrutait son visage. Isabel se força à sourire.

— Oui, merci. Ça me fait plaisir de te voir.

Elle détailla sa cousine : grande, mince et jolie. Pas une once de maquillage. Elle avait changé de coupe depuis Noël, mais portait son uniforme habituel : jean élimé et débardeur brodé. Sa frange blonde toute droite lui donnait toutefois un air sophistiqué.

— Edward n'est pas là ? demanda Kat, cherchant des yeux dans l'allée la fameuse Mercedes et n'y apercevant que la Prius grise d'Isabel.

— Il a eu un empêchement...

Isabel se détourna, hantée par la vision de son mari à demi nu sur ce maudit palier. Comment avait-il pu ?

« On a conclu un pacte, Isa. »

Quel toupet ! Lui avait rompu l'ultime serment. Il l'avait trompée !

Kat hésita puis, comme la New-Yorkaise la bombardait de questions, elle lui montra la sélection de prospectus et de cartes qui ornait le vieux buffet. Isa devina son regard oblique, son envie d'ajouter quelque chose... Mais elle se referma et sa cousine battit en retraite : la cliente dans son sillage, elle sortit. Avec leurs six ans d'écart, un monde les séparait, et ce depuis l'époque de leur cohabitation. A ce moment-là déjà, Isabel peinait à cerner sa cousine, cette drôle d'enfant chétive qui se promenait partout pieds nus et avait le don troublant d'apparaître soudain quand on s'y attendait le moins...

De fait, Kat ne tarda pas à reparaître avec du thé glacé au citron. Elle en versa deux verres, un pour elle et un pour Isabel, et s'installa un peu à l'écart, sur la causeuse.

— June est partie déposer Charlie chez Henry, dit-elle en se tortillant sur son siège. Maman préfère qu'il ne soit pas là au moment de l'annonce...

L'annonce – Isabel l'avait complètement oubliée.

— Pourquoi ? Qu'est-ce qu'elle va nous annoncer de si important ?

— Aucune idée, dit Kat en écrasant sa rondelle de citron. Je la tanne depuis midi mais elle ne lâche pas le morceau. « N'oublie pas les amuse-bouche », c'est tout ce que j'ai pu en tirer.

— Tu crois qu'elle va vendre l'auberge ?

— Pourquoi ferait-elle une chose pareille ?

D'après Isabel, ce n'étaient pas les raisons qui manquaient, mais elle ne voulait pas blesser Kat ; de toute façon, elle n'avait plus assez d'énergie pour une discussion.

— Je vais me laver les mains, déclara-t-elle.

Derrière une porte verrouillée, elle pourrait souffler un peu.

La salle de bains du rez-de-chaussée était occupée, aussi monta-t-elle au premier. Mais, au moment de pénétrer dans les minuscules W-C, elle vit, entrouverte, la porte du Sanctuaire. Elle la poussa. La pièce n'avait pas changé : une chauffeuse défraîchie, un tapis rond un peu passé, une table basse, une vieille lampe de chevet et une petite étagère pleine de livres et de revues. Isabel se revit à seize ans, après la dispute, cette fameuse nuit de Nouvel An, y traîner, hors d'elle, son oreiller et se barricader avec l'aspirateur – la porte ne fermait pas à clé.

Le Sanctuaire... Combien d'heures y avait-elle passées durant ses années à l'auberge ! Quand les cousines avaient été contraintes de s'entasser à trois dans le dortoir, Lolly avait converti la buanderie en un refuge où s'isoler. Elle y avait même suspendu un de ces petits écriteaux qu'on retourne pour indiquer si la pièce est libre ou occupée. Quand June, Kat ou Isabel cherchaient à fuir la foule et le tumulte, elles s'y enfermaient.

Isabel surprit son reflet dans la glace, inchangé en dépit des bouleversements récents de sa vie : mêmes cheveux châtains, légèrement éclaircis, même carré long, même maquillage discret, même tenue chic et sobre. Seuls ses yeux noisette accusaient le coup : ils paraissaient... tristes, c'était le mot. Mais un peu moins rouges que tout à l'heure, dans son rétroviseur, quand elle avait rassemblé ses forces pour braver la soirée à venir.

Elle respira un grand coup et sortit. Dans le salon, June rêvassait, un verre à la main, et Kat grignotait un biscuit.

— Edward n'est pas là ? demanda cette dernière en se resservant un verre pour se donner une contenance.

Elle s'empourpra : sans doute réalisait-elle qu'elle se répétait. Isabel faillit inventer un voyage d'affaires mais se ravisa et saisit un dé de cheddar. June s'assit sur le canapé. Elle portait comme toujours un jean, un chemisier blanc et des Converse rouges et, pour tout accessoire, une broche en pièce de puzzle, œuvre de son fils. Extrayant de sa crinière auburn un stylo, elle refit son chignon. Elle ne semblait pas avoir remarqué la présence d'Isabel.

— Bonjour, June, dit celle-ci.

— Pardon, je ne t'avais pas vue, fit la jeune femme en reposant son verre.

Elles s'enlacèrent maladroitement, pour la forme, et June se rassit.

— Je suppose qu'Edward discute de base-ball avec un client ? persifla-t-elle.

Isabel broya le dé de fromage entre ses doigts.

— Non. Il n'a pas pu se libérer.

Lolly, qui semblait les éviter depuis leur arrivée, apparut soudain sur le seuil.

— A table !

Sauvée ! pensa Isabel. Au moins pour le moment.

— Tu t'es faite belle, tante Lolly, remarqua June.

En effet, elle avait remplacé son débardeur en coton, ses claquettes et son jupon par une robe d'été corail et des ballerines taupe, et elle avait troqué son éternelle tresse contre un joli chignon. Elle portait même du rouge à lèvres.

— Qu'est-ce qu'on fête ? s'enquit Kat en la suivant dans le couloir.

Pas de réponse.

Dans la grande cuisine rustique, tout était prêt. Lolly avait disposé sur la table la salade, les pâtes aux légumes et au pesto, le plateau de fromages, le pain de campagne, le vin blanc et le bouquet de fleurs sauvages qu'Isabel lui avait offert.

— Zut, j'ai oublié le parmesan !

Lolly alla le chercher dans le réfrigérateur. Elle répéta l'opération pour la vinaigrette, également oubliée. Puis pour le beurre. Qu'avait-elle donc à leur annoncer ? En tout cas, ça la travaillait !

Quand tout le monde fut assis autour de la table de ferme, la serviette sur les genoux, les trois filles se mirent à échanger en silence coups d'œil interrogateurs et haussements d'épaules impuissants tout en se passant le plat. Kat finit par se racler la gorge.

— Alors, maman, de quoi tu voulais nous parler ?

— Ça peut attendre, décréta Lolly en portant son verre à ses lèvres. Commençons par manger.

Isabel observait sa tante à la dérobée : son assiette était vide. Lolly se servait toujours en dernier mais, même là, une fois son tour venu, elle s'était contentée d'un morceau de pain et d'un fond de vin.

La tension perdura pendant tout le dîner, pire encore qu'au salon pendant l'apéro. D'habitude, on pouvait compter sur Lolly pour meubler les blancs à l'aide d'une anecdote sur un ancien client ou sur l'actualité municipale, mais pas cette fois. June jouait avec ses farfalles, l'air absente. Kat jetait à sa mère des regards inquiets. Quant à Isabel, elle s'efforçait de refouler les images d'Edward qui lui revenaient en mémoire – ce qui se révélait passablement compliqué ici, à l'auberge, où il avait été le centre de sa vie.

— Comment va Edward ? demanda June à point nommé.

— Super, marmonna Isabel en plantant sa fourchette dans une tomate cerise.

C'était le moins qu'on pût dire ! Il se tapait la voisine, tout roulait pour lui ! Isabel avait envie de bondir et de crier à l'assemblée : « Edward me trompe, je l'ai vu de mes yeux, j'ai perdu le contrôle de ma vie, j'ignore qui je suis sans lui... Oui, je sais, June, tu me l'avais bien dit ! » Comment Kat, June et Lolly auraient-elles réagi ? Edward leur avait plu autrefois, mais à les en croire il avait changé et Isabel était la seule à ne pas s'en apercevoir. Peut-être avait-elle changé, elle aussi.

Plus personne ne pressait Lolly de questions. Au fil du temps, elles avaient appris à la connaître : Lolly était très secrète et ne parlerait que lorsqu'elle se sentirait prête. Les filles non plus n'avaient guère d'appétit, et au bout d'une dizaine de minutes elles reposèrent leurs couverts.

A ce moment-là, Lolly se leva, agitée, puis se rassit.

— Maman ? s'alarma Kat. Ça va ?

— Non, répondit Lolly.

Elle ferma les yeux un instant avant de les poser successivement sur les trois jeunes femmes qui l'entouraient.

— J'ai quelque chose à vous dire. Ce n'est pas facile... J'ai un cancer du pancréas. Je l'ai appris il y a quelques jours.

Kat jaillit de sa chaise, renversant son verre.

— Quoi ?

Lolly redressa le verre de sa fille et lui tapota la main.

— C'est difficile à entendre, je le sais.

Elle soupira.

— Le pronostic est mauvais.

Isabel avait la gorge et les paupières en feu. Ce n'était pas possible !

— Je vais me battre, bien sûr, mais le cancer est avancé. La chimiothérapie permettra d'en atténuer les symptômes et d'en freiner la progression, mais… Quand on me l'a diagnostiqué, j'en étais déjà au stade quatre. Il n'y a pas de stade cinq.

Le sang d'Isabel se glaça. Elle voulait se lever, enlacer Lolly, prendre Kat dans ses bras, mais sa cousine enfouissait son visage dans ses mains et sa tante s'éclipsa, assurant aux trois filles qu'elle revenait tout de suite.

— Je n'y crois pas, murmura Isabel aux deux autres, pâles et affligées.

Lolly reparut avec le gâteau au chocolat décoré de leurs initiales et le posa au milieu de la table.

— Je ne suis pas émotive, vous le savez, dit-elle à ses nièces. Pourtant cet après-midi, en voyant ce gâteau qui refroidissait, je me suis mise à pleurer. Je ne regrette pas de vous avoir invitées : au téléphone, je n'aurais pas pu vous le dire.

Se tournant vers Kat, elle ajouta :

— Je tenais à ce que tes cousines soient là. C'est si rare qu'on soit ensemble, toutes les quatre. D'ailleurs, l'avons-nous jamais été vraiment ?

Ensemble… Isabel se tamponna les yeux avec sa serviette. Sa tante avait cinquante-deux ans et paraissait solide comme un roc. Ses yeux bleus pétillaient, elle avait le teint frais ; tout en elle respirait la santé.

— Isabel, June, vous pourriez prolonger votre séjour, suggéra Lolly en découpant le gâteau. Restez pour le week-end, voire pour la semaine. J'attaque la chimio lundi et j'aurai sans doute besoin d'un coup de main à l'auberge : on affiche complet du week-end de Labor Day[1] jusqu'à la fin de l'automne…

1. Labor Day, l'équivalent américain du 1er Mai, est un jour férié observé le premier lundi de septembre. (*N.d.T.*)

— D'accord. Je peux même rester plus longtemps, si ça t'arrange, répondit Isabel à la surprise générale.

June renchérit :

— Moi aussi.

— Bien. Merci. Par contre, toutes nos chambres sont louées pour les prochains jours... On pourrait installer June et Charlie dans l'ancienne chambre de Kat et Isabel sur un lit de camp dans le Sanctuaire, si ça ne te paraît pas trop petit...

— June et Isabel n'ont qu'à partager ma chambre. On mettra Charlie en face, dans le cagibi.

Kat renonçait d'elle-même à son intimité ! Isabel n'en revenait pas – d'ailleurs, Kat elle-même s'était tue l'instant d'après, comme éberluée par sa propre proposition.

— Ce serait la solution rêvée, Charlie a le sommeil très léger, dit June. Mais tu es sûre que...

— Aucun problème. Isa, tu en dis quoi ?

Tous les regards se braquèrent sur elle : si quelqu'un devait refuser, ce serait elle.

Regagner le dortoir... Ma foi, ça vaudra toujours mieux que de ruminer seule mes idées noires dans une chambre individuelle...

Elle hocha la tête.

— Voilà qui est réglé, déclara Lolly. J'y pense : à 21 heures, il y a soirée ciné. On va regarder *Sur la route de Madison*, un de mes films préférés. Ça me changera les idées.

Autour de la table, on acquiesçait gravement, on exprimait son soutien : bien sûr on viendrait, et si on pouvait faire quoi que ce soit...

Du coin de l'œil, Isabel vit June esquisser un mouvement, comme pour lui prendre la main, mais trop tard : déjà, elle se retirait. Isabel ferma les yeux. La dernière fois que sa sœur lui avait tenu la main, c'était par une journée un peu comme celle-ci. Lolly les avait fait asseoir, toutes les trois, sur le vieux canapé du salon, et leur avait appris la terrible nouvelle : il y avait eu un accident, leurs parents étaient morts, et le papa de Kat aussi. Isabel avait tendu le bras vers sa sœur et serré fort sa main dans la sienne, toutes deux muettes, figées, tandis que Kat poussait un cri de bête blessée et s'enfuyait dans le jardin. Lolly était toute la famille qui leur restait.

Et voilà qu'elles risquaient de la perdre, elle aussi.

Trois saladiers en céramique empilés dans les mains, Isabel regardait Kat préparer le pop-corn. Lolly n'aimait pas le pop-corn en sachet. Pour ses soirées ciné, elle exigeait une poêle bouillante, du maïs fermier, une généreuse pincée de sel et de l'huile de coude.

Isabel s'activait pour s'occuper l'esprit : après avoir soigneusement choisi l'huile dans le vaste sellier – d'après Kat, il fallait impérativement de l'huile de colza –, pendant que June couchait Charlie au second, elle avait nappé avec sa cousine des cupcakes au citron, avant de disposer coussins et chaises pliantes dans le salon. Elle exécutait chaque tâche avec application, pour ne pas craquer.

En pensant à la maîtresse de son mari.

Au cancer de sa tante.

Et à elle, Isabel, de retour à Boothbay.

Kat secouait la poêle avec tant de vigueur qu'Isabel craignait qu'elle ne la lance soudain contre le mur en hurlant. Elle pleurait, Isabel le voyait aux soubresauts de ses épaules.

— Donne, ordonna Isabel en saisissant le manche d'autorité.

Kat s'écarta du feu, les joues ruisselantes de larmes. June entra, les yeux embués. Isabel entreprit de remuer le pop-corn, émue elle aussi. Se pouvait-il vraiment que Lolly, qui jouissait d'une légendaire santé de fer...

— Il lui reste peut-être plusieurs années à vivre, chuchota June. Elle a la peau dure.

— Elle est forte, renchérit Isabel. Elle l'a toujours été.

— Qu'est-ce que vous en savez ? aboya Kat. Vous ne la connaissez pas. Vous n'êtes jamais là ! Elle remonte à quand, votre dernière visite ? A Noël ! On est en août, putain !

Isabel chercha le regard de sa sœur, stupéfaite, tandis que Kat tombait à genoux devant la cuisinière, la tête dans les mains. Elle hoquetait. Ses cousines s'agenouillèrent à ses côtés. Isabel lui repoussa une mèche derrière l'oreille.

— Kat, on aime Lolly. Elle est tout ce qu'on a.

Kat bondit et fila par la porte du jardin.

— On fait quoi, là ? demanda June, effarée. On la suit ? Ou on la laisse se calmer ?

Isabel scruta le jardin par la fenêtre, cherchant sa cousine sur les chaises longues et sur les gros rochers au bout de la pelouse. Elle ne vit personne. Elle avait envie de s'enfuir elle aussi, mais quelque chose la retenait.

— Je ne sais pas. J'ai encore gaffé. Je n'ai jamais su m'y prendre avec Kat.

— Tu n'as dit que la vérité : Lolly est notre seule parente. Kat le sait très bien. Elle est désespérée, c'est tout. Mais ça va s'arranger. Lolly va s'en tirer.

Isabel poussa un soupir – sans s'en rendre compte, elle avait oublié de respirer. Incapable de prononcer un mot de plus, elle remercia sa sœur du regard.

La porte du jardin s'ouvrit.

— Désolée, murmura Kat, les yeux bouffis. Je ne sais pas ce qui m'a pris...

— Ne t'en fais pas, dit Isabel en lui caressant le bras.

Pour une fois, Kat ne se déroba pas.

— Charlie est bien installé ? demanda-t-elle, les yeux rivés sur le plancher. S'il a trop chaud, je peux lui monter un ventilo...

— Il est comme un coq en pâte, répondit June, qui s'entortillait les cheveux. Henry l'a emmené à la pêche aux moules cet après-midi, du coup je n'avais pas quitté la pièce qu'il dormait déjà comme un loir.

Une masse de cheveux blancs apparut par la porte battante de la cuisine. Pearl.

— Alors, les filles, prêtes pour la soirée ciné ? On n'attend plus que vous pour commencer... Oh, des cupcakes, quelle bonne idée !

En entrant pour prendre le plateau, elle remarqua leurs mines déconfites.

— Allons, courage. Rien de tel qu'un bon film pour oublier un moment les malheurs de la vie. Venez, mes chéries.

Clairement, elle était au courant, pour Lolly.

Isabel remplit de pop-corn brûlant les trois saladiers et les distribua.

— On reprendra cette conversation après le film, d'accord ?

Kat évitait son regard mais grogna son assentiment et ouvrit la marche jusqu'au salon, où Lolly, l'air serein, insérait le DVD dans le lecteur, comme tous les vendredis. Elle semblait presque enjouée.

— Clint et Meryl, qui dit mieux ?

Quand elle avait maintenu la soirée ciné en dépit de la nouvelle qui venait de tomber, les filles ne s'étaient pas étonnées. Meryl Streep, qui se prénommait en réalité Marie-Louise, comme Lolly, était son actrice préférée. A dix-huit ans, traumatisée par la noyade d'une amie, Lolly était allée voir *Voyage au bout de l'enfer* parce qu'elle avait lu dans un article que l'homme qui partageait l'affiche et la vie de Meryl venait de mourir d'un cancer. Plus tard, après l'accident du Nouvel An, elle s'était immergée corps et âme dans les meilleurs mélos de l'actrice. Et quand elle avait enfin retrouvé l'envie de regarder une comédie, elle avait loué *Rendez-vous au paradis* et ri, pour la première fois depuis la tragédie.

La soirée ciné était une vieille tradition à l'auberge des Trois Capitaines. Un jour, au début des années 1990, une cliente avait demandé à Lolly si l'hôtel était équipé d'un magnétoscope ; elle venait d'achever la lecture du *Choix de Sophie* et brûlait d'en découvrir l'adaptation cinématographique. Lolly l'avait déjà vue et en était restée profondément secouée ; c'était le seul film de son actrice fétiche qu'elle refusait de revoir. Elle avait prêté son magnétoscope à la cliente et, inspirée, en avait acheté un neuf, plus sophistiqué, pour le salon. Elle avait remplacé la petite télé par un écran de 32 pouces et approvisionné le meuble à vitrine en classiques du septième art, avant de décréter, d'un commun accord avec Pearl, que dorénavant, le vendredi, c'était soirée ciné. Depuis, pas question de déroger à la tradition. Au début, elles établissaient la programmation un peu au hasard, selon l'envie du moment, puis elles avaient lancé des thématiques : rétrospective Robert De Niro, best of des années 1940, mois du cinéma étranger, des comédies romantiques, des films sur la gastronomie… Elles achevaient tout juste le cycle John Travolta.

Le dernier cycle Meryl Streep datait de décembre – *Julie & Julia* avait subjugué Isabel, à Noël. Il ne s'agissait pas de soirées débat : après le générique de fin, on remballait. D'autant qu'en général, à ce stade-là, Pearl ronflait déjà. Sur le mur du fond, Lolly avait reconstitué à l'aide de photos en noir et blanc son panthéon : Meryl Streep, plusieurs fois immortalisée, y côtoyait Clint Eastwood, Al Pacino, Sissy Spacek (une autre favorite), Tommy Lee Jones, Cher, Brad Pitt, Susan Sarandon, Kate Winslet, mais encore de jeunes actrices que Lolly jugeait prometteuses, comme Rachel McAdams et Emma Stone, et même Keanu Reeves, parce que, franchement, il n'était pas désagréable à regarder…

Pourquoi un nouveau cycle Meryl Streep, si rapproché du précédent ? Isabel devinait la réponse. Lolly comparait ses films à une meilleure amie, à un psy, à une bonne tasse de thé – voire à un petit remontant.

Si seulement ils pouvaient guérir le cancer…

Isabel s'adossa contre un tas de coussins moelleux sur la causeuse, à côté de sa sœur, le pop-corn à portée de main sur l'ottomane. Lolly et Pearl partageaient le canapé blanc à côté de la malle prétendument trouvée au fond de l'Atlantique et qui supportait à présent le vin, les cupcakes et le thé glacé. Sur le gros pouf fleuri, aux pieds de sa mère, Kat faisait des nœuds dans des fils de réglisse, ses bonbons préférés. Carrie, une cliente – pas la pipelette new-yorkaise, une autre –, ravie d'échapper au match que son mari, dans la chambre, avait tenté de lui imposer, s'était approprié la chaise à dossier rembourré et servi une pleine assiette de sucreries.

Soudain, Kat s'arracha à son pouf et détala. Reposant la télécommande, Lolly la suivit. Isabel retenait ses larmes, et manifestement sa sœur aussi. Quelques instants plus tard, la mère et la fille revinrent et Kat, quoique maussade, reprit sa place et ses fils de réglisse. Lolly éteignit la lumière et lança la séance. Un lecteur DVD avait depuis longtemps chassé le vieux magnétoscope et le poste cathodique avait disparu au profit d'un écran plat de dimensions imposantes.

A bout de nerfs et de fatigue, Isabel pensa se retirer dans sa chambre... quand elle se rappela qu'elle n'en avait pas. Elle se consola à l'idée que, plongée dans le noir pendant deux heures, elle aurait tout loisir de se perdre dans ses pensées sans qu'on la questionne au sujet d'Edward. Au moins, depuis l'annonce de sa tante, elle n'avait plus besoin de feindre la légèreté.

L'écran s'animait mais Isabel s'en souciait comme d'une guigne. Jusqu'à ce qu'elle comprenne de quoi il retournait : dans une ferme de l'Iowa, un frère et une sœur, la quarantaine, triaient les possessions de leur mère récemment décédée. Dans une lettre laissée à leur intention, ils apprenaient l'existence d'un homme qui avait compté dans sa vie – un homme autre que leur père. Les yeux d'Isabel se brouillèrent.

Flash-back. Meryl Streep, la mère, une belle brune à cheveux longs fraîchement débarquée d'Italie, embrassait ses enfants adolescents et son mari avant leur départ pour une foire régionale.

Puis, crevant l'écran, Clint Eastwood. Il était photographe. Il cherchait un pont couvert. Le personnage de Meryl Streep, Francesca, proposait de l'y emmener. Et tombait éperdument amoureuse de lui. Il lui rappelait la femme qu'elle aurait pu être, la vie qu'elle aurait pu avoir, et chacun de ses gestes, chacun de ses mots vibrait de ce sentiment nouveau. Alors, quand Clint lui demandait de quitter son mari et ses enfants pour le suivre par monts et par vaux, pour ne pas laisser échapper cet amour unique, elle commençait par dire oui.

Mais elle changeait d'avis. Elle ne pouvait pas briser ainsi sa famille. Ni son amour pour Clint, qu'elle détruirait en le suivant.

Elle hésitait, à nouveau.

Arrêtée à un feu rouge à bord du vieux pick-up de son mari, Francesca remarquait devant eux le camion de son amant. Sa main agrippait la poignée. C'était sa chance, sa dernière chance de le rejoindre. Il suffisait de changer de véhicule pour changer d'existence. Tout ce qu'elle avait à faire, c'était ouvrir cette portière et foncer...

Isabel retenait son souffle, captivée par le suspense, par le dilemme qui tenaillait l'héroïne au poing serré sur la poignée.

Elle ne va pas faire ça !

Francesca restait. Isabel respira.

Pendant le générique, Pearl débarrassa les assiettes, émerveillée.

— Quel beau film ! Je l'ai vu trois fois mais je ne m'en lasse pas.

— Meryl Streep joue très bien, intervint Carrie. Je ne la savais pas si jolie !

— C'est vrai qu'elle est belle, dans ce film, reconnut Kat.

Ses cousines opinèrent du chef.

Lolly éjecta le DVD et le rangea dans son boîtier.

— J'adore ce film, dit-elle. Je le connais par cœur et pourtant, chaque fois, il me semble y découvrir de nouveaux éléments.

Elle regarda Kat, June et Isabel avant d'ajouter :

— Je suis heureuse que vous soyez là. Quelle journée ! Je vais me coucher. A demain pour le petit déjeuner, je vous attends à 6 heures et demie sans faute.

Elle se dirigeait vers la porte, Pearl sur les talons, mais June protesta :

— Quoi ? Vous ne restez pas pour discuter du choix de Francesca ? Moi, j'en suis toute retournée !

— Parce qu'elle décide de rester auprès des siens ? s'exclama Isabel.

Lolly prit congé de Pearl, que son mari attendait dehors dans la voiture, et se rassit.

— Elle s'est trahie, décréta June en mordant dans un cupcake.

Isabel la dévisagea, estomaquée.

— Comment peux-tu dire une chose pareille ? En partant, elle aurait détruit la vie de ses enfants et celle de son mari. Elle aurait rompu ses vœux envers lui... Comme s'il ne suffisait pas qu'elle le cocufie !

— Il faut se mettre à sa place, dit Kat en étirant ses jambes. Son aventure lui a rappelé qui elle était. D'ailleurs, elle ne l'invite à dîner que quand il lui dit : « Je sais ce que vous ressentez. » Tout le monde aspire à être compris...

— En effet, dit Lolly en regardant par la fenêtre. Mais ce n'est pas donné à tout le monde.

A quoi pouvait-elle bien penser ?

Isabel s'inclina sur son lit de coussins. Edward se sentait-il incompris ? De fait, il avait changé. Lui avait échappé. Mais elle aussi, elle se sentait incomprise.

Bon. Et après ? Un couple, ça se travaillait. Quand un obstacle survenait, on se battait ! On ne cédait pas à une amourette, on ne fuyait pas ses responsabilités. Francesca s'était éprise du photographe dès l'instant où il lui avait parlé de Bari, sa ville natale, un pilier de son identité – il connaissait ses racines, et ça lui suffisait.

A nouveau, sa poitrine se comprimait. Et Carolyn Chenowith, quel lien fondamental pouvait bien la connecter à Edward ? C'était elle, Isabel, qui venait de la même ville que lui, avait vécu le même drame, versé les mêmes larmes, passé quinze années à ses côtés... Et Carolyn, que lui offrait-elle ?

— Je crois que c'est une question de timing, poursuivait Kat. Parfois, on rencontre la bonne personne, celle qui remplit un besoin particulier à un moment donné. Francesca doit compter sur ses doigts pour se rappeler depuis combien de temps elle est mariée : elle a perdu la notion du temps parce qu'elle s'est complètement effacée. Débarque le beau Clint, et c'est l'électrochoc : elle se souvient. De qui elle est, de qui elle a été. Clint la perce à jour au premier coup d'œil.

Isabel se mit à trembler. Et Edward ? Comment se sentait-il avec Carolyn ? Libre d'être l'homme qu'il était devenu, au fil des ans ? Avec une femme qui ignorait tout de l'homme qu'il avait été ? C'était ça, ce qu'il voulait ?

Elle pinça les lèvres.

— Pas d'accord. Et son mari alors ? Il ne la connaissait pas, peut-être ? Elle l'a connu soldat, en Italie. Il est tombé amoureux d'elle là-bas. Il la connaissait !

— Mais entre-temps...

— Et elle, l'interrompit Isabel, elle le trompe avec le premier venu ! Elle profite de ce qu'il est parti bosser en emmenant les enfants pour se payer un peu de bon temps... Quatre jours, une petite parenthèse, puis elle dit au revoir à son amant et la vie reprend son cours, comme si de rien n'était... Alors qu'elle a failli le quitter ! Deux fois !

June ouvrait des yeux ronds.

— Attends, on n'a pas vu le même film ou quoi ? Francesca a renoncé à ses rêves pour épouser un plouc et s'enterrer au fin fond de l'Iowa : je doute qu'elle s'attendait à ça quand elle a embarqué pour l'Amérique. Elle le dit elle-même : « C'est loin de ce dont je rêvais quand j'étais jeune. » Et ces quatre jours magiques avec ce bel étranger lui restituent son identité. Sauf qu'elle renonce au bonheur par respect des convenances. Je persiste à penser qu'elle a fait le mauvais choix.

— Je vois ce que tu veux dire, approuva Kat, qui tripotait le moule en papier de son cupcake. Je n'avais pas particulièrement envie de la voir abandonner sa famille, mais ça m'a chiffonnée qu'elle se sacrifie comme ça.

— Se sacrifier ? Et son mari, dans tout ça ?

— Vous avez raison, s'en mêla la cliente. Elle s'est mariée en connaissance de cause. Quand on fait un choix, il faut l'assumer – j'assume bien mon mari et ses matchs à la noix, moi !

— Mais elle ne savait pas ! se récria June. Il y a eu tromperie sur la marchandise ! L'Amérique, elle en rêvait parce qu'elle avait soif d'aventure, pas d'une vie à la ferme !

— On sait toujours dans quoi on s'engage, dit Lolly, qui contemplait encore l'horizon. Son mari ne devait pas être si excitant que ça quand elle l'a rencontré. Sa personnalité ne s'est pas d'un coup radicalement transformée. Elle a projeté sur lui ses rêves d'aventure parce qu'il lui paraissait exotique, voilà tout.

Kat la regardait, songeuse, et souffla :

— Et comme le dit Meryl : « Nous sommes les choix que nous avons faits. »

— Mais a-t-elle vraiment fait une erreur ? Après tout, elle a ses enfants... Sa ferme est belle... dit Carrie, qui réfléchissait à voix haute. D'un autre côté, elle se sent seule. C'est un sacré prix à payer.

Là-dessus, tout le monde s'accordait. Isabel regarda les lumières du port, au loin. Elle se sentait seule depuis des mois. Bien plus que ça, en vérité.

— Mon passage préféré, ajouta June, c'est quand Clint et Meryl sont allongés ensemble par terre devant la cheminée, après l'amour. Quand elle se met à pleurer et lui demande de l'emmener ailleurs, quelque part où il est allé, de l'autre côté du monde...

— Et qu'il lui décrit le village où elle a grandi, poursuivit Kat. Ce village qu'il a visité un jour, juste comme ça, parce qu'il le trouvait joli.

June, à nouveau :

— Je crois que c'est à ce moment-là que Francesca tombe amoureuse. Quand il lui révèle cette facette d'elle que ne soupçonnent ni son mari ni ses enfants. Et qui est tellement... *elle*.

— Elle aussi réveille chez lui un besoin essentiel. Il découvre qu'il a besoin d'elle.

Lolly mettait le doigt sur quelque chose d'intéressant. Pour parvenir à détrôner quinze ans d'amour et de complicité, Carolyn avait dû créer un besoin chez Edward. Mais lequel ? Qu'avait-il recherché ? L'attrait de la nouveauté ? Le frisson de la transgression ? Le plaisir sexuel, tout simplement ?

— De toute façon, ça n'aurait pas duré, assura Isabel.

Vraiment ?

— Enfin, peut-être que si, se reprit-elle. Mais j'en doute. Il y aurait eu une chance sur cent pour que leur histoire tienne sur la durée. Francesca le dit elle-même : elle en aurait voulu à son amant de ce qu'elle aurait abandonné pour lui. Et quand il lui dit que ce genre de certitude n'arrive qu'une fois dans une vie, c'est à double sens : la certitude, c'est aussi le confort et la sécurité de sa petite vie rangée.

Combien de temps durerait la liaison d'Edward et Carolyn, maintenant qu'il pouvait la vivre au grand jour ? Deux, trois semaines ? Edward lui avait raconté au téléphone que le mari de Carolyn l'avait quittée pour une autre, quelques mois auparavant. D'après Isabel, tout le piment des liaisons tenait à leur clandestinité, et non à une quelconque intensité de sentiments. Mais Francesca, elle, trompait son mari par amour...

— Dire qu'elle reste en partie pour montrer l'exemple à sa fille, qui a seize ans et s'apprête à découvrir les hommes et l'amour, dit Carrie. Mais, au final, que lui ont enseigné son sacrifice et son abnégation ? La jeune fille finit par s'enfermer dans un mariage malheureux pendant vingt longues années. Ça relativise l'héroïsme de sa mère.

Lolly fronçait les sourcils.

— Dans sa dernière lettre, Francesca encourage ses enfants à faire ce qui les rendra heureux. Le bonheur est un choix personnel. Elle était triste et heureuse à la fois de rester, mais en partant elle aurait été tout aussi écartelée. Elle était coincée. Je trouve qu'elle a fait le bon choix : celui de la dignité.

Et si Edward s'était senti coincé, lui aussi ? Amoureux mais prisonnier d'un couple fatigué, de promesses poussiéreuses ?

— N'empêche, ajouta Kat tristement. Elle aurait dû partir. Nous sommes bien placées pour savoir que la vie est trop courte.

— Trop courte pour blesser ceux qu'on aime, tu veux dire ! rétorqua Isabel, cinglante.

Kat ouvrit la bouche, sidérée par sa violence, et Isabel voulut s'excuser, mais déjà sa cousine lui tournait le dos. De toute façon, les mots lui manquaient.

— Il n'y a pas de bonne ou de mauvaise réponse, intervint June, conciliante.

« Nous sommes les choix que nous avons faits. » La phrase résonnait dans la tête d'Isabel. Elle avait choisi de changer. De laisser s'épanouir son envie de bébé. D'en parler à son mari au lieu d'étouffer ce désir. De rompre leur pacte.

Lolly se leva pour récolter les grains de pop-corn et les emballages divers qui traînaient çà et là.

— Je campe sur mes positions, dit-elle. En privilégiant son bonheur, elle aurait détruit celui de ses enfants et de son mari. De quel droit ? Son départ aurait laissé une marque indélébile sur leur vie. Et son plaisir personnel ne suffit pas à légitimer ça.

June, qui rassemblait les derniers verres, semblait dubitative.

— Le malheur aussi, ça marque, l'histoire de sa fille le prouve bien. Je ne dis pas qu'elle aurait dû tout plaquer pour convoler avec Clint, mais de là à brader son bonheur...

Isabel se retenait de hurler. Elle n'avait qu'à pas être infidèle, et puis voilà ! Si elle avait repoussé ses avances...

Mais au fond d'elle Isabel la comprenait. Elle éclata en sanglots convulsifs.

— Isabel ? dit Lolly.

— Edward me trompe.

June bondit.

— Hein ?

— Je... je suis désolée, Isa, balbutia Kat en lui effleurant l'épaule.

— Tu en es sûre ? demanda Lolly, consternée.

Isabel leur raconta les événements de la veille : la lettre anonyme, la pâte ratée, la moquette blanche des escaliers. La mine contrite de son mari.

— J'ai fini par décrocher, tout à l'heure. Il dit que ce n'est pas qu'une histoire de fesses : il est amoureux. Depuis des mois. Cette femme, il l'aimait avant même que...

Sa voix se brisa.

— Et moi qui défendais Clint et Meryl... Je te demande pardon, murmura June.

— Tu les défendais parce qu'ils s'aimaient. A l'en croire, Edward aussi est amoureux. C'est censé atténuer la gravité de ses actes ? Justifier sa trahison ?

« Je tiens à ce que tu saches que je l'aime, Isabel. Ce n'est pas juste un plan cul. Je ne t'aurais jamais fait une chose pareille. »

Quelle prévenance !

« Ce genre de certitude ne peut venir qu'une seule fois dans toute votre vie... » Foutaises ! Edward l'avait aimée avec certitude, autrefois. Avant de s'éprendre, avec la même certitude, de l'ambitieuse Carolyn Chenowith. Et encore, qui sait si ça durerait !

Isabel serra ses genoux contre sa poitrine. Elle n'était plus l'adolescente de seize ans, bourrée d'angoisses et de complexes, à qui Edward avait tourné la tête. Qui était-elle devenue ? Cela restait à déterminer. Mais elle ne retournerait pas dans le Connecticut. Sauf pour récupérer ses affaires, partager leurs possessions. D'ailleurs, quel intérêt ? Que ferait-elle de la couette en plumes d'oie qui leur rappelait tant le Maine, à tous les deux ? Des tableaux qu'ils avaient choisis ensemble, pendant leurs voyages en amoureux ?

Il lui fallait prendre une décision. Elle allait rester aux Trois Capitaines et aider sa tante.

Qui à l'instant même lui prenait la main et lui disait :

— Heureusement, tu es bien entourée.

Isabel s'abandonna à ses larmes. Lolly lui serrait fort la main et, l'espace d'un instant, il lui sembla retrouver sa mère.

Rien n'aurait pu mieux la consoler.

5

June

Le lave-vaisselle ronronnait, le salon ne portait plus une trace de la soirée ciné. June, Kat et Isabel avaient tapé « cancer du pancréas » sur Google et, mi-rassurées, mi-effarées par les résultats proposés, avaient interrompu la recherche.

Du balcon de Kat, June regardait le port, la lueur du phare rouge et blanc, les feux des bateaux qui brillaient faiblement. Pearl avait raison, un bon film, ça vous faisait tout oublier. *Sur la route de Madison* l'avait éblouie, elle aurait pu en parler encore pendant des heures. Mais la vision des héros valsant dans la cuisine au son d'un opéra italien pâlissait maintenant qu'elle pensait à son beau-frère.

Quel salaud ! A treize ans déjà, en quelques mois, les yeux de June s'étaient dessillés : Edward, l'objet des tests psycho de ses *Jeune et Jolie*, le bellâtre qui lui avait préféré les courbes et l'expérience de son aînée, n'était en fait qu'un pauvre type doublé d'un abruti. « Edward dit », Isabel n'avait plus que ça à la bouche. « Edward dit que c'est vulgaire de jurer », « Edward dit que les céréales c'est mauvais pour les dents, et qu'une bonne dentition est un atout essentiel pour réussir dans la vie », « Edward dit que chacun souffre à sa façon et qu'il faut respecter les différentes formes que peut prendre le deuil »...

Bon, là-dessus, il avait eu raison. Edward McNeal parlait du deuil comme personne. Ses mots vous réconfortaient, vous enveloppaient comme un cocon, tant et si bien que vous finissiez par vous demander ce que vous faisiez au Centre régional pour jeunes en deuil. Ça ne durait pas, bien sûr, mais ça faisait du bien. June comprenait donc parfaitement l'attirance que sa sœur ressentait pour lui – elle-même en avait pincé dur pour le jeune conseiller, avant qu'il change sa sœur en perroquet. Et transforme radicalement sa personnalité. Jadis grande gueule, peau de vache, toujours partante pour sécher les cours, fumer des joints et allumer les garçons, Isabel s'était métamorphosée.

« C'est plutôt une bonne chose, avait jugé Lolly entre deux coups de plumeau, à l'époque où June lui avait demandé ce qui était en train d'arriver à sa sœur.

— Mais Isa est devenue une vraie sainte-nitouche ! Pire que moi ! Elle dit "merci" et "s'il te plaît"...

— Je ne vois pas de mal à ça. »

La poussière volait et lui chatouillait le nez.

« On dirait un robot ! »

June ne regrettait pas la méchanceté d'Isabel, mais elle se méfiait de la tempérance qui l'avait remplacée. Elle lui semblait dictée par Edward. *Edward-dit.* Il lui avait fallu des années pour comprendre que ce n'était pas Edward mais sa peine qui gouvernait sa conduite. Et la peine, Edward, ça le connaissait.

« Elle va en cours, elle mange sainement et elle est polie, par-dessus le marché : on ne va pas se plaindre ! avait résumé Lolly. Ta sœur a besoin de se réinventer.

Elle ne fait de mal à personne : laisse-la faire. Elle finira par se trouver. Comme tout le monde. »

Longtemps, June avait ressassé les conseils de sa tante. « Comme tout le monde »… Vraiment ? Sa tante Lolly, mutique et distante depuis l'accident, s'était-elle donc trouvée ? Elle se bornait à répondre aux questions qu'on lui posait mais jamais elle n'engageait spontanément la conversation. Jamais elle ne se renseignait pour savoir si les filles avaient beaucoup de devoirs ou un cavalier pour le bal du lycée. « Tu t'en fiches que je sois triste, tu ne l'as même pas remarqué ! » s'était emportée June un jour. « Bien sûr que je l'ai remarqué, June, avait répondu Lolly. Et je ne m'en fiche absolument pas. Mais je te laisse libre de te confier à moi ou pas. Je fonctionne comme ça. »

June ne voulait pas de cette liberté-là. Elle aurait préféré de l'espace, elle qui vivait parquée avec une sœur écrasante et une cousine étrange aux regards appuyés – chaque fois que June se sentait observée, comme par hasard Kat se trouvait à deux pas. A l'époque, elles ne toléraient pas de se retrouver toutes les trois dans la même pièce. Quand l'une entrait, une autre sortait.

June leva les yeux. Il y avait peu d'étoiles. Elle en choisit une. Pria pour que ce ne soit pas un avion. Elle avait besoin d'un peu de stabilité. La révélation d'Isabel l'avait ébranlée. Edward était un salaud mais il faisait partie de leur vie depuis des années. Un jour, à Thanksgiving, il lui avait fait une réflexion sur l'alimentation de son fils, une histoire de sandwich trop gras pour un enfant en pleine croissance, et June avait grincé à l'intention de sa sœur : « Quand je pense que ce mec m'a plu ! Je l'ai échappé belle. »

Devant l'air blessé d'Isabel, June s'en était voulu : Edward ne pensait pas à mal, elle se vexait trop facilement… Mais la riposte n'avait pas tardé : « Tu peux parler ! Rappelle-moi combien de temps a duré ta grande histoire d'amour, à toi ! Deux jours ! Tu es mal placée pour me juger. »

Après ça, plus un regard jusqu'à la fin du repas, plus un coup de fil jusqu'à Noël. Tout juste s'étaient-elles envoyé les cartes d'anniversaire de rigueur.

Les anniversaires… Isabel et Edward avaient fait cinq heures de route, aller-retour, chaque année, pour assister à celui de Charlie. Parfois au parc ou au centre aéré, parfois aussi dans le minuscule studio décrépi au-dessus de la librairie. Isabel apportait chaque fois un beau paquet cadeau, qui renfermait invariablement un trésor que June ne pouvait pas se permettre : une voiture télécommandée, une grosse boîte de Lego Indiana Jones… Charlie, incapable de contenir sa joie, se mettait à courir en battant des mains. June fondait, et sa colère avec. Mais cinq minutes plus tard Isabel ou Edward gâchait tout en critiquant les écoles publiques de Portland ou en s'inquiétant ouvertement de ses maigres revenus. Le moment de grâce était passé.

June se serait contentée d'une relation superficielle et courtoise, comme celle qu'elle entretenait avec sa cousine. Avec Kat, il n'y avait pas de sous-entendus mesquins – sauf ce soir, après le film. Et encore, ça leur glissait dessus. Elles s'étaient toujours parlé comme deux collègues à un séminaire d'entreprise et leur distance les préservait.

— June, tu peux m'aider ? C'est coincé.

Dans la chambre, Kat se débattait avec le lit gigogne : elle tirait de toutes ses forces mais la glissière du tiroir grippait. A bout de nerfs, elle y ficha un grand coup de pied et se laissa tomber sur le matelas du dessus.

— Ta mère est forte, lui dit June en la rejoignant. Elle va s'en tirer.

Kat prit une profonde inspiration et changea de sujet :

— Il faut qu'on aménage la chambre.

Pas la peine d'insister. Si elles s'étaient mieux connues, peut-être June aurait-elle su trouver les mots… Mais elle avait peur pour Lolly, elle aussi. La peur était sans doute la seule chose qu'elles partageaient.

Après quelques minutes de lutte, elles réussirent à sortir le lit à roulettes. June l'installa près du balcon de manière à apercevoir le port et les étoiles. Puis elle et Kat étendirent des courtepointes brodées sur les deux couchages d'appoint. On était fin août mais la température montait rarement assez pour que Kat ait à brancher son ventilateur de bronze ancien.

June regarda ce qui allait être sa couche ces prochaines nuits. Les taies d'oreillers adoucies par les ans et la courtepointe piquée d'étoiles de mer invitaient au sommeil.

La porte de la salle de bains s'ouvrit dans un nuage de vapeur et Isabel parut, en caleçon gris et débardeur rose. Ses longs cheveux châtains lui gouttaient sur les épaules.

— Comment tu te sens ? lui demanda June.

Isabel fixait le vernis rose de ses orteils.

— Mal.

June s'en doutait mais ne s'attendait pas à une telle franchise de la part de sa sœur. Kat aussi semblait décontenancée.

— Je suis désolée pour toi, Isa, dit Kat, en tailleur sur son lit.

Elle enserra ses genoux de ses bras. Elle semblait chercher quelque chose à ajouter.

— Qu'est-ce que tu vas faire ? s'enquit June. Attendre que ça lui passe et essayer de sauver ton couple ?

Isabel s'avança vers le balcon sans rien dire, le regard dans le vague. June aperçut au passage ses deux bagues : l'anneau serti d'un diamant rond de deux carats, qui avait depuis longtemps remplacé sa bague de fiançailles d'origine, un bijou de pacotille, et l'alliance en or.

— Un couple peut-il vraiment surmonter ça ? s'interrogea Kat à voix haute.

— C'est pour ça que Francesca reste avec son mari dans *Sur la route de Madison*, répondit Isabel sans se retourner. Elle savait que ni lui ni ses enfants ne s'en relèveraient. Edward n'a pas eu cette considération.

Elle fondit en larmes. Les deux autres se consultèrent du regard, interdites, avant d'aller la réconforter. Kat lui caressa brièvement la main, et June, de l'autre côté, soupira.

— Désolée, dit Isabel. C'est juste que... Bizarrement, cette histoire me rappelle le moment où on a appris, pour l'accident. Ce moment où tu découvres que l'impensable s'est produit... Sous le choc, on a l'impression que l'information ne monte pas jusqu'au cerveau...

Mais peut-être qu'Isabel n'avait pas été si choquée, se dit June. Parfois, les femmes fermaient les yeux sur les infidélités de leur mari, parfois elles préféraient vivre dans le déni. Elle ignorait tout du couple de sa sœur.

— Je sais. Au volant, hier, je n'avais pas encore réalisé. Autrement, j'aurais été incapable de conduire. Ça m'a frappée d'un coup : la lettre anonyme, Edward nu sur le palier, son air coupable, tout cela était bien arrivé ! Avec le recul, il y avait de l'eau dans le gaz depuis un moment. J'ai tout compris en même temps et je me suis effondrée. Alors j'ai pris une chambre dans un motel et j'ai pleuré toute la nuit et toute la matinée... jusqu'à mon arrivée ici et...

— L'annonce de ma mère. Comme si tu n'avais pas assez de soucis, compatit Kat.

— Je ne sais plus sur quoi me concentrer, poursuivit sa cousine. Dès que je pense à Edward, la maladie de Lolly me revient en mémoire. Et quand je pense à Lolly, c'est Edward qui fait soudain irruption dans ma tête.

Elle se frotta les tempes, tenta de calmer sa respiration, entreprit de tresser ses cheveux.

— Bon, pour répondre à votre question, il n'y a rien à sauver. Edward ne veut pas. C'est fini. Il aime sa Carolyn et si je ne lui avais pas raccroché au nez il m'aurait annoncé qu'il allait demander le divorce, j'en suis sûre.

Kat regagna son lit.

— Les bras m'en tombent, dit-elle. June a raison, c'est un sacré choc. Je vous ai toujours connus ensemble, depuis mes dix ans...

— Une semaine après notre emménagement, confirma June.

— Et Lolly...

Isabel cherchait ses mots.

— ... je ne suis pas très proche d'elle, mais... Kat, ta mère... elle compte tellement pour moi !

— Pour moi aussi, dit June. Elle ressemble tant à maman. Tu ne trouves pas, Isa ?

Isabel s'était déjà refermée. Sans doute avait-ce été une erreur d'évoquer leur mère. June s'imaginait que, si sa sœur fuyait les Trois Capitaines, c'était à cause des mots qu'elle avait eus avec sa mère le soir de l'accident, la dernière fois qu'elle l'avait vue. Ce n'était un secret pour personne : Isabel ne se le pardonnerait jamais. Or la dispute avait éclaté ici même, dans le couloir du rez-de-chaussée. Aux Trois Capitaines, le temps semblait parfois comme arrêté – le passé refusait de disparaître. L'air charriait des années et des années de malheur.

Kat alla s'asseoir à son bureau et s'appuya contre le dossier de sa chaise.

— Je n'arrive pas à y croire. Ça fait trop pour une soirée.

Tout le monde se tut, sauf les cigales, dehors, et quelques promeneurs dans la rue. Isabel rompit le silence :

— Demain, on va se répartir les tâches de Lolly.

Elle traversa la chambre et se glissa dans son lit, sous la lucarne.

— La chimio risque de l'affaiblir, elle va avoir besoin d'aide.

— Elle était en forme après le film, dit June. Presque volubile ! Heureusement qu'elle n'est pas partie en même temps que Pearl, finalement. On aurait raté ça !

— C'est vrai. Maman a des opinions très tranchées, mais elle les exprime rarement. Ça m'a fait plaisir qu'elle participe au débat, surtout quand on sait à quoi il a mené...

Kat eut pour Isabel un sourire gêné.

— Pourvu que ça dure !

— C'est bien parti pour, dit Isabel. Meryl Streep est son actrice préférée et elle connaît par cœur toute sa filmographie. Je me demande si ces films ne correspondent pas à différentes époques de sa vie... L'idée m'a traversé l'esprit en la voyant si pensive tout à l'heure, vous savez, quand elle regardait par la fenêtre ?

— Elle est compliquée, résuma Kat.

— Et coriace, ajouta June en se déridant. Isa, tu es sûre que tu te sens d'attaque pour la relayer ? Ça risque de te changer !

— Comment ça ? Parce que je ne travaille pas ?

June rougit. Quand donc apprendrait-elle à tourner sept fois sa langue dans sa bouche avant de parler ? Ce n'était pas le moment de se disputer !

— Non, parce qu'on ne sait pas faire tourner un hôtel, ni toi ni moi ! Ni même Kat. Vous vous rappelez cette abominable famille, à Noël dernier, qui agitait une clochette pour nous sonner ? « Plus de thé ! », « Vous n'auriez pas des serviettes moins rêches ? », « Il faudrait faire quelque chose à propos des embruns : ça sent le poisson ! »...

Kat pouffa.

— Au moins, ils ne tarissaient pas d'éloges sur mes pâtisseries. La femme... vous savez, la greluche qui faisait de la randonnée en escarpins, elle m'avait même conseillé d'ouvrir un magasin. Elle m'avait promis qu'à elle seule elle ferait tourner mon commerce. C'était une peste et j'avais envie de lui faire avaler sa clochette, mais elle m'a donné confiance en moi...

June tentait d'imaginer Isabel Nash McNeal à genoux devant les toilettes avec une brosse à récurer et un flacon d'Ajax liquide. Elle qui payait une femme de ménage pour nettoyer ses quatre cents mètres carrés et remplir son congélateur de petits plats assortis d'instructions concernant leur mode de cuisson.

— Je ne suis pas plus empotée qu'une autre, s'offusqua Isabel.

A la décharge de June, Isabel n'avait pas l'habitude de s'occuper d'autrui, pas même de son mari, qui préférait engager du personnel pour ça. Mais Isabel travaillait comme conseillère de deuil : si elle s'en sortait face à une veuve éplorée, elle se rirait d'une poignée de clients, même mal lunés.

— Tu pourras t'installer dans le cagibi quand June et Charlie repartiront pour Portland, suggéra Kat. Ou alors on échange ? Ça me plairait de retrouver l'endroit où je vivais avant le drame.

June toussota.

— En fait… Autant vous le dire tout de suite : je vais rester au moins quelques semaines.

Elle sortit son pyjama de sa valise.

— Le Books Brothers de Portland met la clé sous la porte et revend mon appartement. Donc je suis au chômage… et à la rue.

Avec un enfant sur les bras. Misère…

— Tu n'es pas à la rue, June, protesta Kat. Tu es chez toi ici.

June se leva et ressortit sur le balcon. Un bateau de tourisme se coulait sur les eaux sombres du port. Non, elle n'était pas chez elle ici. Elle avait vécu dans cette chambre pendant cinq ans mais déjà à l'époque elle s'y sentait en camping – en transit. Bien sûr, elle ne pouvait l'avouer à Kat.

— La honte… Non seulement c'est la deuxième fois en sept ans que je rentre au bercail la queue basse, mais en plus je vais devoir accepter l'offre de Henry. Retour à la case départ !

— Retour au bercail, peut-être, mais pas à la case départ. Tu n'es plus la même, June, insista Kat. Tu t'es débrouillée toute seule, à Portland. Tu fais du super boulot avec Charlie. C'est la honte, ça, peut-être ?

June soupira. Sept ans plus tôt, elle se tenait sur ce même balcon. Sans diplôme, orpheline, en froid avec sa sœur, enceinte et future mère célibataire puisque le père s'était volatilisé.

Pour l'heure, Isabel venait de lui poser une question :

— Quand tu as su que tu étais enceinte, tu as envisagé de... de ne pas le garder ?

June pivota.

— J'aurais dû me faire avorter, c'est ça ? Ou l'abandonner, peut-être ? A une famille plus riche, plus stable ? Ah, c'est sûr que sans logement ni emploi je dois te paraître irresponsable !

— Mais non, June ! se récria Isabel, cramoisie. Je m'interrogeais parce que...

Elle se mordit la lèvre.

— Parce que quoi ?

— Laisse tomber. Il faut dormir.

— Parce que quoi ? répéta sa sœur d'un ton dur.

Isabel jouait avec son alliance.

— Parce que... j'ai toujours pensé que je ferais une mauvaise mère. Que je ne saurais pas m'y prendre. Je me demandais si tu t'étais inquiétée de cela, toi aussi, quand tu t'étais aperçue que tu attendais un bébé...

— Oh, fit June, sa rage cédant la place au remords, un sentiment qu'elle ne connaissait que trop bien. Oui, bien sûr. J'avais vingt et un ans, j'étais étudiante, ma principale préoccupation, c'était mon mémoire sur George Eliot... Ma vie a changé du jour au lendemain ! Mais, ce bébé, je n'ai jamais douté que je saurais m'en occuper. Tant que je l'aimais, le reste suivrait. J'en étais persuadée. J'avais un peu peur, voilà tout.

De fait, pendant quelques années, elle s'était réfugiée dans un monde imaginaire où John Smith revenait la chercher. Sur ce même balcon, en grignotant ses biscuits anti-nausées, elle scrutait le sentier à ses pieds, comme s'il allait apparaître, tout auréolé de lune, tomber à genoux et lui demander sa main. Inutile de préciser qu'il ne s'était jamais pointé. Où qu'il soit allé, ce jeune baroudeur farouchement indépendant, il avait tenu à y aller seul. Contrairement à Clint dans le film, il ne lui avait pas demandé de l'accompagner. La vie n'était pas comme au cinéma. Quoique. L'histoire de Francesca avait duré quatre jours, et la sienne deux. Ce qui ne l'avait pas empêchée de tomber amoureuse, elle non plus.

— J'ai vingt-cinq ans et à l'idée d'avoir un bébé, d'assumer cette responsabilité, je panique complètement, intervint Kat. June, je te tire mon chapeau.

— Moi aussi, renchérit Isabel.

Leurs paroles la touchaient. Elle attrapa sa crème hydratante dans son fourre-tout et s'en enduisit coudes et genoux. Un parfum de lilas s'éleva.

— Ça a dû être très dur, pour toi, poursuivait Isabel. Je ne te dis pas ça par condescendance ! Je n'avais pas mesuré à quel point tu as dû te sentir seule. Mais je le comprends maintenant. Nos situations ne sont pas tout à fait comparables mais tu vois ce que je veux dire. Je suis désolée, June. Je ne t'ai pas beaucoup soutenue.

June tourna la tête : sa sœur fixait le plafond. Combien de fois l'avait-elle taxée de condescendance, effectivement ?

— Bah, fit-elle, c'est du passé. Ce qui compte, c'est que tu sois là maintenant.

Isabel eut un sourire de guingois et éteignit sa lampe de chevet.

— Bon... Dormez bien.

— Bonne nuit, dit Kat en éteignant le plafonnier.

— Je vérifie que Charlie dort et je viens me coucher, ajouta June.

Une fois sur le palier obscur, elle s'aperçut qu'une fois de plus elle venait de passer dix minutes quasiment en apnée.

L'aurore éclairait la grande table de ferme où June, Charlie, Lolly, Isabel et Kat prenaient le petit déjeuner. Il était 6 h 30 : comme le leur avait rappelé la veille Lolly, la cuisine était réservée aux clients entre 7 heures et 8 heures et demie.

Lolly avait interdit aux filles d'évoquer sa maladie devant Charlie. C'était à June de décider quand et comment aborder le sujet avec lui. Pour le moment, il se gavait de bacon tandis qu'elle lui beurrait un scone tout frais. Elle avait le cœur lourd : son fils avait peu de famille et elle n'allait pas en s'élargissant.

— Devinez quoi ! lança soudain Charlie à la cantonade, le regard pétillant de joie. Maman, elle va trouver mon papa et mes grands-parents, et comme ça je pourrai faire le projet du centre aéré mercredi. C'est un arbre généalogique !

June se retrouva d'un coup au centre de l'attention.

— Hein, maman ? Tu vas les trouver ? Mercredi, c'est dans quatre jours...

June sentit sa gorge se nouer.

— Tu sais, poussin, il va peut-être me falloir un peu plus de temps pour trouver les informations sur la famille de ton papa. Mais on peut déjà remplir mon côté de l'arbre. Et j'écrirai une lettre à ton moniteur pour lui expliquer qu'on a besoin d'un délai.

Elle en profiterait pour le prévenir que Charlie ne reviendrait plus au centre aéré. Il faudrait d'ailleurs trouver un moment au cours du week-end pour en informer le principal intéressé…

Charlie, qui s'apprêtait à enfourner dans sa bouche une tranche de bacon entière, s'arrêta, la fourchette en l'air.

— Mais… il va me mettre un zéro ?

June en aurait pleuré ! Isabel vola à sa rescousse :

— Voyons, Charlie, il n'y a pas de notes au centre aéré ! En plus, toutes les familles sont différentes et tous les arbres généalogiques aussi. Toi, tu as de la chance : tu as tout ton arbre réuni autour de cette table !

June lui adressa un sourire reconnaissant et se reprit :

— Et on t'aime tous.

Charlie compta fièrement les membres de sa famille :

— Grand-tante Lolly, tata Isa, cousine Kat et maman… trop bien, ça fait quatre sortes !

Un aboiement retentit.

— C'est Elvis ! Il m'attend pour jouer, je peux y aller ?

Elvis était le labrador sable des voisins. Un peu fatigué, certes, vu son âge avancé, mais encore capable de rapporter avec enthousiasme les bâtons que Charlie lui lançait.

— D'accord, mais seulement si c'est bien Elvis et pas le chien errant d'hier soir.

Isabel était sortie prendre l'air la veille et avait repéré un bâtard blanc aux oreilles noires.

— Il m'a posé la tête sur les pieds ; il paraissait plutôt bonne pâte, mais on ne sait jamais.

Charlie courut jusqu'à la porte du jardin et écarta les voilages.

— C'est bon, c'est Elvis !

— OK, amuse-toi bien, poussin. Tu restes dans le jardin, hein ! Et il est très tôt, alors ne fais pas trop de bruit.

Quand il fut sorti, Lolly s'extasia :

— Comme il a grandi !

Elle ne parlait jamais sans y être contrainte et forcée. Elle avait retrouvé son uniforme : tee-shirt noir, jupon blanc, sempiternelles claquettes rouges et longue tresse blond cendré. Une manière de couper court à toute question sur sa santé ou son état d'esprit. Kat, qui avait compris elle aussi le manège de Lolly, enchaîna :

— Et embelli. Il va en briser, des cœurs !

— Il tient ça de son père, murmura June en repoussant ses œufs dans un coin de son assiette.

Depuis que Charlie avait relancé le sujet, elle déprimait.

— Comment retrouver un dénommé John Smith après sept ans d'absence ? En plus, j'ai déjà tout essayé…

— Garde espoir, dit sa tante avec philosophie.

Elle but une gorgée de jus d'orange.

— Procède par élimination. Et si vraiment tu fais chou blanc, il faudra bien que Charlie l'accepte.

June se hérissa malgré elle. « Il faut accepter », sa tante répétait ça comme un mantra.

— Il doit accepter de grandir sans père parce que je suis tombée sur un baratineur qui avait juste envie de tirer son coup ? Ce n'est pas juste !

— Ça ne ressemble pas beaucoup à la description que tu m'avais faite de John Smith à l'époque, répliqua Lolly en remuant les œufs brouillés.

June aussi peinait à y croire. A l'époque, elle s'était émerveillée de découvrir sous un nom aussi commun un tel original. Ils s'étaient vus deux fois, deux fois magiques où plus rien ni personne n'existait qu'eux deux. Ils avaient parlé de tout et de rien, ils avaient ri, et s'étaient tus aussi, s'étaient regardés, les yeux dans les yeux, certains d'avoir enfin trouvé ce dont parlent les chansons d'amour à la radio. Elle l'avait rencontré dans un bar de l'Upper West Side, à Manhattan, près de l'université de Columbia. Elle y buvait un verre avec des amies et, assis au comptoir, il l'avait entendue mentionner le Maine : il y avait grandi, lui aussi, à Bangor pour être exact, à deux heures au nord de Portland. Une fois cette connexion établie, leur conversation ne s'était plus tarie. Etudiant à la fac de Colby, il prenait une année sabbatique pour voir du pays. Très pâle, les yeux verts et les cheveux brun foncé, il était d'une beauté éthérée. June n'avait jamais vu d'homme aussi séduisant que lui. Il devait mettre le cap le lendemain sur la Pennsylvanie pour y voir notamment la cloche de la liberté, à Philadelphie, mais avait proposé à June un marché : il repousserait son départ si elle acceptait de sortir avec lui. Elle avait dit oui. Et le lendemain, June, qui était vierge, lui avait sauté dessus et lui avait arraché ses vêtements…

Hélas ! Pour parfaire le cliché, elle ne l'avait jamais revu. Ils avaient convenu de se retrouver pour déjeuner le lendemain au pied de la fontaine Bethesda, à Central Park. Elle était chargée des boissons, lui des sandwichs. Assise sur son banc, emmitouflée dans son caban, une écharpe autour du cou, deux bouteilles d'eau et deux cookies au chocolat dans un sachet à ses côtés, elle l'attendait, rêveuse, ravie d'être enfin dans le secret, de comprendre enfin ce sentiment dont tout le monde parlait et qui illuminait sa sœur à la seule mention d'Edward (lequel n'était pas encore devenu l'arrogance incarnée). June le ressentait aussi, deux rendez-vous y avaient suffi. John était son premier amant... et son premier amour.

A 13 heures, elle lui avait laissé le bénéfice du doute : il ne connaissait pas New York, contrairement à elle qui venait d'y passer trois ans, il s'était peut-être perdu dans le métro, voire dans le parc. Mais, les minutes s'écoulant, June se mordait littéralement les lèvres. Elle frottait ses mains que le froid commençait à transpercer malgré ses gants. Le téléphone portable de John, un modèle à carte prépayée, lui permettait d'émettre des appels mais pas d'en recevoir, elle n'avait aucun numéro de fixe où le joindre et lui ne s'était pas manifesté. Lentement, June avait réalisé qu'il ne viendrait pas. Deux heures plus tard, elle s'était levée. Elle crut l'apercevoir en haut d'une volée de marches mais ce n'était pas lui, et elle en pleura de déception. Elle s'était fait embobiner. Elle, la major du lycée. Une vraie oie blanche, oui ! Elle croyait encore au coup de foudre. Quelle naïveté !

Quand elle s'était rendu compte qu'elle était enceinte, elle avait tenté de retrouver sa trace. Tous les soirs, pendant ce mois de janvier polaire, elle avait fait le pied de grue au bar où ils s'étaient connus, avait déambulé autour de la fontaine de Bethesda, si bien que sept ans plus tard elle aurait encore été capable d'en dessiner de mémoire la statue. Mais il lui avait fallu se rendre à l'évidence : son apollon n'était qu'un routard sans scrupule avec une fille dans chaque port, ou plutôt dans chaque Etat des Etats-Unis.

La studieuse, la sage June Nash, enceinte à vingt et un ans, même pas diplômée… Elle avait cessé d'aller en cours, notamment à cause des nausées et, complètement perdue, n'avait même pas fait valider ses acquis comme sa tante Lolly le lui avait ordonné. Lolly, qui l'avait accueillie à son retour à Boothbay d'un « Ce qui est fait est fait ». June avait conduit jusqu'à Bangor et demandé un peu partout, au hasard, si quelqu'un connaissait un nommé John Smith. Une initiative désespérée, vu la taille de la ville et la banalité du nom. On l'avait lancée, très gentiment au demeurant, sur sept fausses pistes : tel John Smith était un barbier septuagénaire, tel autre un avocat d'affaires… Mais le sien demeurait introuvable. Sous un prétexte fallacieux, elle avait même fouillé les archives du lycée de Bangor mais les deux John Smith qui figuraient sur les photos de classe étaient blonds. June s'était obstinée, déterrant les registres des années suivant et précédant celle de son bac présumé, mais les larmes lui montaient aux yeux et elle avait commencé à s'attirer des regards soupçonneux.

Alors, elle avait dit à Henry Books la vérité sur la raison de son retour à Boothbay et il l'avait embauchée sans hésiter, bien que Books Brothers n'eût pas besoin de vendeurs supplémentaires à ce moment précis. Henry, un loup solitaire flanqué d'une petite amie déséquilibrée, lui avait sauvé la vie après la naissance du petit. Il lui accordait des jours de congé, la laissait amener Charlie à la librairie et il lui arrivait même de le bercer quand il s'agitait. Les clientes étaient charmées et les affaires avaient bien tourné pendant l'été et même après la rentrée. Puis, quand June n'avait plus supporté d'habiter chez sa tante avec son bébé, Henry avait facilité son embauche à Portland et June était partie avec son fils et ses maigres économies. Lolly lui avait souhaité bon vent en précisant qu'elle restait la bienvenue sous son toit. June le savait. C'était là toute la contradiction de sa tante, à la fois dure et généreuse… Les gens sont compliqués, c'était l'une des premières leçons que la vie lui avait enseignées.

S'arrachant à ses réminiscences, June prit son mug à deux mains.

— Il m'a posé un lapin. Il avait eu ce qu'il voulait…

Silence gêné de l'assemblée, qui se concentra sur son petit déjeuner. Sans grand entrain.

— Et donc, tu as décidé de le retrouver, reprit Lolly. Méfie-toi. Rappelle-toi l'histoire de la boîte de Pandore. Tu ignores tout de ce garçon : ce n'est peut-être pas quelqu'un de bien.

June sentit sourdre en elle l'habituelle combinaison de honte et de colère. A demi-mot, sa tante la traitait d'écervelée. Pire, elle ne comprenait rien. Ce « garçon », comme elle disait, June l'avait bel et bien connu, au cours de ces deux jours. Elle avait vécu une grande passion, comme Francesca dans *Sur la route de Madison*, mais quand elle avait essayé d'expliquer ça à sa tante, sept ans auparavant, cette dernière avait fait la moue : on ne tombe pas amoureux en deux jours. On ne connaît pas quelqu'un en deux jours ! D'ailleurs, aurait-elle pu ajouter aujourd'hui, la suite des événements le lui avait amplement prouvé.

Pendant sa grossesse, Lolly ne lui avait donc été d'aucun soutien psychologique. Mais June lui restait redevable de sa présence et de son hospitalité, jusqu'à ce qu'elle déménage à Portland, un an après la naissance de Charlie. Lolly n'était pas démonstrative ; les câlins, les embrassades, ce n'était pas son truc. Mais June s'était fait une raison. Et si elle fuyait Boothbay, ce n'était pas à cause de sa tante. Si Lolly mourait...

Elle chassa cette pensée.

— Je t'aiderai à le chercher, dit Isabel du bout des lèvres.

June en resta comme deux ronds de flan. Et elle n'était pas au bout de ses surprises.

— Moi aussi, renchérit Kat.

Lolly allait-elle s'y mettre elle aussi ? Lui souhaiter bonne chance, au moins ?

Rien.

Dérobée aux regards d'éventuelles connaissances par un chapeau de paille et de grosses lunettes noires, June se frayait un chemin parmi les touristes de Townsend Avenue pour gagner Harbor Lane, la rue pavée où se concentraient ses commerces préférés. Le cosy Moon Emporium, un minuscule salon de thé jaune citron, la devanture d'une diseuse de bonne aventure qui, sans être médium, possédait un réel sens de l'observation, la boutique de souvenirs, vieille comme Mathusalem, avec ses monceaux de bibelots, d'arrosoirs en forme de phare disposés le long des marches du perron et, tout au bout, la librairie Books Brothers.

June poussa la porte – la poignée était taillée dans le manche d'une pagaie – et se fendit d'un sourire. Entrer chez Books Brothers, c'était comme pénétrer dans une bibliothèque enchantée. Partout des murs de livres, des tapis en bambou, de vieux fauteuils défoncés, des coussins dépareillés qui invitaient à la lecture et, disséminés dans les allées, tout un assortiment d'objets semblant narrer les aventures d'un marin au long cours : un vieux canoë rouge au sommet d'une étagère, des photos artistiques du port de Boothbay... Les maîtresses d'écoles y organisaient parfois des sorties scolaires pour interroger Henry sur ses trésors.

June salua la vendeuse, une étudiante.

— Henry est dans les parages ?

— Il est sur son bateau. A quai, je crois.

June se faufila entre les best-sellers et les biographies, les mémoires et la rangée consacrée à l'histoire et aux monuments du Maine, et traversa le rayon « Enfants » que Henry avait installé dans la proue d'un langoustier. Une petite tête blonde apparut derrière le hublot, et June s'attendrit. Au fond du magasin, elle poussa la porte marquée *PRIVÉ* et se retrouva sur l'embarcadère où le bateau de Henry était amarré. Il y était agenouillé, une ponceuse à la main, un pot à ses pieds.

— Hello ! lança-t-elle en ôtant ses lunettes de soleil. Ton bateau a un bobo ?

Il se redressa et lui sourit en plissant ses yeux dorés, un peu comme Clint Eastwood dans le film de la veille.

— Jamais ! Il est en parfaite santé !

De l'extérieur, sa péniche ressemblait à un gros bateau à moteur, mais au-delà du petit escalier se trouvaient un coin salon aménagé, deux chambres à coucher, une « cambuse », comme il appelait le compartiment cuisine, et une salle de bains. Des tableaux et des objets de toutes sortes en décoraient les murs et les rangements. Y trônait notamment un portrait de Vanessa Gull, la fille avec qui il entretenait une relation à la « Je t'aime – Moi non plus ». Magnifique dans le genre gothique, Vanessa manquait cruellement de chaleur humaine et elle avait son franc-parler – aux yeux de Henry, une qualité. Elle méprisait les politesses et les ronds de jambe, or lui détestait l'hypocrisie. Déjà à l'époque où June travaillait à Boothbay, ils passaient leur temps à rompre et à se réconcilier. Quelques années plus tôt, de passage dans le coin, June avait amené le petit voir Henry et son bateau. Vanessa, qui s'y trouvait, lui avait déclaré sans ambages : « Il y a un truc qui me débecte chez toi », avant de tourner les talons de ses cuissardes. Elle avait, comme Henry, dix ans de plus que June et la traitait comme une gamine, ce qui ne manquait jamais de la déstabiliser.

Heureusement, ce matin elle n'était pas dans le coin.

— J'accepte officiellement ton offre, annonça June.

La veille, avant de prendre le volant, elle lui avait téléphoné depuis Portland. Elle n'avait pas eu le temps de lui conter ses malheurs qu'il l'interrompait : « Je suis au courant. Tu peux commencer le week-end prochain comme gérante. Pour le même salaire. »

Retourner habiter à Boothbay… June hésitait, se sentant incapable de lui donner une réponse définitive.

« De l'eau a coulé sous les ponts, June, avait-il insisté. Oublie le passé. En tout cas, il me faut ta réponse ce week-end : la semaine prochaine, c'est Labor Day, il va me falloir des renforts. Ne m'oblige pas à engager Vanessa ! »

June avait ri à cette plaisanterie : un jour, Vanessa l'avait remplacée au pied levé. Il était apparu très vite qu'elle terrifiait les clients. Trois d'entre eux s'étaient même plaints d'elle auprès de Henry ! Depuis, elle était persona non grata parmi le personnel de Books Brothers. Aussi la décision de June le réjouit-elle.

— Super nouvelle ! Tu peux commencer vendredi, juste avant le rush de Labor Day ? Ça te permettra de passer du temps avec ta tante avant d'attaquer. En semaine, tu seras seule. Bean, notre vendeuse, te filera un coup de main les week-ends et jours fériés. Tu loges aux Trois Capitaines, avec Charlie ?

June lui avait parlé du cancer de Lolly en récupérant son fils après le dîner. Henry l'avait enlacée et, pendant quinze secondes, elle avait tout oublié.

— Oui, de façon temporaire, dit June. Enfin, j'espère.

— Vous êtes les bienvenus à bord si vous avez besoin de vous évader !

June adorait Henry Books à l'égal du grand frère qu'elle n'avait jamais eu. Elle avait fait une sorte de fixette sur lui, autrefois. Sur ses cheveux noirs broussailleux, pleins d'épis, sur son regard malicieux. Sur sa musculature, aussi. Henry, c'était l'homme du Maine dans toute sa splendeur : un marin, qui avait le goût du large mais les pieds sur terre. Bizarrement, il évoquait à June un cow-boy – ses faux airs de Clint Eastwood, sans doute !

Cependant, à l'époque de leur première collaboration, il s'était montré paternaliste envers elle : il la traitait comme une petite chose fragile ou comme une petite fille qui a fait une grosse bêtise. Pas comme une femme. Aussi avait-elle renoncé à ses fantasmes. De toute façon, elle était enceinte jusqu'aux dents et lui trop occupé à sillonner l'océan ou à se rabibocher avec sa copine pour remarquer ses sentiments. Vanessa était une sorte d'Angelina Jolie période Billy Bob Thornton, tout en crinière de jais, en yeux charbonneux et en sensualité exacerbée ; June Nash, jeune accouchée, ne faisait pas le poids.

— Merci encore d'avoir gardé Charlie, hier soir. Il adore ton bateau et il s'est amusé comme un fou à la pêche aux moules !

— Il est cool, ce petit.

June se rengorgea : Henry était avare de compliments. Peut-être que finalement elle ne faisait pas *tout* de travers.

— Va rejoindre ta famille. On se voit vendredi. Je te brieferai. Embrasse Lolly pour moi… Si je peux faire quoi que ce soit…

— Je lui dirai.

June chaussa ses lunettes et s'éloigna le long de l'embarcadère, plutôt emballée par la perspective des six prochains jours : elle se promènerait avec Charlie, dépannerait sa tante à l'auberge…

— Hep, June ! la héla Henry.

Elle fit volte-face.

— Oui ?

— En cas de besoin… tu sais où me trouver.

Elle hocha la tête. June n'avait pas grand-chose, mais elle avait son fils et Henry.

Et depuis la veille autre chose aussi, lui semblait-il : une famille.

6

Kat

La décapotable filait. Kat laissait le vent la décoiffer, dégageant des effluves chocolatés – elle avait passé l'après-midi à confectionner un gâteau d'anniversaire. Oliver conduisait. Où l'emmenait-il ? « Surprise ! » avait-il seulement consenti à dire lorsqu'elle l'avait questionné.

Ils se dirigeaient vers l'extrémité de la péninsule. Le vent brouillait tout, surtout ses pensées – un délice. Sur l'eau, des touristes à bord des bateaux pointaient du doigt les quelques baleines qui daignaient montrer le bout de leur queue. Kat savourait cette pause et entendait, comme assourdi, le ronflement des vagues et du moteur.

Elle avait un peu de glaçage bleu sous l'ongle du pouce. Normal, elle n'avait pas eu une minute pour se doucher. Tout l'après-midi, elle avait travaillé au gâteau du petit Alex, cinq ans, réalisant avec ses ingrédients un bateau pirate plus vrai que nature. Pendant ce temps, sa mère formait Isabel à l'art de l'hôtellerie : « Si un client t'appelle, lâche immédiatement ce que tu es en train de faire et vole à son secours. Même si tu es en train de manger ou de téléphoner. Ne laisse jamais rien traîner, ni traces de sable ni tasse sale. Tout doit être impeccable. » Justement, les requêtes pleuvaient : comment se rendait-on au jardin botanique ? Que visiter en priorité si on ne restait qu'une journée : Portland, Rockland ou Camden ? La voix de Lolly restait forte et assurée et elle s'acquittait de ses tâches comme à l'accoutumée. Quant à Kat, elle avait dû tellement se concentrer pour réussir le pont du navire qu'elle en avait oublié pendant quelques minutes le mot « cancer ». Mais en fin de journée deux couples avaient tout gâché ; ils sirotaient dans le jardin le verre de vin offert pour l'apéro et par la fenêtre ouverte Kat les avait entendus discuter.

« Ma sœur a eu un cancer des ovaires, avait dit une des femmes. Elle s'est battue longtemps, mais la maladie a fini par l'emporter il y a deux ans.

— Ma mère est morte d'un cancer du sein… avait répondu l'autre. Je suis désolée pour vous, je sais à quel point ce doit être dur… »

Des larmes, étouffées, puis une voix d'homme :

« Viens ici, ma chérie. »

Kat s'était figée, les yeux clos, les lèvres frémissantes, les doigts tremblants. « Pas maman. Pitié ! » avait-elle murmuré en joignant les mains comme pour prier. Lolly avait choisi ce moment pour débarquer, expliquant qu'il manquait du gouda pour le plateau de fromages, ou que le brouillard se dissipait, quelque chose de ce genre. La porte battante refermée, Kat avait craqué. Fuyant la fenêtre ouverte, elle s'était pelotonnée à même le sol dans un renfoncement du mur, à l'abri des regards, et avait pleuré, la tête dans les bras. Elle ne pouvait pas perdre sa mère !

Elle avait patienté là jusqu'à ce qu'un souvenir lui redonne le sourire : allongés dans l'herbe, Kat et ses deux parents observaient les nuages. Kat y voyait un renne, sa mère une voiture et son père un dindon. Un dindon ! Lolly en avait pleuré de rire.

Mais le souvenir s'était évaporé. Triste mais maîtresse d'elle-même, Kat s'était relevée ; Oliver n'allait pas tarder, il voulait l'emmener quelque part. « Il faut absolument que tu voies ça ! » Et Kat avait besoin de s'aérer. Il était arrivé, ponctuel, comme à son habitude, vêtu d'un jean délavé bien coupé et d'un tee-shirt vert sapin qui mettait en valeur ses boucles blondes – Oliver avait toujours une mise impeccable.

A présent, la voiture s'engageait sur une route transversale que Kat ne connaissait pas. Elle prit un carnet dans son sac à main et y écrivit : *On va où ?* Oliver jeta un coup d'œil à l'écriteau improvisé et son visage se plissa en un sourire coquin.

— Ecris de ma part « Tu verras bien ! »...

Enfants, Kat et Oliver s'asseyaient sur le rebord de leurs fenêtres respectives et communiquaient ainsi par blocs-notes interposés. Une sorte de précurseur des SMS, avant l'avènement des téléphones portables ! Leurs séparations, quand Lolly ou les parents d'Oliver les appelaient, s'apparentaient pour Kat à un véritable sevrage. Depuis, les Tate avaient vendu leur maison et emménagé à Camden et Kat regrettait parfois ces échanges. Pas plus tard que vendredi soir, elle avait eu envie de regagner son vieux perchoir et de brandir une feuille de papier : *J'ai peur.* Nul doute qu'Oliver aurait répondu : *Tout va bien. Je suis là.*

Vendredi... Après le film, elle avait bavardé longtemps avec ses cousines dans sa chambre reconvertie en dortoir. Puis Kat s'était glissée hors de son lit, avait griffonné un mot sur un Post-it et couru chez Oliver. Il avait vu au premier coup d'œil qu'il se passait quelque chose de grave. Elle lui avait tout raconté – cancer métastasé, stade quatre, chimio –, les mots lui collaient au palais. Puis elle avait sangloté dans ses bras, comme autrefois. Ils avaient très peu parlé. A quoi bon ressasser des questions sans réponse ? Ils s'étaient couchés sur le grand canapé de cuir. Se réveillant quelques heures plus tard, Kat avait laissé un mot et regagné l'auberge. La vue de ses cousines endormies dans sa chambre l'avait décontenancée : leur présence, inhabituelle, confirmait la gravité de la situation. Dans son lit, la peur l'avait à nouveau envahie et elle regretta de n'être pas restée aux côtés d'Oliver. Ses bras lui manquaient. Le lendemain soir, elle y était retournée et il lui avait procuré exactement ce qu'il lui fallait : du silence, une bonne soupe et de la tendresse. Oliver connaissait Kat et Lolly depuis toujours...

Et voilà qu'il lui réservait une surprise. Kat n'avait pas la tête à ça. Elle brûlait de lui dire : « Faisons demi-tour. Ramène-moi à la maison. J'ai juste envie de prendre un bain et de fixer le plafond... » Mais elle se taisait, et la voiture filait. Elle n'avait pas eu si peur depuis la mort de son père. Les surprises, elle en avait soupé.

— On y est ! s'exclama Oliver en garant la décapotable sur une allée de gravier.

Devant eux, rien que des arbres, à perte de vue.

— Hep, Kat, c'est de l'autre côté que ça se passe...

June tourna la tête : à leur gauche se trouvait un pré tapissé de fleurs sauvages. Des digitales, des marguerites, des boutons-d'or et même des œillets rose et rouge – ses fleurs préférées. Ça valait bien dix bains moussants !

— Tu viens ?

Oliver lui tendait la main. Il la conduisit jusqu'à un vieux banc, au milieu du pré.

Kat huma l'air embaumé, absorbant la tiédeur du soir, repaissant ses yeux de la nature en fête. Elle avait envie de danser ! Tout n'était que ciel et beauté – tout bruissait de mille possibilités. Elle s'allongea dans l'herbe et étira ses bras au-dessus de sa tête. Elle attrapa une tige au hasard et la cueillit : un bouton-d'or. Une des premières fleurs qu'Oliver lui avait offertes, alors qu'ils n'étaient que deux gamins.

— Merci, Oliver... C'est exactement ce qu'il me fallait.

Il s'étendit à côté d'elle.

— J'ai l'impression de flotter sur un nuage ! ajouta-t-elle.

Un nuage... Kat repensa au nuage en forme de dindon qui avait tant fait rire sa maman, et le charme se rompit. Sa mère ne riait plus très souvent. Et jamais avec le même éclat.

— Je savais que ça te plairait, se réjouit Oliver.

Les larmes montèrent sans qu'elle puisse les réprimer. Sa mère allait mourir. Elle avait toujours dégagé une certaine réserve, de la froideur, même. L'accident n'avait fait que renforcer ce trait. Lolly s'était renfermée dans sa bulle, coupée du monde – et de sa fille.

Kat n'oublierait jamais ce qu'elle lui avait hurlé quand elle avait appris. « Il aurait dû me laisser l'accompagner ! Comme ça, je serais au paradis avec lui ! » En y repensant, après coup, elle en avait vomi de culpabilité. Dire ça à sa propre mère ! Qui venait de perdre son mari, sa sœur et son beau-frère ! Quelle cruauté... A treize ans, n'y tenant plus, elle s'était confiée à Oliver, qui l'avait poussée à soulager sa conscience, à dire à sa mère qu'elle regrettait. Kat avait pris son courage à deux mains et s'était lancée. Mais Lolly l'avait rabrouée : « N'en parlons plus, c'est du passé. » Elle s'était replongée dans ses registres et Kat s'était retrouvée une fois de plus seule et honteuse, avec sur la poitrine un poids qu'elle ne parvenait pas à déloger.

Mais Kat se remémorait à présent la bonté de sa mère. Qui l'avait tenue à bras-le-corps des heures durant, le lendemain de l'accident, tandis que Kat s'époumonait. Qui lui avait lu des histoires chaque soir, comme le faisait son père, même quand elle tombait de fatigue après une longue journée à gérer l'hôtel et ses nièces éplorées. Quand Kat avait trouvé un rouge-gorge blessé dans le jardin, Lolly avait conduit près de cent kilomètres pour le confier aux soins d'un vétérinaire spécialisé en ornithologie. Et toutes ces années elle avait tenu le registre, servi les clients, préparé les petits déjeuners, fait tourner les affaires. Forte, stable, fiable.

Son état actuel n'entamait pas sa volonté. De rassembler les filles sous son toit, de lutter jusqu'au bout contre la maladie. Kat s'en étonnait : elle se serait presque attendue à ce que sa mère envoie au diable la chimio et les radiations, décrétant que son heure était venue et qu'elle devait l'accepter. Mais non. A la fois combative et résignée, Lolly était quelqu'un de compliqué. Mais elle était son ancre, sa bouée. Leurs rapports ne correspondaient guère à l'idée qu'on se fait d'une relation mère-fille. Elles n'échangeaient pas de secrets en pelant les carottes, ne faisaient jamais ensemble de virées shopping… Kat et Lolly ressemblaient davantage à des associées. Ensemble, elles faisaient tourner l'auberge. Pour le moment.

Oliver l'attira à lui. Il ne lui dit pas de sécher ses larmes, ni que tout allait s'arranger. Il ne lui dit rien du tout. Kat s'agrippait à son tee-shirt. Quand ses hoquets se calmèrent, elle embrassa du regard le pré et ses yeux se posèrent sur le vieux banc de bois.

— Un sacré romantique a dû le traîner là pour mieux profiter du spectacle...

— Oui, dit Oliver en l'aidant à se lever. Moi.

June inspecta le banc : parmi une foule d'autres noms, leurs initiales s'y trouvaient gravées. *OT + KW*. Leur banc ! Celui de l'étang aux grenouilles, où ils se retrouvaient pour papoter et observer les nénuphars et les crapauds !

— Comment tu l'as récupéré ?

— J'ai gagné l'appel d'offres pour le réaménagement du parc, et la municipalité se débarrasse du vieux mobilier urbain. J'ai évoqué sa valeur sentimentale et on me l'a cédé. Quant à ce pré, je suis tombé dessus par hasard il y a quelques semaines et quand j'ai appris, pour ta mère, je me suis dit que cet endroit ferait un havre de paix idéal pour réfléchir ou simplement souffler... Mais je trouvais important que tu ne t'y sentes pas complètement seule. Tu vois ce que je veux dire ?

Quel sentimental il faisait ! Lui, l'architecte paysagiste auteur de multiples parcs résidentiels et jardins commerciaux, attendri par une espèce de terrain vague !

— Oliver, tu es merveilleux.

— Merci. Du coup, tu veux bien m'épouser ?

Il lui tendit un petit écrin.

Kat se raidit. Le malaise familier lui chatouillait les orteils. Pour une fois, il s'en tint là. Oliver, son ami de toujours, planté là devant leur vieux banc dans un champ de possibilités, lui demandait de l'épouser... Et Kat avait soif de certitudes et de sécurité. Oliver ouvrit l'écrin, en sortit délicatement une bague ancienne en or et en diamant. La lui passa au doigt.

— Je t'aime plus que tout au monde. Je sais que tu as peur, que tu t'inquiètes pour ta maman. Je veux être ta famille, Katherine Weller. Qu'est-ce que tu en dis ?

Il était très fort : il trouvait toujours les mots justes. Et le cadre était idyllique... Elle n'hésita pas plus d'une seconde avant de rendre son verdict :

— Oui.

Et à l'ombre des chênes et des conifères Kat laissa Oliver la coucher sur un lit de fleurs et lui faire l'amour, pour la première fois.

Rien n'avait changé. Des années durant, Kat avait fantasmé sur Oliver, tout en se gardant bien de basculer du rêve à la réalité, et voilà que, surmontant son appréhension, elle avait sauté le pas et fait l'amour avec lui, à la fraîche, sous les derniers rayons du soleil. Lisant dans son regard tendre et passionné qu'il attendait ce moment depuis une éternité.

Non, rien n'avait changé. Elle ne ressentait pas de grand chamboulement. Elle s'attendait à exploser, mais non : rien.

Dans l'allée des Trois Capitaines, elle lui adressa un signe de la main et sa voiture s'éloigna. Ses orteils la démangeaient à nouveau. Pour le moment, elle garderait la nouvelle pour elle, décida-t-elle en retirant sa bague. Elle tapa un SMS à Oliver : *Je préfère attendre avant d'en parler à ma mère, OK ?*

La réponse ne se fit pas attendre : *Tes désirs sont des ordres !*

Kat respira un grand coup avant de franchir le seuil, persuadée que sa mère devinerait dès l'instant où elle la verrait. Elle avait fait l'amour avec Oliver. Ils étaient fiancés ! Encore un chambardement dans sa vie mouvementée.

Sa mère avait un cancer.

Elle avait un fiancé. Elle allait se marier !

Un vertige, qui passa, et Kat entra.

Ça sentait le pop-corn.

— Ah, tu tombes bien, dit Lolly. Je commence la chimio demain alors, pour m'égayer un peu, on a décidé de faire une entorse au planning des soirées ciné : on va regarder *Le diable s'habille en Prada*. C'est drôle et léger, tu verras. Pearl se joint à nous, ainsi que deux clients, Tyler et Suzanne, je crois.

Sa mère la fixait droit dans les yeux et ne remarquait rien. Ne devinait-elle donc pas que Kat avait dit oui à une vie avec Oliver ? Toute petite déjà, Kat croyait dur comme fer que les gros secrets des gens se voyaient forcément.

Quoi qu'il en soit, elle n'avait pas envie de comédie, ni même de cinéma. Cette histoire de chimio l'angoissait. Elle était tentée de se réfugier dans le Sanctuaire, au premier, et d'y inspecter sa bague sous toutes les coutures. Elle avait donc vraiment dit oui ? Sans l'ombre d'un doute. Et sans hésiter. Pourquoi ? A cause de la mise en scène ? Du banc ? Des fleurs des champs ? De la gentillesse d'Oliver ?

Avait-il profité d'un moment de faiblesse ?

J'ai dit oui à Oliver !

Non seulement ça ne l'avait pas rassurée, mais ça allongeait la liste de ses tourments.

— Comment tu te sens ? demanda-t-elle à sa mère, comme toutes les demi-heures depuis l'annonce de sa maladie.

— Très bien, merci, répondit Lolly, comme chaque fois.

Lolly avait visiblement de quoi s'occuper l'esprit, entre l'hôtel, la formation d'Isabel, la soirée ciné improvisée… La chimiothérapie…

— N'en faisons pas toute une montagne, tu veux bien ? ajouta-t-elle.

Kat la dévisagea, incrédule, avant de se maîtriser : c'était sa mère qui avait un cancer, pas elle. Elle avait le droit de gérer ça comme bon lui semblait. Kat s'inclina.

— OK.

Elle lui prit la main un bref instant – si ça ne lui plaisait pas, tant pis ! Puis elle monta dans sa chambre en quatrième vitesse et cacha la bague dans le compartiment secret de sa boîte à bijoux : un coffret orné d'une ballerine qu'un mécanisme faisait tourner aux notes de « Moon River ». Son père la lui avait offerte pour son neuvième anniversaire : elle renfermait alors son tout premier collier, une chaîne en or et son pendentif en forme de cœur gravé de son initiale. Kat arracha son regard à la bague et referma le petit tiroir.

Dans le salon, Kat se recroquevilla sur le pouf, comme la dernière fois, au pied du canapé où s'étaient assises Pearl et sa mère. Isabel et June se partageaient la causeuse et Suzanne et Tyler, un jeune couple, avaient rapproché leurs chaises à haut dossier. Ils semblaient soudés l'un à l'autre. La veille, ils s'étaient présentés à la réception pendant que Kat et sa mère briefaient Isabel : d'après la jeune femme, ils fêtaient leur « un mois ». Vu leur jeune âge et leurs annulaires vierges d'alliance, Kat présumait qu'il s'agissait de leur premier mois non de mariage mais de relation.

Pas de cupcakes cette fois – Kat n'avait pas eu le temps d'en préparer –, mais une manne de pop-corn et de M&M's. La jeune fille plongea la main dans le saladier pour en attraper une poignée. Mais quand Anne Hathaway apparut à l'écran, taillant sa route à travers la foule compacte des rues de New York, elle en lâcha ses bonbons. Toutes ces voitures, ces feux, ces gens, cette énergie ! Ça ressemblait à ça, la vie, là-bas ? Boothbay Harbor attirait son lot de touristes l'été, les rues se remplissaient, mais cela restait une petite ville de province...

Un jeune premier creva l'écran – un des acteurs d'*Entourage*, la série télévisée. Il incarnait le petit ami d'Anne Hathaway. Kat admira l'harmonie de leurs traits : ils allaient bien ensemble. On le disait souvent d'elle et Oliver... Dans le film, Anne avait un caractère bien trempé : fraîchement émoulue de l'université, elle avait emménagé à New York pleine de rêves de gloire et fermement décidée à percer dans le milieu du journalisme. Elle avait des convictions, de la volonté... mais pas d'emploi. Alors, quand la redoutable rédactrice en chef du plus célèbre des magazines de mode lui offrait un poste d'assistante, malgré ses réticences, elle acceptait.

C'était l'erreur de casting du siècle. Avec ses longs cheveux mal peignés, son style improbable, Anne détonnait dans le monde de la mode. D'ailleurs, elle ne concevait envers cette industrie que du mépris. Elle se souciait comme d'une guigne de son apparence. Mais cette expérience professionnelle enrichirait son CV. A la surprise générale, Anne se rendait indispensable à son dragon de patron et à la fin, relookée de pied en cap, il lui fallait choisir entre ses valeurs et son travail.

Kat essaya de transposer l'intrigue à sa propre vie : elle s'imagina chef pâtissier dans un grand restaurant, son uniforme d'éternelle adolescente remplacé par une tenue noire et raffinée. Elle habiterait un loft au vingtième étage d'un immeuble cossu avec vue sur l'Empire State Building, l'Hudson et des milliers de fenêtres illuminées...

La transformation d'Anne l'avait stupéfiée. Au cours du film, la jeune femme négligée se métamorphosait en créature élégante, pleine d'allure et d'assurance. Peut-être Kat devrait-elle faire un tour à New York, elle aussi. Ne serait-ce que pour réaliser qu'elle y étouffait – et couper court au fantasme une bonne fois pour toutes.

C'était bien le moment de songer à quitter Boothbay : trois heures plus tôt, elle se fiançait ! Mais pendant le générique Kat regretta que l'histoire n'ait pas de suite : le métier d'Anne Hathaway se révélait-il à la hauteur de ses attentes ? Comment évoluait sa relation avec son copain ? Sûrement bien, Kat en aurait juré.

— Meryl Streep est méconnaissable, dit Lolly. Et épatante, comme toujours : on s'attache presque à son personnage !

— Elle rend Miranda quasi humaine, acquiesça Kat, le nez dans son verre de vin. Même autoritaire, même condescendante, on la comprend. J'aime beaucoup la scène du pull bleu, vous savez, quand elle explique à Anne l'influence des choix de la rédaction sur l'achat d'un simple vêtement...

Isabel, elle, semblait un peu choquée.

— Je savais le milieu de la mode impitoyable, mais à ce point ! Quelle pression !

Assentiment général de l'assemblée.

— A propos de pression, le mec d'Anne ne la soutient pas du tout dans sa transformation, fit remarquer Suzanne, la jeune cliente. Ça craint, non ? Les gens qu'on aime, il faut les laisser s'épanouir.

— Moi, je t'aurais soutenue, chaton, babilla son copain, le visage enfoui dans ses cheveux.

— Ce n'est pas toujours si simple, répondit Isabel en regardant ses pieds. Quand un membre du couple se découvre une passion, s'engage dans de grands projets, il arrive que l'autre se sente... abandonné. Ça fait peur.

Pensait-elle à Edward ?

June reprit une poignée de pop-corn avant d'intervenir à son tour :

— Son boulot ne lui laissait pas un moment de libre. Parfois, il faut choisir. Anne et son copain ont, quoi... vingt-deux, vingt-trois ans ? L'âge où tout se joue. Ce n'était pas le moment de tergiverser !

— Mais chaque fois elle choisit son boulot ! protesta Suzanne. Elle rate même l'anniversaire de son copain ! Sérieux, ça craint. Moi, je ne ferais jamais passer Tyler au second plan.

Tu n'as manifestement jamais été confrontée à ce genre de choix, songea Kat, agacée. Elle reprit :

— Je crois qu'elle choisit son boulot parce que Miranda l'aide à explorer une nouvelle facette de sa personnalité... Elle lui révèle une force en elle qu'elle ne soupçonnait même pas. Et ça, son pleurnicheur de copain ne l'apprécie pas. Il la préférait faible et paumée. Sauf qu'Anne a envie d'évoluer...

— Pleurnicheur ? s'offusqua Tyler. Je ne vois pas pourquoi ! Il essaie juste de rappeler à sa copine ses vraies priorités. Et il ne se laisse pas faire quand elle le traite comme de la merde ! Oups, pardon, ça m'a échappé.

Lolly fit mine de se lever pour débarrasser et tout le monde bondit pour l'aider.

— En tout cas, je suis contente qu'Anne se « réveille » à la fin. Qu'elle revienne dans le droit chemin, qu'elle retrouve ses idéaux et son identité...

— Mais elle aimait son boulot chez *Runway*, rétorqua June. Et elle avait du talent.

— A quoi bon, si c'est pour jouer les boniches et les conseillers de conscience ? répliqua la jeunette. Tu parles d'un idéal !

— Revenir en rampant vers son copain, ce n'est pas non plus brillant, insista June. J'étais ravie de son nouveau boulot et je comprends qu'il lui ait fallu faire des sacrifices pour le décrocher. Mais elle a mûri au cours de l'aventure – son copain, non. Vous voyez ce que je veux dire ?

Je crois, oui, pensa Kat en visualisant la bague dans le tiroir de sa boîte à bijoux. Mais non ! Oliver n'était pas un rabat-joie casanier à l'esprit étriqué. S'il lui prenait, à elle, l'envie de voyager, il l'aiderait à planifier étape par étape un périple en Thaïlande ou en Australie. Si elle décidait de suivre une formation en pâtisserie dans le sud des Etats-Unis, voire un cours de cuisine à Rome, il l'y encouragerait. Du moins jusqu'à un certain point.

Alors pourquoi paniquer ? Redoutait-elle donc tant Oliver ? Craignait-elle de perdre cet amour qui ne se présentait apparemment qu'une seule fois dans une vie, était-ce pour cette raison qu'elle maintenait une distance de sécurité ? Ou bien ne l'aimait-elle pas, tout simplement ?

Et pourquoi ne le savait-elle pas ? D'après son amie Lizzie, elle se fiait trop aux magazines féminins, leur baratin lui embrouillait le cerveau. Lizzie l'encourageait à se remémorer ses sentiments d'avant la fameuse partie d'Action ou Vérité, quand, à treize ans, secrètement amoureuse d'Oliver et mourant d'envie de l'embrasser, elle avait néanmoins décliné par peur de s'exposer...

— L'héroïne cesse de jouer la comédie pour s'intégrer chez *Runway*, résumait Isabel. Elle reste elle-même... mais en plus assurée. Elle fera une journaliste hors pair.

June réorienta le débat :

— Je n'aurais pas tenu une journée à la rédaction de *Runway*. Vous croyez que c'est partout comme ça, dans le journalisme ? Finalement, je l'ai peut-être échappé belle. Pourtant, j'adore New York !

Kat, elle, s'y voyait très bien, gérante distinguée d'une pâtisserie branchée de SoHo, où elle se rendrait en taxi le matin, un grand gobelet de chocolat viennois à la main. Le souvenir du Maine et de sa boue s'estompait. La veille, l'idée de partir ne l'aurait pas effleurée. D'ailleurs, il n'en était pas question : sa mère avait besoin d'elle à Boothbay et, une fois mariés, Oliver et elle se poseraient ici pour y élever les quatre enfants dont il avait toujours rêvé. New York, Rome, Paris : il ne voudrait même pas en entendre parler.

Il la soutiendrait... jusqu'à un certain point seulement.

En l'épousant, elle s'enterrerait ici pour le restant de sa vie.

7

Isabel

Il était dans le jardin. Griffin Dean. Le beau client arrivé la veille, juste avant la projection. Il avait débarqué, harassé, une petite d'environ trois ans endormie dans les bras, et sur les talons une ado boudeuse, écouteurs dans les oreilles. Lolly leur avait loué la Balbuzard, une grande chambre pour trois personnes, et la jeune fille, apprenant qu'elle n'aurait pas son propre espace, avait fait une scène, mais Lolly lui avait décrit l'alcôve, sa fenêtre individuelle et son rideau séparateur, et elle avait grommelé « OK ». C'est Isabel qui les y avait menés, jacassant tout du long : on servait le petit déjeuner jusqu'à 8 h 30, qu'ils n'hésitent pas à lui demander s'il leur manquait quoi que ce soit, souhaitaient-ils se joindre à la soirée ciné ? Au programme : *Le diable s'habille en Prada*... Le pauvre homme avait écarquillé les yeux, effaré, comme s'il se demandait quel être humain doté de toutes ses facultés aurait regardé pareil navet de son plein gré. Il avait dit merci et attendu poliment qu'elle s'éloigne avant de refermer sa porte.

Il était moins de 6 heures du matin. Isabel s'était levée aux aurores pour remplacer Lolly, mais un client l'avait tout de même devancée. Etait-ce grave ? Il faudrait qu'elle en parle à sa tante.

La veille, impossible de trouver le sommeil. Lolly commençait la chimio dans l'après-midi et Isabel avait convenu de l'y conduire avec Kat ; June et Charlie la relaieraient à l'auberge. Comme si cela ne suffisait pas, elle avait rêvé d'Edward. Allongé sous leur chêne mais adulte, cette fois, Edward la félicitait d'avoir conclu ce pacte avec lui : elle aurait fait une mère déplorable. Isabel s'était réveillée en nage. « June », avait-elle chuchoté. Silence. Peu causante ces derniers jours, sa sœur ne serait vraisemblablement pas plus encline à papoter à... 2 h 36 du matin – Isabel n'avait pas insisté.

A 5 heures, elle était allée calmer ses nerfs sur le balcon. Respire. Ce n'était qu'un rêve. Mais Edward lui avait déjà tenu des propos similaires dans la réalité. Sous le coup de la colère, au cours de débats houleux qu'aucun des deux ne remportait. Il ne le pensait probablement qu'à soixante-quinze pour cent... Restait vingt-cinq pour cent de doute. Et dans le doute elle lui avait chaque fois cédé.

Sur les eaux bleues du port se dessinaient des voiles de toutes tailles. Des pêcheurs arrangeaient leurs cages et leurs filets, des cyclistes et des joggers commençaient à se croiser le long du quai. Un faucheux se dandinait sur la rambarde. Peu à peu, les urgences et les corvées de la journée avaient évincé le cauchemar d'Isabel. Lolly lui avait tout bien expliqué pendant le week-end : comment tenir la réception, remplir les registres, utiliser la machine pour les encaissements par carte bancaire, assurer la promotion de l'auberge par l'office de tourisme, changer les draps et les serviettes, réapprovisionner les chambres en produits de toilette... Isabel ne soupçonnait pas le travail que ça représentait. A sa décharge, elle débutait : les Dean avaient été ses tout premiers clients. Elle avait d'ailleurs remarqué, en vérifiant leur réservation, que Mme Dean ne serait pas de la partie. Or ils restaient toute la semaine, jusqu'au lundi de Labor Day…

Pour le moment, sous le pommier sauvage au fond du jardin, les mains dans les poches de son pantalon de toile kaki, M. Dean contemplait le port. Isabel hésitait à sortir le saluer quand le chien errant déboula comme une balle et coucha sa grosse tête touffue sur ses pieds nus. Deux fois au cours du week-end il avait couru à sa rencontre et, la veille encore, elle l'avait aperçu par la fenêtre : il paraissait la chercher, elle en particulier – il avait en effet royalement snobé June et Pearl, qui faisaient une belote à la table de jardin. Et, plus tard, affalée dans un transat, épuisée, un verre de thé glacé à la main, elle avait senti soudain une tête velue se frotter à son bras.

— Si ça peut te faire plaisir, murmura-t-elle, comme elle l'avait déjà fait la veille, en caressant l'animal.

Qui, enhardi, tenta de lui sauter sur les genoux. Il n'était pas énorme mais ce n'était pas non plus un chihuahua, et Isabel portait de délicates sandales à strass, un corsaire blanc et un top en soie.

— Hé là !

— Comment s'appelle-t-il ?

Isabel pivota : Griffin Dean.

— A vrai dire, je l'ignore. Mais je crois qu'il m'aime bien.

— Les chiens sont d'excellents juges de la personnalité, vous devez dégager de bonnes ondes.

— Je lui ai surtout donné des restes de hot dog vendredi dernier !

Le chien posa sa patte sur son avant-bras.

— Décidément, il m'a adoptée ! Ma tante... la gérante, vous l'avez croisée hier à la réception, propose de le garder si personne ne le réclame. On a posé des affiches et appelé la SPA, mais sans succès jusqu'à maintenant...

Elle jacassait, encore une fois. Ce Griffin la troublait, un sentiment inhabituel pour Isabel. Elle recentra son attention sur le chien, à ses pieds.

Isabel n'avait jamais possédé d'animal de compagnie, à l'exception d'un poisson rouge gagné à une fête foraine – ça, sa mère y avait consenti. Alors, avec tous ses ennuis, pourquoi ce besoin soudain de prendre soin de quelque chose, de quelqu'un ? A croire qu'elle se sentait un peu chien errant, elle aussi... Elle lui gratta les bajoues.

Griffin Dean sourit et Isabel se surprit à le fixer. Il semblait las mais doux... Elle lui donnait trente-cinq, trente-six ans. Il avait les yeux sombres, des cheveux bruns ondulés. Il portait un polo bleu marine à manches longues – et une alliance.

Isabel se secoua : elle était la gérante de l'auberge. Un peu de professionnalisme, que diable !

— La chambre vous convient ? Si vous avez besoin de quoi que ce soit, n'hésitez pas...

— Merci. Mon aînée a passé la nuit sur la chauffeuse dans la pièce d'en face, j'espère que ça ne pose pas de problème ? Quand je m'en suis aperçu, elle dormait à poings fermés...

— Aucun problème, le Sanctuaire est là pour ça. Adolescentes, on s'y réfugiait, ma sœur, ma cousine et moi, quand on avait besoin de s'isoler...

— Vous avez grandi ensemble ?

Elle ouvrait la bouche pour lui répondre – comment s'y prenait-il pour lui donner à ce point envie de parler ? – quand le chien entreprit de s'attaquer aux plates-bandes de Lolly.

— Hé, le chien ! Non ! Pas les dahlias ! gronda-t-elle.

En vain : la queue battante, l'animal lui rapportait fièrement un bulbe déterré.

Griffin partit d'un grand éclat de rire.

— Ça, il vous aime bien ! Si vous voulez, je peux vous aider à le dresser ces prochains jours : je suis vétérinaire.

Il lui tendit sa carte :

Griffin Dean
docteur vétérinaire
Boothbay Harbor, Maine

— Avec plaisir. Tiens, votre cabinet est à Boothbay ? Nous sommes voisins alors ! s'étonna Isabel.

— En effet, nous habitons la région. Mais il fallait qu'on change de décor, sans forcément parcourir des kilomètres. Cette auberge est l'un des derniers endroits où...

Laissant sa phrase en suspens, il s'accroupit et frotta le pelage du chien. Isabel remarqua alors un détail : il portait son alliance à la main droite.

— Bon, je vais voir les filles, dit-il en se redressant. Alexa dormirait jusqu'à midi si je ne la tirais pas du lit, mais Emmy doit déjà être en train de gribouiller sur vos papiers peints... Je plaisante !

Il tapota la tête de l'animal une dernière fois.

— Salut, mon vieux, je m'occuperai de toi plus tard !

Il sourit à Isabel et disparut. Elle brûlait de le suivre et de lui demander : « un des derniers endroits où... », où quoi ?

Le Coastal General Hospital sentait, comme tous les hôpitaux, un mélange d'antiseptique, d'espoir et de malheur. Isabel et Kat accompagnèrent Lolly jusqu'à sa chambre individuelle au service oncologie, où le médecin résident les rejoignit. Lolly avait été briefée par l'équipe médicale, mais les filles restaient dans l'ignorance. Elles avaient eu à midi une longue discussion pour arriver à la conclusion que, la chimio, elles n'y connaissaient rien. Comment ça marchait, quels en étaient les dangers ? Mystère ! Kat retenait ses larmes et Isabel reproduisait des gestes et des paroles cent fois répétés dans ses fonctions de bénévole auprès des personnes en deuil. Avec des résultats plutôt probants : Kat s'était calmée et toutes deux avaient puisé dans leurs réserves de courage, pour Lolly, qui n'avait pas desserré la mâchoire de tout le trajet et regardait obstinément par la vitre.

Après, Kat avait bombardé de questions le résident, elle voulait qu'il leur explique tout en termes simples, comme si elles avaient douze ans. Il s'était exécuté pendant que l'infirmière posait l'intraveineuse de Lolly, et sa compassion leur avait rendu ce spectacle un peu moins pénible. La séance de chimiothérapie durerait environ quatre heures ; on renouvellerait l'opération toutes les trois semaines et on ferait le point après six séances.

Une fois Lolly bien installée dans son fauteuil vert et reliée à tous ses tubes, l'infirmière lui fit savoir qu'elle se tenait à sa disposition et sortit, le médecin sur les talons. Kat se précipita à sa suite pour lui parler des sujets qu'elle n'osait pas aborder devant sa mère.

— Isabel, va donc me chercher une camomille, tu veux ? demanda Lolly. Et prends ton temps, j'ai de quoi m'occuper.

Du menton, elle désigna la table de chevet où s'empilait une vaste sélection de magazines – Kat avait acheté un peu de tout, de *Gala* à *Hotellerie Mag* –, plus deux romans de chez Books Brothers, une attention de June. Isabel obéit, reconnaissante. Dans le couloir, il lui sembla respirer plus librement. Un peu plus loin, Kat harcelait le résident ; son nom, d'origine italienne, échappait à Isabel. En tout cas, il déployait des trésors de patience. Il égrenait d'une voix douce les termes en usage dans ces lieux : « ... métastasé... inopérable... freiner la progression... traitement à base de gemcitabine... atténuer les symptômes... »

D'après ses explications, les substances chimiques utilisées dans le cadre d'un traitement chimiothérapique ne distinguaient pas les cellules malades des cellules saines. Elles ciblaient en priorité celles à la croissance la plus rapide et notamment celles du système pileux, ce qui expliquait pourquoi les patients qui subissaient ce traitement perdaient souvent leurs cheveux. Isabel se représenta sa tante sans sa longue tresse blond cendré, ses longs cils clairs et ses sourcils arqués... Elle ferma les yeux et pour chasser cette vision d'horreur, pour faire taire le résident, demanda à Kat si elle pouvait lui rapporter quelque chose de la cafétéria. Kat déclina et la ritournelle reprit de plus belle : « ... cellules... globules blancs... thrombocytes... cancer, cancer, cancer ! »

L'ascenseur fit escale au troisième étage. Par la porte, Isabel repéra un panneau : *Salle de travail & maternité*. Sans réfléchir, elle sortit et suivit les flèches jusqu'à une cloison de verre : la nursery. Dans le Connecticut, elle l'évitait depuis des mois.

Elle fixa un instant son alliance. Pendant son insomnie de la veille, vers 3 heures, elle avait téléphoné à Edward sur le fixe. Pourquoi ? Elle l'ignorait. Peut-être pour lui parler de Lolly, de sa maladie ; peut-être juste pour entendre le son de sa voix – qui lui manquait malgré tout. Il avait décroché dès la première sonnerie : « Donne-moi une minute. » Il avait changé de combiné – Carolyn Chenowith devait se trouver au lit avec lui. Elle allait raccrocher quand il avait répété :

« Allô ? »

Après un long silence, la gorge nouée, elle avait réussi à articuler :

« Alors, c'est vrai. Tu vas le faire.

— Pardonne-moi, Isa. »

Il pleurait. Il n'avait rien ajouté. Les secondes défilaient. Isabel avait éteint son portable, l'avait rangé dans son sac à main et était sortie s'asseoir sur le balcon. Elle suffoquait. A ce moment-là, elle s'était forcée à se remémorer un épisode qui avait cassé quelque chose entre eux. Un épisode qu'elle avait tenté de refouler mais qu'elle souhaitait se rappeler, désormais. Cela s'était passé quelques mois auparavant. Ils dînaient avec des collègues d'Edward et leurs épouses. Vantardises, whiskys *on the rocks*, cigares – tout la rebutait. Mais le pire restait à venir. En effet, un des associés du cabinet avait soudain lancé pour plaisanter :

« Et les enfants, alors ? Si vous comptez en faire trois, comme tout le monde, il faudrait songer à s'y mettre ! »

Edward s'était composé un masque de gravité avant de répondre :

« Si on pouvait, on en ferait quatre, mais Isabel est stérile. »

Médusée, elle avait quitté la table, ce que tout le monde avait mis sur le compte de l'émotion : pauvre Isabel, qui ne pouvait pas donner d'enfants à son mari, pourtant si méritant... Pour la première fois, elle le haïssait. Ensuite, orateur hors pair, il avait su se justifier, et même lui rappeler encore une fois ce foutu pacte scellé quinze ans plus tôt sous l'emprise du désespoir et de la haine de soi.

Oublie-le. Oublie tout ça.

L'alliance était belle, mais elle l'ôta de son doigt. Ainsi que la bague. Qu'en faire ? Les glisser dans son porte-monnaie ? Sa main gauche lui semblait nue. Suivant l'exemple de Griffin Dean, elle les enfila à sa main droite. Ça clochait aussi. Tant pis ! Le lendemain, ils auraient célébré leur dixième anniversaire de mariage.

Isabel se concentra sur la nursery et sur les bébés emmaillotés dans leurs draps blanc et bleu.

Une petite voix lui soufflait de revenir le lendemain pour proposer ses services, en tant que bénévole. Elle aurait tout le loisir de porter des nourrissons, de sécher leurs larmes, de caresser les doigts minuscules des prématurés, de leur donner le biberon... Dans le Connecticut, elle ne s'y sentait pas autorisée. Comme si son pacte l'engageait à ne jamais toucher un nouveau-né !

Elle acheta à la cafétéria une tisane et un muffin aux myrtilles : il ne vaudrait sûrement pas ceux de sa cousine, mais c'était le parfum que Lolly préférait. A l'étage, Kat n'avait toujours pas lâché le médecin. Isabel entrouvrit la porte de la chambre et sa tante lui fit signe d'approcher.

— Merci, Isabel, dit-elle après avoir goûté son breuvage. Pendant que j'y pense, j'ai un service à te demander...

A son chevet, Isabel accepta sans même savoir de quoi il s'agissait. Sans doute une tâche en lien avec l'auberge. Elle sortait son pense-bête quand Lolly déclara :

— Ta mère tenait un journal. Tu le savais ?

Isabel se raidit.

— Non.

— J'ai trouvé deux carnets en rangeant ses affaires, il y a quinze ans. Elle y raconte la dernière année de sa vie. Elle avait suivi un cours d'écriture au centre culturel. Je les ai lus et relus après sa mort, pour sentir sa présence, entendre sa voix… Elle y parle de tout et de rien, des plats qu'elle cuisinait, des coups de soleil de June, de ton premier bal, de cette robe qui te donnait l'air si adulte – bref, du quotidien d'une famille ordinaire. Ils m'ont réconfortée.

Isabel ne pipait mot : elle s'attendait à tout sauf à ça. Lolly n'était pas du genre à se complaire dans les souvenirs. Et voilà qu'elle lui parlait de sa mère, des trémolos dans la voix ! Peut-être qu'à l'approche de la mort on voyait les choses autrement… Isabel avait l'estomac noué. Elle s'avança vers la fenêtre, de peur de voir Lolly pleurer : elle ne l'aurait pas supporté.

Quant à ce journal, elle aurait préféré ne jamais en entendre parler. Surtout si sa mère l'avait effectivement tenu pendant cette dernière année, quand leur relation s'était tellement dégradée.

— J'aimerais que tu remettes la main dessus, poursuivit Lolly. Ils sont dans une vieille malle à la cave. Tu te souviens de ces malles qu'elle chinait aux puces ? Elle en raffolait !

Isabel se retourna, enfin déridée.

— Surtout celles qui étaient couvertes d'autocollants.

Elle les collectionnait, au grand dam de son père : « Pour l'amour du ciel, Allie, où est-ce qu'on va les mettre ? » Mais elle s'extasiait : « Regarde ! Celle-là a visité l'Indonésie ! Bali ! Et même l'Australie ! » Isabel la revoyait, les yeux clos, babillant : « J'aimerais tant voir un kangourou... Pas toi, Isa ? » Isabel, exceptionnellement, avait retiré le casque de son Walkman et répondu : « Euh... Pourquoi pas ? » Et sa mère, triomphante, de s'exclamer : « Tu te rends compte ? Même Isa se laisserait amadouer par un kangourou ! » *Même Isa...* Ça l'avait vexée. Mais elle le méritait : à l'époque elle faisait tout le temps la tête, pour un oui ou pour un non : son couvre-feu, qu'elle ne respectait jamais, ses tâches ménagères, dont elle s'acquittait avec mauvaise grâce...

Ils n'avaient jamais vu l'Australie, pas davantage les kangourous, mais pour son seizième anniversaire sa mère lui avait offert un bracelet en argent orné d'un petit kangourou, qu'Isabel avait porté pendant des années. Même le jour de son mariage, elle ne l'avait pas retiré. « Il va bien avec ta robe, avait murmuré Edward, solennel, à l'autel. C'est comme si elle était là, avec toi. »

Un autre souvenir : deux ans auparavant, dans un Starbucks, Isabel avait porté à ses lèvres son cappuccino et remarqué comme un vide à son poignet : le bracelet – il avait disparu ! Affolée, elle était revenue sur ses pas, avait forcé la serveuse à déverrouiller le container à détritus, fourragé dans les gobelets usagés – en vain. Sur le parking, dans sa voiture, pareil : rien. Elle avait placardé des affichettes promettant une grosse récompense, sans plus de succès.

— Ça me plairait de relire ce journal, poursuivait Lolly, tout en émiettant son muffin. De sentir ma sœur à mes côtés...

— Je m'en occupe, promit Isabel, tout en se jurant de ne pas les ouvrir.

Entre une recette de cake au homard et la description de ses dernières trouvailles au marché aux puces, sa mère avait certainement relaté les misères que leur faisait endurer son aînée, à elle et à son mari. « Isabel, attention, tu es en train de détruire notre relation ! » l'avait-elle avertie quelques mois avant sa mort… Non, elle n'avait aucune envie de remuer la poussière.

— Je sais qu'il y avait des tensions entre elle et toi, ajouta Lolly, le nez dans sa tisane. Mais tu devrais y jeter un coup d'œil, toi aussi. Il vaut mieux connaître la vérité que de s'imaginer le pire… Je n'en ai plus pour longtemps, Isabel. C'est une question de mois, sinon de semaines. Nos vieilles querelles me semblent aujourd'hui dérisoires, et je regrette que nos liens se soient distendus. Nous nous comportons comme des étrangers… J'ai ma part de responsabilité, bien sûr…

Les arbres par la fenêtre se découpaient nettement sur leur fond de ciel bleu.

— Je ne tiens pas à me rappeler quel monstre j'ai été… réussit à dire Isabel.

— Le journal de ta mère ne parle pas de toi, mais d'elle. De ses pensées. Entre autres, à ton propos. Tu crois savoir ce qu'elle pensait de toi ? Lis son journal, tu verras ce qu'il en est. Tu ignores beaucoup de choses à son sujet.

Isabel soupira. Elle ne lirait pas ce journal. Elle n'en avait pas la force. Dans son état, elle risquait de défaillir à la seule vue de l'écriture de sa mère. Mais sa tante l'implorait du regard, des tubes de poison plein les bras, aussi Isabel lui prit-elle la main en jurant de s'en occuper.

Il lui fallut des heures pour se convaincre de pénétrer dans le vestibule entre la porte de la cuisine et l'escalier du jardin, et de descendre à la cave. Les marches grinçaient. En bas s'entassaient de vieux meubles que Lolly prévoyait de revendre un jour, dont certains qui venaient de l'appartement des Nash. Isabel reconnut sa vieille coiffeuse ; une antiquité jadis décrépite, qui, poncée et vernie, avait fière allure. Contre les rayonnages couverts de térébenthine, de terreau et de bric-à-brac s'appuyaient la tête et le pied du lit de ses parents. En face, sur un vieux tapis aux teintes fanées, sous les soupiraux, s'empilaient les fameuses malles.

Il y en avait sept en tout, sur deux rangées. Isabel s'assit en tailleur sur le tapis et souleva le couvercle de bois de la première malle. Dedans, des habits, des pulls et des chemisiers, soigneusement pliés. Quelques années plus tôt, Lolly l'avait envoyée y faire le tri : à part certains souvenirs, elle comptait tout donner à un organisme de charité. Apparemment, elle n'en avait rien fait. Isabel plongea les mains entre les couches de vêtements, cherchant à tâtons les deux cahiers tendus de tissu que lui avait décrits sa tante : rouges, avec un ange brodé sur la couverture. Isabel ne trouva rien, à son grand soulagement, qui n'alla pas sans une pointe de remords.

Elle fouilla deux autres coffres, sans plus de succès. Lolly les avait lus aussitôt après l'accident, quinze ans auparavant ; peut-être les avait-elle égarés entre-temps ? Ou alors, songea Isabel, amère, ils se cachaient tout au fond de la dernière malle. Ce serait bien sa chance !

Dans la troisième, Isabel retrouva le pull préféré de sa mère, un cachemire rose poudre à col en V. Elle le portait peu avant l'accident, un jour où Isabel s'était fait prendre à sécher les cours – la mère d'une amie de June l'avait surprise en train de se baigner nue dans un étang avec deux garçons du lycée. Isabel râlait : « C'est bon, c'est pas si grave ! ». Sa mère lui avait empoigné le bras avec une violence rare et l'avait serrée dans ses bras contre son gré. « C'est très grave, au contraire. Je t'aime, Isabel. Mais ce que tu fais, c'est qui tu es, et ça, c'est très, très important pour moi. Tu comprends ? » Isabel s'était raidie, choquée, gênée, priant pour que sa mère se taise, mais elle avait repris : « Je n'arrive pas à communiquer avec toi. Je voudrais que tu fasses plus attention à toi ! » L'adolescente avait tenté de se dégager, mais sa mère avait resserré son étreinte. « Je t'aime, que tu le veuilles ou non. » Puis, brusquement, elle l'avait relâchée.

Je veux que tu m'aimes, avait pensé Isabel, puis elle était sortie en claquant la porte de sa chambre – ce qui lui avait valu un nouveau savon : June révisait pour un contrôle.

Isabel enfouit son visage dans le cachemire. Il sentait encore un peu son parfum, Coco de Chanel. Isabel se rappela ses quatorze ans, quand elle avait commencé à changer, sous l'influence de trois filles déjantées, qui l'impressionnaient parce qu'elles se fichaient de ce qu'on pensait d'elles. D'après sa mère, elles se fichaient surtout d'elles-mêmes, parce qu'elles ne s'aimaient pas, mais Isabel ne l'écoutait pas, aveuglée par la popularité qu'elles s'attiraient avec tout leur cinéma. Isabel était lasse de passer inaperçue. Un après-midi, elle avait réussi malgré elle un rite d'initiation lorsqu'une des lolitas lui avait confié des cigarettes : sa mère allait la fouiller, pouvait-elle les lui garder jusqu'au lendemain ? Isabel avait accepté et le lendemain elle était adoptée.

Le surlendemain, on lui avait prêté un tee-shirt moulant. Puis un jean sexy. Et puis des bottes en cuir. Une semaine plus tard, elle portait de l'eye-liner noir et des créoles. « C'est une phase, ça va lui passer », disait sa mère à son père horrifié.

De fait, une semaine après l'accident, la phase était révolue. Edward lui avait dit qu'elle avait de beaux yeux et qu'il aimerait pouvoir les admirer au naturel. « Magnifique ! » s'était-il écrié quand elle s'était démaquillée. Isabel avait puisé au fond de son placard les tenues que sa mère lui avait achetées pour l'inciter à s'habiller normalement. Ses « amies », choquées par l'accident, avaient disparu de la circulation – elles n'avaient même pas assisté à l'enterrement.

— Pardon, maman, murmura Isabel en serrant le pull contre son cœur.

Et au lieu du remords qui l'étreignait d'habitude elle ressentit une sorte de paix. Comme si elle présentait ses excuses non pas à un chiffon parfumé mais bien à sa mère. Et à elle-même, aussi.

Elle se leva, secouée, remettant à plus tard la suite des fouilles. Elle avait tenu parole envers sa tante, le pull le prouvait. Quant aux journaux, ils attendraient. Elle balaya du regard les possessions de ses parents, remonta l'escalier. Elle s'acheminait vers le premier étage quand elle entendit des voix sur le perron.

— Tu me traites comme un bébé ! criait la fille de Griffin Dean. J'ai quatorze ans ! Et il s'est rien passé du tout, on s'est juste promenés !

Griffin referma la porte d'entrée.

— Alexa, ne discute pas : je t'interdis de fréquenter des garçons que tu ne connais pas. Surtout à 8 heures et demie le soir !

— J'ai jamais le droit de rien faire ! hurla l'adolescente, en larmes, avant de monter quatre à quatre les escaliers, bousculant Isabel sur son passage.

Une porte claqua.

Isabel venait d'assister bien malgré elle à une scène assez intime. Elle s'attendait à ce que Griffin hausse les épaules ou soupire : « Ah, la crise d'adolescence ! », mais non : il ferma les yeux, visiblement éprouvé.

— J'étais pareille à son âge, le rassura Isabel. Je crois bien qu'on a eu plusieurs échanges du même tonneau, mon père et moi !

— Vous pleuriez et vous claquiez les portes, vous aussi ?

— Et comment !

— Mais tout a fini par s'arranger ? Je veux dire, ça se calme au bout d'un moment ?

L'ombre d'un sourire flotta sur son visage, et Isabel répondit :

— Oui. Je voudrais juste remonter le temps pour changer mon comportement...

Un grincement à l'étage. Une petite voix couina :

— Papa ?

— Et voilà, elle a réveillé Emmy...

Griffin s'engagea dans l'escalier.

— D'habitude, elle fait de très bonnes nuits. Mais les cris de sa sœur n'aident pas, ces derniers temps.

La petite se tenait sur le palier, un lapin jaune à la main.

— J'ai soif, papa. Je veux du lait au chocolat, s'il te plaît.

— La cuisine est encore ouverte ? s'enquit Griffin.

— Bien sûr !

Ils redescendirent tous les trois, Emmy dans les bras de son père.

— Je peux m'asseoir là ? demanda-t-elle à Isabel en montrant du doigt le fauteuil rond en osier et son gros coussin rose.

— Oui, vas-y, lui dit Isabel.

La fillette s'y percha. Elle était vraiment très jolie, brune avec des reflets châtains, les yeux assortis.

Isabel fit chauffer du lait et proposa un verre à Griffin, qui refusa poliment. Il prit la petite sur ses genoux et lui raconta l'histoire de Boucle d'Or et des trois ours. Quand il eut fini, il déposa un baiser sur son front.

Isabel lui tendit un peu de chocolat tiède dans une tasse en plastique à pois. Emmy en but un peu sans la quitter des yeux.

— T'es belle, lui dit-elle.

Isabel rougit.

— Toi aussi, tu es très jolie.

— J'aime bien quand ma maman me brosse les cheveux avant mon dodo. Maintenant, c'est Lexa qui le fait.

Griffin était-il veuf ? Divorcé ?

— Tu veux que je te brosse les cheveux, Emmy ? proposa-t-elle.

Mais l'enfant cacha son visage sous l'aisselle de son père.

— On retourne se coucher, ma puce ? Bonne nuit, ajouta-t-il à l'intention d'Isabel.

Il lui tendit la tasse vide et partit.

Isabel attendit. S'il revenait, elle lui offrirait un verre de vin, une bière ou un café. Elle polit tous les plans de travail, passa la balayeuse dans le couloir et le salon... Une heure s'écoula, sans qu'il revienne. Isabel n'avait jamais autant eu envie de discuter dans la brise estivale, de tout et surtout de rien.

8

June

June avait pris ses fonctions au Books Brothers de Boothbay depuis trois heures seulement et elle avait déjà enregistré cinq commandes et vendu quatre romans, deux biographies, un guide de voyage sur la Nouvelle-Angleterre, ainsi que pour deux cents dollars d'albums pour enfants à un groupe de jeunes mamans entrées pour se distraire après avoir pris un café en face. Pas mal, même compte tenu du fait que c'était le week-end de Labor Day. Malgré son aversion pour Boothbay, June se sentait à sa place dans toute librairie, a fortiori chez Books Brothers. Cet environnement convenait à sa personnalité. En caisse, assise dans le fauteuil de réalisateur, elle échafaudait des projets visant à renouveler la clientèle du magasin. Elle avait déjà proposé à Henry de créer un club de lecture avec réunions hebdomadaires, de reproduire son « après-midi contes et comptines » qui avait fait la joie des enfants de Portland, et elle réfléchissait au format d'une éventuelle « soirée livre », un événement qui serait ouvert à tous avec buffet et débat... et, dans l'idéal, achats.

Le carillon tinta. June n'eut pas le temps de lever la tête de ses notes qu'une voix égrillarde retentissait :

— June Nash ? Juju ? C'est bien toi ?

Oh, pitié !

June reposa son stylo sur son bloc-notes Books Brothers et se trouva nez à nez avec Pauline Altman. Deux fois en un été, le sort s'acharnait ! Et cette fois la peste était flanquée de ses grandes copines, Carrie Fish et Marley... Trucmuche. Au temps du lycée, elles disposaient de quatre armes fatales : l'intelligence, la beauté, la popularité... et la mesquinerie.

— Qu'est-ce que tu deviens depuis la dernière fois ? attaqua la chef de meute en ajustant les bretelles blanches du bikini qu'elle portait sous sa robe. Tu étais enceinte et grosse comme une baleine !

Carrie s'en mêla illico :

— Pauline nous a raconté que tu avais lâché la fac à cause de cette histoire de bébé...

Une bague en diamant brillait à son doigt.

— Tu travailles ici depuis tout ce temps ?

— J'ai vécu à Portland pendant sept ans...

Pourquoi se sentait-elle obligée de se justifier ?

— ... je suis revenue m'occuper de ma tante malade.

Le trio se fendit de moues compatissantes. Ou plutôt le duo : Marley, à l'écart, feuilletait un numéro de *Vogue*. Pauline, par contre, ne lâchait pas prise :

— J'espère qu'on te verra à la réunion des anciens élèves, en octobre ! Ton absence n'est pas passée inaperçue à la fête des cinq ans du bac. Je me suis permis d'expliquer discrètement ta... « situation »...

Elle avait baissé la voix, comme si June souffrait d'une maladie vénérienne.

La réunion des anciens... On l'aurait payée que June aurait refusé d'y mettre les pieds. Même si Kat et Isabel y allaient. De toute façon, pour revoir d'anciens camarades, pas besoin de se déplacer : ils semblaient s'être donné rendez-vous dans sa librairie pour célébrer Labor Day !

— Ça dépendra de la santé de ma tante, marmonna-t-elle.

— Bien sûr, répondit Carrie en inspectant sa bague. Au fait, tu savais que Pauline a été promue rédactrice associée du *New York City Magazine* ? Elle a fait la fête du siècle pour marquer le coup. Tu verrais son appart ! La terrasse donne sur l'Empire State Building. La nuit, c'est une vraie féerie de lumières !

— Félicitations, Pauline, dit June d'un ton qui lui parut un peu aigre.

Il y avait vraiment de quoi la féliciter : Pauline Altman menait la grande vie. Celle à laquelle June avait aspiré.

Tandis que ses copines inspectaient les têtes de gondole, Pauline se débrouilla pour caser dans la conversation son copain, producteur chez ABC News, la villa qu'elle louait dans les Hamptons pour l'été et le nouveau bateau de ses parents, qui habitaient en ville l'une des plus belles demeures du front de mer.

— Dommage que je ne reste pas plus longtemps, c'est le paradis ici ! conclut-elle.

Carrie l'avait rejointe, les bras pleins de bouquins.

— C'est vrai, ça. Tu en as de la chance de vivre ici, Juju ! Tu verras, les étés sont caniculaires.

— Je me souviens, grommela June en scannant leurs achats.

Pour Pauline, un roman récompensé de multiples prix littéraires, des mémoires, un guide du Machu Picchu et une édition reliée de la saga Harry Potter, pour sa nièce de huit ans, « une enfant très précoce ».

Carrie avait choisi deux livres de cuisine coécrits par des stars quelconques et Marley Trucmuche, rien.

Qu'importe : à elles deux, Carrie et Pauline avaient déboursé une fortune. Pauline rangea sa carte Gold dans son portefeuille et prit ses emplettes.

— L'autre jour, j'ai rendu visite à ma sœur pendant que son mari était en déplacement. On a dû s'occuper de mes neveux toute la journée. Pas moyen de souffler ! Chapeau, Juju : être mère célibataire, quel boulot ! Je ne sais pas comment tu t'en sors, toute seule...

Ses lèvres dégoulinaient de gloss et de condescendance.

— Le pire, ajouta Carrie, c'est que t'as personne pour te dépanner en cas de souci. Personne pour te plaindre après une rude journée. Ta sœur, au moins, elle pouvait téléphoner à son mari ! Les mères célibataires doivent se sentir bien seules...

June bouillait de haine contenue.

— June ? Quand tu auras une minute, j'aurai besoin d'un coup de main en réserve...

Henry Books l'appelait du fond du magasin. Sauvée !

Les trois Grâces se dévissèrent la nuque pour le jauger tandis qu'il s'engouffrait dans son bureau.

— Pas mal, siffla Carrie. En solo ?

Marley referma son magazine et renchérit :

— Si oui, c'est un beau parti !

Elle était menue, avec de grands yeux clairs et un visage d'ange. Au moins, la première phrase qu'elle prononçait était sympa et vraie. Mais Pauline ricana :

— Et tu t'étonnes de ne pas trouver de mec ! Lui, un beau parti ? Réveille-toi, Marley, il est *libraire* !

— Et alors ? s'offusqua June.

Elle défia du regard la pimbêche. Qui leva les yeux au ciel.

— Voyons, Juju, tu sais très bien ce que je veux dire...

— En effet.

Merci de me rappeler qui tu es : une bêcheuse superficielle. Ton jugement, tu peux te le garder ! Pourvu que Henry n'ait rien entendu…

Quand bien même : il s'en serait moqué. June ne connaissait personne d'aussi assuré que lui. Henry Books était comme il était et si ça ne vous plaisait pas, tant pis !

Elle s'apprêtait à le rejoindre quand Marley replaça rageusement l'exemplaire de *Vogue* sur son présentoir et darda son index sur sa copine.

— Ça suffit maintenant, Pauline ! J'en ai par-dessus la tête de ton snobisme et de tes grands airs ! Tu te crois supérieure… mais tu te trompes. Tu n'es qu'une garce !

Ça alors ! Sacrément bien envoyé, Marley !

Pauline écarquilla légèrement les yeux, se reprit très vite.

— Si tu crois que je vais te reconduire jusqu'à ta bicoque pourrie après ça, tu peux te brosser. Tu vois, Carrie, je t'avais dit qu'elle pétait les plombs !

Elle se dirigea vers la sortie, son fan-club sur les talons, et se retourna.

— Je ne veux plus jamais te voir, Marley Mathers.

Sur ce, elles sortirent, non sans avoir renversé exprès le tourniquet à cartes postales. De vraies pétasses…

— Pauvres connes, pesta Marley, qui s'agenouillait déjà pour réparer les dégâts.

June alla lui prêter main-forte et s'aperçut alors qu'elle pleurait.

— Sèche tes larmes, elles n'en valent pas la peine.

— Je sais, ce n'est pas…

Elle se tamponna les yeux. Ils exprimaient un mélange de peur, de peine et, bizarrement, de joie. Elle tendit à June les cartes qu'elle venait de ramasser et partit se cacher au rayon « Santé & Bien-être ». Quand elle reparut, elle serrait un livre contre son ventre, les bras croisés dessus pour en dissimuler la couverture. Mais June l'identifia instantanément. Elle aurait reconnu entre mille cette taille, cette forme, cette couleur...

Elle s'installa derrière la caisse enregistreuse, mais Marley ne lui tendit pas pour autant l'ouvrage.

— Marley ? l'appela-t-elle doucement.

— Je...

Son menton se mit à trembler. Elle baissa la tête, son carré plongeant lui enveloppa le visage. June lui tendit un sac pour y glisser le livre et l'entraîna vers une table de café près du stand de presse. Là, elle lui servit un peu d'eau citronnée et attendit.

Les mains de Marley tremblaient sur son verre.

— Je viens de m'apercevoir que... je suis...

Elle se pencha, chuchotant :

— ... que j'attends un...

Elle vérifia qu'il ne se trouvait pas de connaissance à elle dans les parages, puis but une gorgée d'eau. Tout plutôt que de lâcher le morceau. Marley se mordit la lèvre. Elle n'avait pas de « mec », à en croire Pauline. Pas d'alliance à son doigt, en tout cas. June patienta : peut-être avait-elle besoin de temps. Mais Marley grimaça et ferma les yeux.

— Il est super, ce bouquin, dit alors June.

Elle avait emprunté *En attendant bébé* à la bibliothèque, sept ans auparavant, et l'avait lu par tranches, pour digérer à son rythme chaque nouvelle information.

— D'ailleurs, je te l'offre, poursuivit-elle. Et si tu as besoin de quoi que ce soit, n'hésite pas, OK ? Même si tu as juste envie de parler.

Ce dont Marley avait besoin, toutefois, elle doutait de pouvoir le lui apporter.

Le carillon tinta à nouveau : elles n'étaient plus seules.

— Je dois y aller, décréta Marley en se levant soudain. Je compte sur ta discrétion… personne n'est au courant.

— Je suis une tombe.

— Et…

Marley semblait en proie à un dilemme.

— Si j'ai besoin de conseils, je peux t'appeler ?

June lui écrivit son numéro de téléphone au dos d'un marque-page publicitaire.

— Les ennemis de Pauline Altman sont mes amis, fit-elle pour plaisanter.

Marley tenta de lui rendre son sourire, ne parvint qu'à grimacer. June tenta de se rattraper :

— Blague à part, je suis là. Je sais ce que c'est que de se retrouver seule et enceinte.

— Je sais. C'est pour ça que je… Bref. Merci pour le livre.

Elle déguerpit.

June ouvrit la porte et scruta la rue, mais elle avait disparu, avalée par la foule des estivants. Elle chargea Bean de la remplacer et se dirigea vers le bureau, où Henry devait commencer à s'impatienter.

Cinq minutes avec Henry Books remettraient tout en perspective.

Henry effectuait sur son Mac le suivi des commandes. Un délicieux fumet s'élevait du sac en papier blanc posé sur son bureau.

— Ah, te voilà enfin ! J'espère que ça n'a pas trop refroidi.

Il lui tendit le sachet.

— On sort ?

June indiqua à Bean qu'elle prenait sa pause déjeuner et sortit par la porte de derrière. Henry la devançait. Carrie avait eu raison sur un point : il n'était franchement pas mal. En marchant ainsi derrière lui, June avait conscience de sa carrure, de sa musculature, mise en valeur par son vieux jean et sa chemise blanche aux manches retroussées. Un souffle d'air ébouriffait ses cheveux, caressant sa nuque et son front...

June se félicita de son propre choix de tenue : pour une fois, elle avait laissé au placard son jean et ses Converse et passé une robe d'été, sobre mais flatteuse. Henry l'avait complimentée sur son apparence ce matin-là et, voyant son regard s'attarder sur elle, elle avait souri : cessait-il enfin de la considérer comme une enfant de vingt et un ans qui a fait une bêtise ?

Parvenu à son bateau, Henry se déchaussa et s'assit, les pieds dans l'eau. June l'imita. Le soleil lui faisait comme un baume sur ses épaules nues. Henry déballa deux sandwichs au haddock avec sauce tartare et supplément salade, un sachet de frites bien grasses, un godet de ketchup et deux bouteilles de la limonade locale de Boothbay Harbor.

— C'est pour moi, tout ça ?

— En fait, c'était pour Vanessa, mais elle m'a raccroché au nez en me disant, je cite : « Ton sandwich, tu peux te le carrer là où je pense... »

— Aïe ! Il y a de l'orage dans l'air ?

— Dis plutôt un ouragan !

Il haussa les épaules tristement.

— On se réconciliait plus vite, avant. Ces derniers temps – ces douze derniers mois, pour être franc –, on n'a fait que s'engueuler. Il y a comme un truc de cassé. Tu imagines ça ?

— Euh... En fait, pas vraiment. Ma seule vraie histoire a duré deux jours, je n'ai pas eu le temps de vivre les hauts et les bas des couples normaux. De toute façon, dès le début, je ne lui plaisais pas assez ; il n'y avait donc rien à casser...

Il l'observa en coin. Le soleil éblouissant dessinait des pattes-d'oie au coin de ses yeux bruns.

— Mais... depuis ? Plus rien ?

— Quand Charlie était petit, je n'avais pas le temps de draguer, tu t'en doutes ! Après... Des copines m'ont arrangé des coups, à Portland. J'ai fréquenté brièvement un ami de ton frère, puis un client, un électricien, et même l'avocat de Jasper ! Mais ça n'a rien donné. Ma vie sentimentale se résume à deux rencards, plus deux mois et demi de semi-relations, en cumulé !

— Peut-être que tu n'es pas tombée amoureuse. Je donnerais cher pour connaître celui qui te séduira. Ça sera forcément un type hors du commun.

June rosit – Henry s'y entendait pour vous flatter. L'antidote rêvé à Pauline Altman.

— Pour l'heure, je cherche le père de Charlie, annonça-t-elle de but en blanc. Je me demande comment m'y prendre...

Henry avala une longue gorgée de limonade.

— Charlie m'a parlé de son projet, l'autre soir.

June soupira.

— Quand je lui ai expliqué qu'on allait rester un peu à Boothbay, qu'il ne retournerait pas au centre aéré, il était soulagé : il avait honte de son arbre généalogique à moitié vide. Pourtant, il l'a scotché au-dessus de son lit et hier soir, quand je l'ai bordé, il m'a demandé, plein d'espoir, si j'avais trouvé de nouvelles informations sur son père...

— Et ?

Elle secoua la tête.

— Pour le moment, chou blanc sur toute la ligne.

Une semaine s'était écoulée depuis son arrivée aux Trois Capitaines, mais elle n'en savait pas plus long sur John Smith que sept ans auparavant. Pourquoi avait-il fallu que Lolly choisisse de projeter *Le diable s'habille en Prada* ? Le film regorgeait de plans de New York et des lieux qu'elle avait fréquentés, pendant ce mois de novembre où elle l'avait connu, et ce mois de janvier où elle avait tenté, enceinte, désespérée, de retrouver sa trace. June s'était éclipsée après la projection et avait passé plus d'une heure sur Internet à regarder des photos de Central Park, de la fontaine de Bethesda, lieu de leur rendez-vous manqué. L'ardeur de son attente d'antan lui était revenue de plein fouet.

Elle avait vérifié que Charlie dormait et s'était rappelé sa promesse. C'était bien le moment de ruminer ses regrets ! Elle avait répertorié les facs et les prépas de Bangor, passé au crible toutes les photos de classe qu'elle avait pu trouver et même identifié plusieurs John Smith – des blonds, des rouquins, jamais le sien. Aucun n'avait cette beauté ténébreuse, ces yeux verts qu'elle aurait reconnus sans hésiter. Il étudiait peut-être par correspondance, comme l'avait suggéré Isabel ? Ou, selon la théorie de Kat, en pensionnat, dans un autre Etat ? Elles s'efforçaient de l'encourager, toutes les deux : si la piste des photos de classe ne menait à rien, June en suivrait une autre.

Elle reposa son sandwich, l'appétit coupé.

— Hier, Charlie m'a raconté tout ce qu'il voudrait faire avec son père. Pêcher, faire du camping, monter sur les manèges de grands dans les fêtes foraines... Il avait l'air rêveur. Il a somnolé quelques instants puis il a rouvert les yeux et m'a dit : « Et si mon papa ne veut pas de moi ? Et s'il a une autre famille et d'autres enfants ? »

Henry lui tapota la main.

— Laisse-moi deviner. Tu lui as répondu : « Charlie, ne t'en fais pas. Il lui suffira de te rencontrer pour t'adorer. »

June se troubla et résista à une envie subite de lui sauter au cou.

— C'est exactement ce que je lui ai dit ! Tu ferais un bon père.

— Qui, moi ? Ma foi, un jour peut-être...

Henry, père de famille – oui, ça lui irait bien. Il emmènerait ses bambins à la pêche aux moules et à la collecte de coquillages. Ils sillonneraient les bois et cueilleraient des pervenches. Mais John Smith, marié, deux enfants, une petite vie rangée ? June ne pouvait l'imaginer. Lui, l'éternel voyageur, posant une fois pour toutes son sac à dos ? Ça lui paraissait peu vraisemblable. Mais elle pouvait se tromper, ça lui était souvent arrivé par le passé. Peut-être John était-il, en effet, marié et papa. Peut-être ne s'intéresserait-il pas à un fils né d'une aventure sans lendemain, sept ans auparavant.

June frissonna. John ne l'accueillerait pas forcément à bras ouverts, en admettant qu'elle le retrouve. Charlie en souffrirait d'autant plus – bien davantage que maintenant...

« La boîte de Pandore », avait dit Lolly. Elle n'avait peut-être pas tort. Mais June refusait d'apprendre à

Charlie à vivre dans la peur, l'ignorance et les regrets. Elle persévérerait, advienne que pourrait. Peut-être que John Smith, en la voyant, accourrait vers elle comme au ralenti, lui assurerait qu'il n'avait cessé de la chercher toutes ces années, et qu'il se réjouissait d'avoir un fils. On pouvait toujours rêver !

— Il faudra bien que je me résigne tôt ou tard, que « j'accepte », comme dirait ma tante. Elle a raison. Ça craint, mais elle a raison…

— Ne baisse pas les bras, tu commences à peine à chercher ! D'ailleurs, si je peux t'aider…

Il la gratifia d'une nouvelle tape de la main et d'un sourire chaleureux qui la propulsa sept ans en arrière, à l'époque où, perdue dans la contemplation de ses traits, elle perdait parfois le fil de ce qu'il lui disait.

— Il étudiait à Colby, c'est bien ça ? On pourrait passer sur le campus et demander au secrétariat l'adresse de ses parents. Même s'ils étaient cent John Smith dans sa promo, je doute que plus d'un vînt de Bangor.

June y avait bien pensé, mais en téléphonant au bureau des études de la fac de Colby, sept ans plus tôt, elle s'était heurtée à un mur : « Nous ne sommes pas en mesure de dévoiler les informations personnelles concernant nos étudiants, sauf procuration signée de leur main. »

— Et quand on tape « John Smith », « Colby » et « Bangor » dans Google, ça donne plus de trois cent vingt mille résultats…

— Il te manque sans doute un tout petit détail pour te mettre sur la voie. Essaie de te rappeler !

Il chassa de la main une libellule et mordit dans son sandwich.

Isabel et Kat lui avaient fait la même réflexion : peut-être négligeait-elle un indice. Elles lui avaient conseillé de leur raconter par le menu les deux soirées passées avec lui. Une réunion de crise s'était donc improvisée dans la cuisine, avec scones et thé glacé, et au son des cigales elles avaient dressé le procès-verbal des deux soirées. June leur avait tout dit : le plaisir éprouvé quand elle avait senti sur elle le regard du bel inconnu, un regard insistant, curieux et doux en même temps, leur amour pour le Maine, la fois où il avait serré la main de Stephen King, à une lecture, et même ce compliment qu'il lui avait fait : « Ta beauté me sidère ! » On ne le lui avait jamais dit auparavant. Elle leur avait décrit son visage, son grand corps noueux d'athlète. Isabel prenait des notes, mais la mémoire de June se brouillait. Longtemps, longtemps elle avait gardé gravés dans son esprit la nuance de vert exacte de ses yeux émeraude, l'emplacement précis des grains de beauté sur sa cuisse droite, disposés comme la Grande Ourse. Or, désormais, son visage se confondait avec celui de Charlie. Il avait les mêmes yeux, les mêmes grains de beauté, la même mèche sombre sur son petit front.

Les traits de John commençaient à s'effacer. Bientôt, il ne resterait plus de lui qu'un concept. June fut prise de vertige, comme si elle le perdait... alors même qu'elle l'avait déjà perdu.

Bon. Peut-être avait-il fondé une famille, peut-être n'avait-il aucune envie de voir le passé faire irruption dans son quotidien. Qu'importe ! June le retrouverait. Pas pour elle mais pour Charlie. Si elle avait renoncé à ses propres rêves, elle ne sacrifierait pas ceux de son fils.

Une Bean en panique déboula sur l'embarcadère.

— Désolée d'interrompre votre déjeuner, mais un car de touristes vient de débarquer, ils sont au moins trente...

Henry et June ramassèrent les reliefs du repas et regagnèrent la librairie. En chemin, il lui passa le bras autour des épaules et elle reprit courage.

Quand elle franchit le seuil des Trois Capitaines, vers 20 h 30 ce soir-là, une bonne odeur de pop-corn lui chatouilla les narines. Avec son après-midi chargé, June avait oublié la soirée ciné. Lolly disposait des fleurs dans un vase.

— Ah, tu es là. Alors, c'était comment, cette première journée ?

— Intense ! Une foule de vacanciers en quête de lectures de plage nous est tombée dessus en début d'après-midi…

Mais Marley Mathers avait rabattu son caquet à Pauline Altman. June sourit, avant de se rappeler que la pauvre Marley devait se ronger les sangs seule chez elle, à l'heure qu'il était, ou feuilleter frénétiquement *En attendant bébé*, sans personne à qui parler. Il faudrait qu'elle cherche son numéro dans l'annuaire…

— Suis-moi dans mon bureau cinq minutes, s'il te plaît. J'ai à te parler.

Voilà qui ne présageait rien de bon. La chimio affaiblissait Lolly. En changeant ses draps, Isabel trouvait de longues mèches de cheveux sur sa taie d'oreiller. Et ses grands yeux clairs étaient cernés, son teint cireux.

June suivit sa tante dans son petit bureau carré décoré de photos en noir et blanc de l'auberge à travers les ans depuis sa construction dans les années 1800, ainsi que de portraits des Nash et des Weller. L'un des clichés représentait Lolly, jeune et fringante, en bikini, avec un dégradé très seventies. Certaines journées semblaient durer une éternité, tandis que certaines années passaient en un éclair…

— Ça va, Lolly ? Il y a du nouveau ?

Lolly referma la porte derrière elle.

— Il n'est pas question de ma santé. En fait, Pearl a choisi la comédie *Mamma Mia !* pour la séance de ce soir. Tu te sens d'attaque ou tu préfères qu'on regarde autre chose ? *Pas si simple*, par exemple ?

June n'avait jamais vu *Mamma Mia !* mais elle en connaissait le sujet : Meryl Streep y incarnait la mère célibataire d'une fille de vingt ans fraîchement fiancée. La jeune femme, ignorant l'identité de son géniteur, invitait à la noce trois hommes mentionnés par sa mère dans son journal intime, dans l'espoir que la vérité éclate enfin. June ignorait si le plan fonctionnait.

— Ta sollicitude me touche, dit-elle en effleurant la main de sa tante. Mais ça va, ne t'inquiète pas. Qui sait ? J'y découvrirai peut-être de bonnes astuces pour devenir un fin limier !

Elle avait prévu de passer la soirée sur Internet à traquer son John Smith, mais à la réflexion un film la divertirait.

Lolly lui prit la main, comme pour préserver ce moment de rare proximité. Puis Kat l'appela et elle sortit. June resta un instant à contempler sa photo. Que la vie était étrange ! Les gens vivaient parfois plusieurs vies en une, traversaient des phases…

— Faites que son cancer ne soit qu'une phase, pria June à voix basse.

Bientôt, à Thanksgiving, attablées devant l'habituel festin, elles se remémoreraient le cancer de Lolly. « C'était dur, mais on s'est battues », philosopherait Isabel, et elles rendraient grâce pour leur chance, comme les familles modèles dans les séries télévisées.

Isabel, Kat et Pearl attendaient au salon avec deux clientes d'un certain âge, Frances Mayweather et Lena Haywood, des belles-sœurs, veuves toutes deux. Elles louchaient sur les cupcakes de Kat et leur chapeau de chantilly.

June en prit un au chocolat, se versa un verre de soda et s'assit sur la causeuse à côté d'Isabel : c'était devenu leur place attitrée, à elles qui n'avaient jamais rien partagé de leur vie et se sentaient tout sauf à leur place à Boothbay.

— Vous êtes prêtes ?

Lolly inséra le DVD dans le lecteur et s'installa à côté de Pearl, la télécommande à la main. Kat s'assura que personne ne manquait de rien et éteignit la lumière.

— Ça se passe où ? En Grèce ? En Italie ? s'interrogea Pearl quand le film débuta sur une vue époustouflante d'une falaise le long de la mer Egée, surplombée de villas blanchies à la chaux.

— En Grèce, lui souffla Lolly entre deux grains de pop-corn. Ah ! Le cinéma, ça fait voyager...

— Je rêve ! s'indigna June. En plus, elle sait chanter ? Cette Meryl Streep est écœurante avec ses talents cachés !

De fait, l'actrice déambulait dans sa villa en entonnant un solo enjoué sur le thème de ses soucis financiers.

— Attendez d'avoir vu *Bons Baisers de Hollywood*, dit Lolly. A la fin, on jurerait une chanteuse de country professionnelle.

— Mais le plus fort, c'est Pierce Brosnan, dit Kat en pouffant. J'ai vu *Mamma Mia !* il y a longtemps mais sa performance m'a marquée : il chante comme une casserole !

C'était, comme promis, une comédie. June ne l'avait pas vue à sa sortie en salle : il aurait fallu trouver une baby-sitter, payer une fortune la place de ciné, renoncer aux esquimaux vendus à des prix prohibitifs... Non, les films, elle attendait leur diffusion à la télé. Et comme elle n'avait pas le câble, elle attendait longtemps.

A sa surprise, Meryl elle-même hésitait sur l'identité du père de sa fille. C'était bien l'un des trois que cette dernière avait invités à la cérémonie... mais lequel ? Le cœur brisé par le personnage de Pierce Brosnan, elle s'était consolée avec non pas un mais deux hommes...

— Trois amants en une semaine, c'est du joli, siffla une des veuves, pincée.

June échangea un sourire avec sa sœur et se replongea dans l'intrigue. Le lien entre Meryl Streep et Amanda Seyfried, la créature à voix de velours qui jouait sa fille, l'intriguait. Une jeune fille pouvait donc grandir sans père et trouver néanmoins l'amour et le bonheur ? Voilà qui la rassurait. Même s'il ne s'agissait que d'une œuvre de fiction. Charlie s'épanouirait pleinement, comme elle, et épouserait une jeune femme charmante...

... et avec un peu de chance pas à vingt ans : c'était un peu jeune pour sauter le pas !

June avait toujours eu un faible pour Pierce Brosnan. Lorsqu'il questionnait celle qui était peut-être sa fille sur ses projets d'avenir, elle répondait qu'une fois mariée elle avait l'intention de rester à la villa pour aider sa mère. Drôle d'idée ! Ne souhaitait-elle pas quitter son île, voir le monde, tenter sa chance dans le milieu artistique ?

June observait sa cousine à la dérobée. Elle aussi était restée. Mais, si sa relation avec Oliver évoluait, elle quitterait sûrement la maison. A moins qu'ils n'emménagent tous deux dans la grande chambre sous les toits ? Kat ferait tourner l'hôtel… Pile à ce moment-là, Amanda invoqua sa mère qui avait besoin d'elle, et Kat s'assombrit. Voilà donc pourquoi elle n'était pas partie, pourquoi elle n'avait pas ouvert sa pâtisserie. Ce n'était pas une question d'économies : elle ne voulait pas abandonner Lolly, a fortiori depuis l'annonce de sa maladie. Elle était coincée.

Pierce Brosnan expliquait à Meryl Streep que sa fille se sacrifiait pour elle et Kat se crispa. Décidément, June avait vu juste. Sa cousine se mordait la lèvre et triturait machinalement un reste de cupcake. Lolly, elle, n'avait rien remarqué : elle étouffait un rire suite à une remarque que Pearl venait de lui chuchoter.

— J'adore cette chanson, dit Isabel quand résonnèrent les premiers accords de « SOS ».

Elle se joignit au chœur et, à la surprise générale, Lolly aussi. Quelqu'un applaudit. Les deux veuves, elles, fronçaient les sourcils. June aussi chantonnait doucement, mais une réplique d'Amanda Seyfried lui en coupa l'envie : elle souffrait de ne pas connaître son père.

Sauf qu'à la fin du film, des papas, elle en avait trois !

— C'est immoral, maugréa Frances Mayweather.

Isabel la fusilla du regard et, diplomate, changea de sujet :

— Il a raison, le fiancé : ce qu'elle est, ce n'est pas son père qui va le lui dire. Elle ne saura pas qui elle est sans s'être trouvée, elle.

— Je suis d'accord, dit Lolly.

La vieille dame se passait les nerfs sur le pop-corn, qu'elle mastiquait à grand bruit. Quand l'héroïne déclara que peu lui importait de connaître son père, puisqu'elle avait désormais trois figures paternelles dans sa vie, elle glapit d'indignation. A la fin, les fiancés repoussaient le mariage et partaient faire le tour du monde, et Meryl Streep épousait enfin Pierce Brosnan, recyclant les festivités prévues initialement pour sa fille et son gendre.

— Ça, c'est du happy end ! s'enthousiasma June. Si Meryl peut retrouver son amour de jeunesse, pourquoi pas moi ?

Sous son ton badin, elle était tout ce qu'il y a de plus sérieux.

— Ce film cautionne le libertinage, protesta Frances en reposant son cupcake. Cette femme aux mœurs légères n'est même pas capable d'identifier le père de son enfant ! C'est scandaleux !

— Allons, Frances, ce n'est qu'un film... intervint timidement sa belle-sœur.

Lolly reposa son verre d'un geste un peu brusque.

— La réalisation fait la part belle au point de vue de l'enfant en question. Or en l'occurrence, avec ou sans père, elle s'en sort à merveille. Sa mère l'a peut-être élevée seule, mais elle a fait du bon boulot.

Bien sûr, June saisit l'allusion. Cette chère Lolly !

— Il n'empêche que de mon temps les jeunes femmes ne fricotaient pas avec des messieurs en dehors des liens sacrés du mariage, et l'on évitait ainsi ce genre de désagrément. Les femmes modernes n'ont aucune retenue, et ce sont les enfants qui trinquent !

June faillit s'étrangler.

— La fille m'a paru parfaitement équilibrée, rétorqua Kat d'un ton cinglant.

Elle se contrôlait parce que son adversaire était septuagénaire.

— Vous plaisantez ? La pauvre enfant a grandi sans repères par la faute de la baba cool qui lui sert de mère ! Je comprends qu'elle cherche à se marier jeune : elle a besoin d'un homme pour mettre de l'ordre dans sa vie.

— Je ne partage pas votre point de vue, répliqua Lolly, aussi poliment que possible. Le personnage d'Amanda Seyfried se fiance par amour, non par intérêt.

Décidément, elle est en forme, constata June, reconnaissante.

Cette nouvelle Lolly, protectrice et pugnace, lui plaisait. Quant à l'origine du changement, mieux valait ne pas y penser.

Frances Mayweather ricana :

— A vingt ans, on ignore tout de l'amour ! Je me suis mariée tard, à trente ans, mais j'aimais mon cher Paul – paix à son âme –, le frère de Lena, parce qu'il était droit et courtois et qu'il subvenait aux besoins du ménage. Il a travaillé pour IBM pendant quarante et un ans. Il se levait toujours quand j'entrais ou sortais d'une pièce. Alors ce n'est pas à moi que vous allez apprendre ce qu'est l'amour !

— Moi, je suis tombée amoureuse à vingt et un ans, déclara June, les yeux rivés sur son cupcake à peine entamé. C'était un gentleman, lui aussi. Je l'aimais au bout d'une heure. Parfois, c'est aussi évident que ça.

Frances braqua sur elle son nez pointu.

— Ma chère, on ne s'éprend pas d'un homme en une heure. Vous confondez l'amour et la concupiscence. Les hommes aiment la bagatelle et succombent souvent à l'attrait de la nouveauté. Pourquoi croyez-vous qu'ils fréquentent les établissements spécialisés ? Prenez ces hommes d'Etat et leurs poules de luxe : c'est de l'amour, peut-être ? Pensez-vous ! D'ailleurs c'est pour ça que leurs épouses ne les quittent pas : elles savent faire la part des choses.

June faillit en lâcher son soda.

Isabel se leva dans un cliquetis de bracelets entrechoqués.

— Chacun est libre d'agir à sa guise, et chacun a ses raisons. Ce que je ne supporte pas, moi, ce sont les gens qui jugent sans savoir.

— Que sait-elle de la vie, celle-là, avec ses beaux habits ? grommela la mégère à sa belle-sœur, qui était clairement l'élément dominé du duo.

— Je sais que mon mari a une liaison, riposta Isabel, les poings sur les hanches. Je l'ai trouvé au lit avec une autre, pas plus tard que la semaine dernière.

— Une jeune femme convenable se garde de laver son linge sale en public. Viens, Lena, on s'en va. Je vous prierai d'annuler notre réservation pour ces prochains jours : nous partirons demain, à l'aube. Et ne vous avisez pas de nous facturer un supplément !

Lolly croisa les bras.

— Soyez tranquilles, nous sommes ravies de vous voir partir.

Frances ouvrit des yeux ronds comme des billes de loto et attrapa sa belle-sœur par le bras.

— Que mon petit déjeuner soit prêt à 7 h 45 ! Œufs pochés sur pain de seigle légèrement toasté et salade de fruits. La même chose pour Lena, avec du pain bien grillé.

— Bonne nuit, mesdames, dit Lolly tandis que le duo attaquait l'ascension de l'escalier.

Dans le salon, tout le monde regardait Lolly, bouche bée.

— Bravo, maman ! s'exclama Kat, radieuse.

Lolly se rengorgea, mais Kat ne tarda pas à se rembrunir, et June devina pourquoi : Lolly n'avait pas pour habitude d'envoyer paître ses clients, quel que soit leur comportement. Désormais, elle ne voyait plus de raison de se maîtriser...

— N'écoute pas cette vieille chipie, dit Pearl à l'intention de June. Je suis sûre que vous avez vécu quelque chose de fort, John et toi.

June projeta d'une pichenette sa tranche de citron au fond de son verre de soda.

— Merci, Pearl. Mais le pire, c'est qu'elle a raison. Charlie ne connaît pas son père par ma faute. C'est lui qui fait les frais de mes erreurs de jeunesse. Ce n'est pas juste...

— June Jennifer Nash, cesse de dire des sottises ! gronda Isabel. C'est un concours de circonstances qui a privé ton fils de père, pas toi.

June sursauta : cette façon d'utiliser son nom complet venait de leur mère. Et Isabel défendait rarement sa sœur. Elle lui prit la main.

— Merci, Isa.

Peut-être qu'elle finirait par épouser John, comme dans le film. La vie pouvait encore les réunir. Pourquoi pas ? Une semaine plus tôt, June avait lu dans le journal l'histoire d'un couple séparé par la Seconde Guerre mondiale qui s'était reformé après des mariages, des divorces et de longues années de séparation.

— On n'a rien vécu de fort, soupira-t-elle pourtant. John a dû succomber à l'attrait de la nouveauté. Sinon, pourquoi m'aurait-il quittée ?

Une larme perla à son œil.

— Pourquoi me promettre la lune et m'abandonner ? Notre belle histoire, il s'en fichait.

Pas elle. Cette histoire l'avait transformée. A cause de Charlie.

Lolly vint s'asseoir à côté d'elle et lui posa la main sur l'épaule.

— Il ne sait pas ce qu'il a raté, chuchota-t-elle.

June en perdit la parole. Sept ans plus tôt, sa tante avait suspendu son jugement.

Elle s'appuya contre le dossier.

— Je pensais qu'il essaierait de me retrouver, dit-elle enfin. Qu'il se demanderait où j'étais, qu'il me contacterait. Je ne suis pas difficile à trouver. Même enceinte, je suis restée deux mois à la fac et en partant j'ai laissé mes coordonnées au secrétariat avec l'instruction de les donner à quiconque essaierait de me joindre. Adresse e-mail, numéro de téléphone, la totale. Non, cette cliente avait raison : il s'est servi de moi.

— Oublie-la, dit Isabel. Tu en croiseras d'autres, des imbéciles dans son genre ; ne les laisse pas te pourrir la vie. Tu n'as pas à te préoccuper de ce que des inconnus pensent de toi.

— Pas faux. Je me torture assez l'esprit comme ça, je n'ai pas besoin des reproches d'une vieille peau pardessus le marché !

— Bien dit ! Ce n'est pas juste, ce que tu as vécu, June, ajouta sa sœur. Je suis désolée qu'il t'ait blessée et qu'il n'ait pas connu Charlie.

Elle semblait sincère.

— Vous me faites... chaud au cœur, bafouilla June.

— Tu peux compter sur nous, confirma Kat.

June se sentait forte, épaulée. Par Isabel, qui trouvait ses marques dans son rôle de grande sœur. Par sa tante, soudain maternelle. Par sa cousine, qu'elle commençait presque à considérer comme une amie. Pleine de gratitude, elle pria pour que Marley soit aussi bien entourée.

9

Kat

Tôt ce samedi matin-là, après avoir récuré le carrelage de la salle de bains (une corvée, pour le coup) et retiré ses gants en latex jaune, Kat prit une longue douche chaude et gagna la cuisine. Elle devait confectionner pour ses clients du port six douzaines de muffins (aux myrtilles, aux airelles, aux pommes et au chocolat) et quatre douzaines de scones (aux fruits rouges, au chocolat blanc et au fromage). Après une heure de ménage, faire de la pâtisserie la délassait mieux qu'une sieste. La farine qu'on tamise entre les doigts, la pâte tiède, souple et parfumée qu'on pétrit à pleine main, les pépites de chocolat et les fruits confits... Tout ça valait mieux encore qu'un bon film. Pour se détendre, Isabel jouait avec le chien errant, June chahutait avec son fils... Kat, elle, faisait de la pâtisserie.

Elle consulta son planning et s'aperçut qu'il lui fallait aussi confectionner un gâteau d'anniversaire en forme de locomotive pour le petit Max, trois ans, avant 14 heures. Elle sortit deux grands saladiers en métal et un sac de farine... à moitié vide. Cela suffirait tout juste pour le gâteau. Elle avait été distraite, ces derniers temps, entre sa mère, ses cousines, Oliver et Labor Day. Elle était également à court de pépites de chocolat.

Kat alla chercher son vélo dans la remise et pédala jusqu'au magasin, en faisant un détour pour éviter le bureau d'Oliver. Elle devait le rejoindre la veille, après le film, mais s'était finalement décommandée : il était tard, elle tombait de fatigue et une longue journée de travail l'attendait le lendemain... Il lui avait demandé sans ambages si elle l'évitait ; elle n'avait pas eu beaucoup de temps à lui consacrer pendant la semaine, or ils avaient quelque chose d'exceptionnel à fêter, des sujets importants à aborder, des décisions capitales à prendre – à moins qu'elle n'ait oublié ? « Jamais de la vie ! » s'était-elle récriée. Oublié ? Elle ne pensait qu'à ça !

Sauf que c'était vrai : inconsciemment – ou non – elle l'évitait. Elle avait besoin de temps pour analyser ses sentiments. Mais comment en parler à Oliver sans le blesser davantage ? Lui qui venait de lui dicter, tout excité, trois nouvelles adresses potentielles pour sa pâtisserie. Il s'était renseigné pour elle sur les conditions des baux... Kat avait freiné des quatre fers : elle n'en était pas là ! Il l'avait accusée de reculer pour mieux sauter, de se dégonfler. Elle s'était emportée :

« C'est mon affaire, ça ne te regarde pas ! »

Comprenant à son silence qu'elle l'avait vexé, elle avait tenté de se raccrocher aux branches :

« Je veux dire ma carrière – ma pâtisserie. Je n'aime pas qu'on me mette la pression, Oliver.

— J'essaie seulement de t'aider... »

Elle regrettait presque qu'il n'ait pas vu les fiancés de *Mamma Mia !* décider, le jour de leur mariage, de tout annuler. Sans se séparer pour autant : ils se donnaient simplement un peu de temps pour mûrir et se découvrir, en tant qu'individus et en tant que couple.

Kat avait-elle besoin de temps, elle aussi ?

Elle s'était sentie observée pendant la soirée ciné. Par ses cousines et, pire, par sa mère. Pourtant, si Lolly avait fait le rapprochement entre sa fille et le personnage interprété par Amanda Seyfried, coincé sur son île comme Kat l'était à Boothbay par une mère esseulée, elle s'était bien gardée de le montrer. Lolly prenait les gens au mot, ou plutôt aux actes. Si Kat restait, c'était qu'elle le voulait. Point barre.

Kat souhaitait parfois qu'elle se montre plus curieuse, plus indiscrète même. Qu'elle lui pose la question ou cherche d'elle-même à découvrir la vérité. Kat avait toujours été encouragée à exprimer ses pensées, mais les non-dits subsistaient. Lolly devait bien s'en rendre compte.

Il est vrai qu'elle avait d'autres soucis. Son traitement l'épuisait et lui provoquait des nausées, elle perdait ses cheveux... C'était bien le moment d'exiger d'elle des dons de divination ! Sa mère ne pouvait pas lire dans les esprits, et encore moins dans les cœurs !

Kat fit une embardée pour éviter un chat gris qui traversait la rue. A l'approche de Violet Place, son cœur se mit à battre la chamade. En effet, dans la devanture d'une petite boutique, un écriteau déclarait : *À CÉDER*. Il n'y avait que quatre commerces dans la rue transversale, une cordonnerie, un salon de voyance et de massage reiki et un cabinet d'avocats. De beaux arbres bordaient la chaussée, ainsi que des jardinières pleines d'impatiens, et en fait de commerces on aurait plutôt dit des échoppes, avec leur style suranné et leurs auvents assortis (sur ordonnance municipale). Même le cabinet d'avocats était mignon. Un cadre idéal pour une pâtisserie.

Kat adossa son vélo à un lampadaire puis s'approcha pour scruter la boutique. Elle semblait à peine assez grande pour contenir une caisse et un étalage à gâteaux, mais on distinguait derrière, par une voûte ouverte dans la brique, une pièce spacieuse, parfaite pour y aménager une cuisine. Le mur principal était en brique nue, les autres peints d'une nuance abricot, et le carrelage avait une couleur chaude qui lui plaisait. Elle essaya d'imaginer la vitrine peinte de grandes lettres : *Aux Délices de Kat…*

Oliver avait repéré l'emplacement des mois auparavant. Depuis six mois qu'ils sortaient ensemble plus ou moins officiellement, il la tannait pour qu'elle ouvre son commerce. Il lui avancerait un capital de départ, au besoin : il croyait dur comme fer en sa réussite. Mais l'argent n'était pas le problème, Kat disposait déjà, à peu de chose près, de la somme qu'on lui avait indiquée l'été précédent, pendant la formation pour entrepreneurs indépendants qu'elle avait suivie. Pourtant, elle traînait les pieds. Avec une pâtisserie à gérer, elle serait moins disponible pour aider sa mère à l'auberge. Or sa mère avait plus que jamais besoin d'elle. Ce n'était pas un prétexte !

Un jour, peut-être. Quand le moment s'y prêterait. Mais pas maintenant.

Elle remonta en selle et mit le cap sur le magasin d'alimentation.

Sur le chemin du retour, elle aperçut le docteur Viola, l'oncologue de sa mère, allongé sur la jetée près d'un vieux langoustier. Matteo Viola, quel joli nom… Elle le reconnut malgré ses lunettes d'aviateur : ses cheveux noirs ondulés, un peu longs pour un médecin, n'avaient pas leur égal dans les environs. Sa façon de retrousser jusqu'aux genoux les jambes de son pantalon médical vert, son teint olivâtre et sa silhouette étaient uniques, eux aussi. Torse nu, la tête calée sur un sac à dos, un genou fléchi, il lisait. Kat le fixait, comme hypnotisée.

S'arrachant à sa transe, elle s'avança et déchiffra le titre de son ouvrage : *Traité de médecine factuelle radio-oncologique*. Kat se sentait d'humeur facétieuse.

— Sympa, votre livre de plage !

Il se redressa et fit glisser ses lunettes de soleil sur son front.

— Tiens !... Kat Weller, c'est bien ça ?

Il se rappelait son nom ! Kat buvait du petit-lait.

— Dites donc, ça en fait de la farine ! s'exclama-t-il en remarquant le sac de cinq kilos dans le panier de son vélo.

— J'étais à sec. Plutôt gênant, pour un pâtissier. En ce moment, je suis sans arrêt aux fourneaux : ça m'apaise. Et les clients de l'auberge ne s'en plaignent pas. Hier, j'ai fait quatre tartes et même l'ado rebelle du second s'est déridée !

Lui aussi souriait de toutes ses dents.

— Je connais le principe : mes parents sont boulangers. Vous les connaissez peut-être, ils tiennent la Panetteria, une petite boulangerie italienne à Townsend, à côté du fleuriste...

La boutique d'Alonzo et Francesca ! Ils tenaient à ce qu'on les appelle par leurs prénoms, aussi n'avait-elle pas fait le rapprochement, mais elle connaissait bien leur établissement – Charlie salivait régulièrement devant sa vitrine. C'étaient des gens simples, chaleureux, spontanés : ils offraient des biscuits aux enfants, glissaient un *cannolo* fourré dans votre boîte d'*ama-*

retti... Ils proposaient en outre toutes sortes de pains plus savoureux les uns que les autres, et personne à Boothbay n'aurait songé à en acheter ailleurs.

— Vous êtes le fils d'Alonzo et Francesca ? J'adore cette boulangerie ! Je me damnerais pour leurs babas au *limoncello*...

— Vous êtes de la profession, vous aussi ? C'est quoi, votre spécialité ?

— J'ai un petit business, Aux Délices de Kat. Je fournis l'auberge de ma mère, et j'ai de plus en plus de clients extérieurs. Mes spécialités sont les gâteaux d'anniversaire, les muffins et les pièces montées.

Une baleine surgit des flots, captant un moment leur attention. Sur le pont d'un bateau de tourisme, une foule applaudit.

— Il faudra me faire goûter ça, reprit l'oncologue. Mais dites-moi, comment se porte votre mère ?

— A l'écouter, comme un charme... Mais je la trouve ralentie. Elle se cramponne à la rampe pour descendre les escaliers... Elle sème ses cheveux... j'en retrouve dans la douche et dans son lit...

Il hocha la tête.

— C'est la chimio, c'est normal. Et son humeur ?

— Plutôt bonne, en fait. Je crois que ça lui plaît que la famille soit au complet. Si on m'avait dit ça !

— La famille a parfois d'étonnantes vertus réparatrices. Et vous, Kat ? Vous tenez le coup ?

— Oui... Enfin, bof. Je suis inquiète.

Mais un mot, un geste du médecin suffirait certainement à la rassurer. Devant la chambre de Lolly, le jour de sa première séance de chimio, Kat lui avait demandé conseil. « Il n'y a pas de règle, avait-il répondu. Gérez ça comme vous pouvez. Pleurez, faites une crise de nerfs, mettez-vous en rogne, refoulez vos peurs : tout ce qui vous soulage est bon à prendre. »

Elle s'était sentie si libre alors qu'elle s'était mise à pleurer – et qu'il lui avait pris la main. Une geste auquel elle repensait souvent...

— Je peux vous poser quelques questions, docteur ? Sur le pronostic de ma mère ? J'entends tellement de choses contradictoires, c'est dur d'y voir clair.

Il s'assit plus convenablement et tapota le bois de la jetée.

— Assieds-toi. Et appelle-moi Matteo !

Matteo... Elle ôta ses sandales et s'accroupit.

— Le docteur Samuels lui donne jusqu'à un an, reprit-elle, tout en disant que c'est impossible à prévoir. Il dit que la chimio prolonge son espérance de vie mais qu'elle l'affaiblit en même temps...

— Il a raison. La chimio, c'est à double tranchant. Et on ne peut pas estimer le temps qu'il reste à ta maman. On peut simplement essayer de lui rendre la situation le moins pénible possible.

— Je sais que les médecins ne sont pas tout-puissants, que vous n'avez pas toutes les réponses. Mais si vous... si tu pouvais m'aider à calmer mes angoisses, à gérer ma peur...

— Bien sûr que je le peux ! Du moins, je peux te dire comment je m'y suis pris, moi.

— Toi aussi, ta mère... ?

— Non. *Papà.* Mon père. C'est pour lui que je me suis spécialisé en oncologie. Son cancer de la prostate a été décelé à temps, heureusement, parce que je l'enquiquinais pour qu'il se fasse contrôler régulièrement, par précaution. Quand le diagnostic est tombé, j'ai cru devenir fou. J'en savais tellement long sur le sujet !

Kat songeait à la Panetteria. Elle y faisait souvent un saut, histoire de jauger la concurrence et d'acheter un assortiment de pains pour sa mère, qui les dévorait avec de l'huile d'olive. Alonzo échangeait avec la clientèle des souvenirs du pays. Il semblait une force de la nature.

— Il a survécu, mais je me tracasse tous les jours à son sujet. C'est pour ça que j'ai tout fait pour être affecté à l'hôpital de Boothbay. Une chance qu'on ait un bon établissement !

— Pourtant, tu as l'air très posé. Je ne me serais jamais doutée…

— Qui sait ce qui se passe vraiment dans la tête des gens ? On s'efforce de rester pro, de préserver les apparences… C'est facile de s'y tromper.

— C'est ce que je suis en train de réaliser. Mes cousines… – tu as rencontré Isa, l'autre jour – ne sont pas celles que je croyais.

— C'est ce qui fait le sel de la vie : les gens vous réservent plein de surprises. Des bonnes et des mauvaises.

— Je préfère les bonnes.

— Quelle coïncidence, moi aussi !

— Tu as fait quoi, quand tu as su pour ton père ? Pour ne pas péter les plombs ?

— Je me suis rappelé qu'il était encore là, et bien vivant. Je me suis concentré là-dessus et sur son traitement. Pas sur les risques, mais sur les possibilités. J'ai profité au maximum de sa compagnie. On est allés voir un match des Red Sox. On s'est fait un petit *road trip*. On a construit un char pour ma nièce. Ça va te sembler niais, mais j'ai décidé de croquer la vie au lieu de redouter la mort. C'est la bonne attitude à adopter, pour toi, tes cousines et ta mère.

Kat s'abreuvait de ses paroles, apaisée. Une brise tiède caressait ses cheveux. Elle aurait pu rester là des heures. A ce moment-là, Matteo se redressa sur ses coudes, effleurant au passage la main de Kat. Ils s'écartèrent tous deux rapidement.

— Il faut que je file, déclara Kat.

Sinon, je vais te sauter dessus et te rouler une pelle, ajouta-t-elle in petto.

— Merci pour tes précieux conseils.

— A ton service. Si tu as envie de parler, appelle-moi !

Elle remonta la jetée, béate. En se retournant, elle vit qu'il la regardait.

Calée contre la poitrine d'Oliver, dans la baignoire, Kat laissait l'eau brûlante dénouer ses muscles endoloris. Elle avait passé des heures à cuisiner, à livrer à vélo le gâteau commandé, à faire le ménage avec Isabel, nettoyant le sable et les traces de pieds mouillés qu'une certaine jeune fille de quatorze ans était fortement suspectée de laisser un peu partout dans la maison. Les Trois Capitaines affichaient complet pour le week-end et Isabel courait d'une chambre à l'autre avec sa balayeuse et son chariot de produits d'entretien ménager bio. Dans les couloirs, dans les espaces partagés, partout, de la terre du jardin, des miettes des brownies au chocolat blanc servis par Kat au petit déjeuner, des mouchoirs en papier usagés, des tasses et des verres renversés... Ça n'en finissait pas. Kat était impressionnée : entre le nettoyage et les clients à servir, sa cousine n'avait pas eu une minute à elle, pourtant elle avait profité de sa première pause de la journée pour préparer de la citronnade et la servir aux clients dans le jardin.

Oliver était passé chercher Kat en voiture à 19 heures. Il habitait à Townsend une maison cochère séparée de la résidence principale par un haut mur de pierre et des conifères. Elle semblait tout droit tirée d'un conte de fées. Kat l'adorait.

Un barbecue l'y attendait : steaks, asperges et patates douces, tout ce qu'elle aimait. Au dîner, Oliver relança le sujet des baux à louer, mais Kat lui expliqua que, compte tenu de l'état de santé de sa mère, elle préférait mettre le projet en attente, et il comprit. Il l'entraîna dans la chambre et sur le lit *king size*, au milieu des coussins moelleux, il la massa de la tête aux pieds avant de lui faire l'amour. C'était parfait. A un détail près. Kat pensait à Matteo. A ses yeux sombres. A ses abdos d'acier. A ce pantalon vert qui lui découvrait le pli de l'aine. A son teint hâlé. Il fleurait bon l'Europe et le voyage. Ado, elle avait rêvé de prendre un cours de cuisine à Rome ou à Paris. De livrer ses gâteaux en Vespa. Oliver la contemplait tendrement, mais c'était Matteo qu'elle voyait, son corps, ses traits...

— Quand est-ce qu'on va l'annoncer à ta famille ? lui demanda-t-il alors qu'ils s'enlaçaient, après.

— Je...

Je ne peux pas !

— Je préfère ménager ma mère.

Elle le pensait.

— Hier, un simple film l'a mise K-O. Elle a tellement de soucis... Si je lui parle de nos fiançailles, elle se sentira obligée d'être enjouée, de nous aider à planifier voire à financer la cérémonie... C'est elle qui doit être au centre de l'attention, pas moi. Je ne peux pas lui faire ça.

Oliver lui massait les épaules. Ses mains sentaient bon. La tension s'envolait.

— Ta prévenance t'honore, mais je pense que tu te trompes : à mon avis, elle serait ravie de savoir que tu as trouvé quelqu'un pour s'occuper de toi, que tu vas te caser. Une bonne nouvelle fait parfois des miracles...

Kat n'avait pas envie qu'on s'occupe d'elle. Quant à « se caser », elle en frémissait. Elle avait désiré Oliver longtemps, intensément, mais à force de réprimer ses sentiments (comme le lui rabâchait sa copine Lizzie, dont le fiancé était psy) elle avait tout détraqué. Elle avait raté sa chance avec lui des années auparavant et n'osait plus envisager de passer sa vie à ses côtés. Le psy en question avait sur le sujet tout un tas de théories.

« Tu refuses d'appartenir à un club qui t'accepte pour membre. Tu veux bien vivre des aventures légères sans te prendre la tête, enchaîner les épisodes torrides qui volent en éclats au bout d'un mois... Mais tu as peur de te demander qui tu es et ce que tu veux vraiment.

— Ah oui ? Et je veux quoi, selon toi ?

— Peut-être rien de plus que ce que tu as déjà : peut-être que ce n'est pas ta mère et ton sens du devoir qui te retiennent à Boothbay. Peut-être qu'au fond de toi tu aimes cet endroit. Que tu aimes les Trois Capitaines, et ta mère, et Oliver. Mais tu as peur en t'engageant avec lui de comprendre tout ce que tu as à perdre. Tu es terrorisée. »

Elle avait balayé le diagnostic : psychologie de comptoir ! Mais il résonnait dans sa tête – elle s'efforçait de ne pas y penser.

Oliver faisait couler de la mousse sur ses seins, caressait son ventre et ses cuisses.

— Tu sais, Kat, tant que tu n'en parles pas, moi aussi je dois tenir ma langue. Or, j'ai envie de le crier sur tous les toits !

— Je sais, dit Kat, toute à ses caresses. J'attends juste qu'on se soit un peu remises de l'annonce de maman avant de jeter un nouveau pavé dans la mare.

— Et Lizzie, tu lui as dit ?

Flûte !

— Euh, non...

— Je commence à me demander si la maladie de ta mère est la seule raison de ta discrétion... Tu as des doutes, c'est ça ?

Il haussait le ton, irrité.

— Cela expliquerait ta distance, cette semaine.

Kat fixait une bulle de savon.

— Des doutes ? Je ne sais pas...

Elle grimaça.

— Je ne sais même plus si je doute... c'est la cata !

Oliver lui prit les mains.

— Je sais que c'est très dur pour toi en ce moment, Kat. Avec ta mère, tes cousines... C'est pour ça que je t'ai fait ma demande sans tarder : je tiens à ce que tu saches que je suis avec toi dans cette épreuve. Je te soutiendrai à cent pour cent.

Elle appréciait l'intention, mais... Mais quoi au juste ? Elle voulait se débrouiller toute seule, comme une grande ? Elle avait soif de nouvelles expériences, de lointains horizons, avant de se fixer pour de bon ? Si sa mère venait à... l'auberge lui reviendrait. Isabel et June repartiraient. Et la vie de Kat se résumerait à l'hôtel et à Oliver.

— Kat, je veux te soutenir. J'ai envie de passer ma vie avec toi. Mais tu m'as dit oui dans un moment de faiblesse. Si tu n'es plus sûre de toi, dis-le-moi. Ne joue pas avec moi.

Son ton était dur.

— Je... Je ne sais pas ce que je veux...

Il lui saisit les épaules et la tourna face à lui.

— Tu veux m'épouser, Kat, oui ou non ?

— Je... je ne sais pas, avoua-t-elle. Tu peux me donner un peu de temps pour y penser ?

— Je tiens énormément à toi et je te donnerai le temps qu'il te faudra. Mais je crois qu'on sait toujours ce qu'on veut, au fond de soi. Ce qu'on ressent. Et tes hésitations m'inquiètent beaucoup.

— Donne-moi juste un peu de temps, OK ?

Il sortit de la baignoire et de la salle de bains. Kat frissonna.

10

Isabel

Il était une fois une jeune femme qui habitait une belle demeure du Connecticut, soigneusement entretenue par une femme de ménage… A présent, vêtue d'un vieux jean emprunté à sa cousine et de gants en latex jaune, armée d'une batterie de produits d'entretien, à quatre pattes dans la chambre Balbuzard, Isabel Nash briquait. Elle avait déjà fait la Coquillage et la Merle-bleu. Celle de Griffin, elle se la réservait pour la fin. Vu qu'il ne lui était pas indifférent, elle éprouvait un plaisir coupable à rôder dans sa chambre en son absence, comme si elle l'espionnait.

Bien sûr, elle se contenta de faire le ménage. Une tâche à laquelle elle n'était plus accoutumée, mais depuis une semaine le coup de main revenait. D'ailleurs, elle ne détestait pas ranger la vaisselle propre dans les placards, nettoyer les comptoirs, passer la serpillière dans des effluves citronnés, rassembler les affaires éparpillées par les clients et mettre de l'ordre dans les chambres. Elle aimait arracher les draps au moment de les changer, regonfler en les tapotant les oreillers, empiler les serviettes de bain dans le panier en osier et apporter le tout à la machine à laver, dans la buanderie qui jouxtait la cuisine. Elle se sentait utile. Le ménage en soi, elle n'en raffolait pas, mais elle se satisfaisait de contribuer au bon fonctionnement de l'auberge. Incroyable mais vrai : elle y prenait plaisir !

Aux fourneaux, c'était une autre histoire. La veille, son poulet chasseur n'avait pas franchement fait l'unanimité, et personne n'avait repris de sa salade César. L'avant-veille, Charlie avait boudé ses lasagnes, pourtant un de ses mets préférés. Seul son pain à l'ail semblait à peu près réussi. Isabel n'avait rien d'un cordon-bleu – et après ? Elle aimait cuisiner, choisir une recette dans le grand livre de Julia Child de Lolly et en suivre docilement les étapes. Elle découvrait ce que cela faisait de préparer à manger pour une tablée de proches, et ça l'enchantait. Dans le Connecticut, elle dînait de repas à emporter achetés chez le traiteur, ou chez des amis, ou encore au restaurant, avec Edward et ses collègues. Souvent seule, elle se décongelait les plats confectionnés par sa femme de ménage. C'était devenu son quotidien, ces derniers mois. Mais c'était en train de changer. Isabel allait progresser en cuisine, quitte à prendre des leçons s'il le fallait. Elle en avait toujours eu envie.

Griffin semblait être un homme soigneux. On ne pouvait en dire autant d'Alexa : les tiroirs vomissaient des vêtements comme si, au moment de s'habiller, elle les avait tous essayés. Isabel se représenta son visage en forme de cœur, ses yeux sombres et sa moue révoltée. Elle ne la comprenait que trop bien.

Isabel résista à l'envie de replier ses habits : Lolly lui avait donné pour instruction de refermer les tiroirs et portes de placards mais de ne pas toucher à leur contenu. Isabel enfourna dans les tiroirs les morceaux de tissu qui en débordaient. Ensuite, elle rassembla les draps et taies d'oreillers et les déposa dans le panier en osier puis tendit des draps propres sur les matelas et lissa les couvre-lits piqués d'étoiles de mer. Elle fit le lit de Griffin en dernier. Tout en s'affairant, elle l'imaginait allongé sur la parure bleu ciel. Nu. Et elle, avec lui. Puis sur lui. Puis sous lui...

— Oh, pardon ! Je repasserai.

Elle fit volte-face et tomba nez à nez avec l'objet de ses fantasmes, debout sur le seuil, la clé à la main. Les joues en feu, elle espéra que son trouble n'était pas trop apparent. Il la fixait. Comme s'il avait lu dans ses pensées. Elle rougit de plus belle à cette idée.

— Ne vous... ne vous gênez pas pour moi, balbutia-t-elle. Faites comme si je n'étais pas là !

Elle roula en boule le drap-housse et l'ajouta au panier, dont se dégageait une odeur d'homme et de shampoing.

— Impossible, répondit-il. Depuis mon arrivée, je ne vois que vous.

Isabel en lâcha son coussin. Il s'approcha et le ramassa, en ôta la taie et la déposa sur le dessus de la pile de linge sale.

— Je vous trouve très attirante, poursuivit-il. J'aime beaucoup dresser Happy en votre compagnie.

Griffin avait consacré quelques après-midi à l'éducation de Happy, le chien errant, ainsi baptisé par Charlie, enseignant à Isabel les bases du dressage pendant qu'Alexa jouait avec sa sœur sur la terrasse. Fascinée par son charisme, elle décrochait parfois pendant une minute entière. A sa stupéfaction, Isabel faisait une fixette ! Elle croyait son cœur trop saturé de chagrin pour s'intéresser à un homme ; pourtant, Griffin Dean l'attirait – bon sang, elle l'imaginait nu en pleine journée ! Et voilà qu'à l'en croire elle lui plaisait aussi !

Surprise, ravie et intimidée tout à la fois, elle mit un moment à répondre.

— Ce soir, ma tante organise une soirée ciné pour les clients de l'hôtel. Enfin, on est dimanche, donc ce n'est pas officiellement une soirée ciné, en général on fait ça le vendredi, mais Lolly est parfois prise de lubies et elle improvise une séance extraordinaire – bref, on va regarder *La Brûlure*. Un classique, avec Meryl Streep et Jack Nicholson. C'est censé être drôle. Enfin, dans la mesure où un film sur une liaison peut être drôle...

Mais qu'est-ce qu'elle racontait ?

— Les liaisons le sont rarement, dit froidement Griffin, la dégrisant instantanément.

Avait-il trompé son épouse ? L'avait-elle envoyé à l'hôtel pour cette raison ? Cela expliquerait l'humeur massacrante de sa fille. Il coupa court à ses réflexions.

— C'est à quelle heure ?

— A 21 heures. On fournit le pop-corn et les cupcakes. Il y aura aussi du vin et de la bière si vous voulez...

Voilà qu'elle recommençait à jacasser.

— Comptez sur moi.

Il eut un sourire, disparut dans l'alcôve, en émergea avec l'iPod d'Alexa et le bob rose d'Emmy, lui jeta un dernier regard et sortit.

Après le dîner – en suivant à la lettre la recette, Isabel avait miraculeusement réussi son pain de viande et sa purée, même Charlie s'était resservi –, elle redescendit à la cave pour la troisième fois. Quand elle avait fait son rapport à sa tante, celle-ci avait insisté : les cahiers se trouvaient dans une des malles, elle en mettrait sa tête à couper. Isabel avait un peu bâclé les fouilles dans le secret espoir de ne pas les trouver et elle culpabilisait. Sa tante voulait ce journal, il la réconforterait. Or, du réconfort, elle en avait sacrément besoin : la chimio l'éreintait et lui retournait l'estomac. Trêve d'égoïsme ! La cave était exiguë et mal aérée, mais Isabel ne remonterait pas bredouille.

En vidant un coffre, Isabel tomba sur ses vieux bulletins. Sa mère avait également conservé ses meilleures rédactions. Elle trouva aussi une lettre, datée du mois d'octobre, quinze ans auparavant, et écrite de la main de sa mère à sa conseillère d'éducation.

Je tiens à vous assurer qu'en dépit des apparences Isabel est une jeune fille douce et bourrée de talent. Elle traverse une phase difficile qui, malheureusement, tarde un peu à passer ; elle teste ses limites et celles de son entourage, mais je connais ma fille : elle sortira de l'expérience renforcée. Une fois calmée, Isabel pourrait bien vous étonner !

Isabel relut le texte encore et encore, les yeux humides. Sa mère se lançait parfois dans des sermons enflammés sur le potentiel d'Isabel, mais à l'époque elle avait fait la sourde oreille, persuadée qu'il s'agissait de mensonges destinés à acheter sa bonne conduite. Sa mère croyait donc vraiment en elle… Isabel plia la lettre et la glissa dans sa poche avant de reprendre les recherches, un peu moins inquiète. Peut-être que sa mère n'avait pas écrit que des horreurs à son sujet, tout compte fait.

Trois quarts d'heure plus tard, cependant, elle n'était pas plus avancée. Elle rassembla quelques trésors – des robes et un chapeau que June allait adorer, un dessin peint par Kat à sept ans pour sa tata Allie et son tonton Gabriel, qui ferait joli sur son bureau… Mais les cahiers ne se trouvaient pas dans les malles, elle en était sûre à présent.

N'empêche, elle était contente de les avoir cherchés – pour Lolly, et pour elle.

Isabel avait choisi *La Brûlure*. Une histoire de liaison, voilà qui lui parlerait. Meryl Streep, critique gastronomique pour un magazine new-yorkais, rencontre Jack Nicholson, journaliste à Washington. Bien que désabusés après l'échec de leurs premières unions respectives, ils décident de se marier. Meryl plaque son boulot et le suit à Washington. Là, elle apprend que Jack la trompe alors qu'elle attend leur deuxième enfant. Pire, tous leurs amis sont au courant.

Et Griffin, s'identifierait-il lui aussi ? Une grosse différence d'âge séparait ses enfants, cela cachait sans doute quelque chose. Isabel consulta sa montre : bientôt 21 heures. Dehors, il pleuvait à verse. Parfait, Griffin ne risquait pas de décommander pour sortir se promener.

— J'adore ce film, dit Pearl en s'installant à sa place habituelle, sur le canapé, près de Lolly. Il traite d'un sujet délicat avec humour et finesse.

Lolly lança le DVD.

— Ça, c'est grâce à Nora Ephron, qui a écrit puis adapté son propre roman. En s'inspirant de sa propre vie, apparemment. Le mari, ce serait Carl Bernstein, vous savez, le journaliste que joue Dustin Hoffman dans ce film sur le Watergate...

— *Les Hommes du président*. Encore une histoire vraie, affirma Kat en déposant sur la table basse une fournée de muffins à la framboise. Moi, je fais tout à l'envers : je regarde les films d'abord, puis je lis les romans. Il faudra que je me procure un exemplaire de *La Brûlure*...

— Je te prêterai le mien, proposa Pearl en se servant dans le bol de pop-corn que June venait d'apporter. Tu verras, Nora Ephron écrit très bien. Et le film est excellent. En tout cas, je comprends le succès de Jack Nicholson : quel séducteur ! Au début, on se laisse charmer…

— Oups, j'ai oublié le thé glacé, dit Isabel, pressée de s'éclipser.

En route pour la cuisine, elle scruta l'escalier, espérant croiser Griffin, mais non, personne. Elle prit les verres et la carafe et regagnait le salon quand elle le vit soudain descendant les marches, grand, ténébreux, les cheveux en bataille, sexy en diable. Isabel en resta clouée sur place.

— Je ne suis pas en retard, j'espère ? Emmy s'est réveillée et pas moyen de la rendormir. J'ai dû chanter deux fois « Un jour mon prince viendra ». Finalement, Alexa en a eu marre de mes fausses notes et elle a pris le relais. Elle a expédié sa sœur au pays des songes en moins de deux !

Isabel s'attendrit : elle aurait volontiers chanté une berceuse à un enfant, elle aussi… Elle se secoua.

— Trop mignon, il aurait fallu filmer ça !

— Pitié, je chante comme… comme Pierce Brosnan dans *Mamma Mia !*. Alexa me l'a infligé un soir. Ce n'est pas tous les jours qu'elle tolère ma compagnie, alors j'ai pris sur moi ! Vous l'avez vu ?

— Pas plus tard que la semaine dernière ! L'auberge des Trois Capitaines organise une rétrospective Meryl Streep, ce mois-ci.

Elle le conduisit au salon.

— Ça me fait plaisir que vous vous joigniez à nous…

— Et moi donc : un vrai film, sans animaux qui chantent, il y a des mois que je n'ai pas vu ça !

— A qui le dites-vous, renchérit June.

Isabel et Griffin s'installèrent côte à côte sur les chaises à dossier rembourré, on se salua, on se passa plateaux et saladiers, Kat courut chercher deux bières en cuisine puis lança :

— On n'attend plus personne ?

Lolly appuya sur la touche « lecture » de la télécommande.

Kat tendit à Griffin une Shipyard, la bière locale. Une jeune cliente du nom de Jillian lui avait piqué sa place sur le pouf. Elle n'arrêtait pas de jacasser. Apparemment son copain, lui, était resté à l'étage, dans la Merlebleu, pour s'adonner à son activité préférée : jouer à World of Warcraft en réseau sur son ordinateur portable. Mais Griffin, lui, était tout près. Une fois le film lancé, Isabel n'arriva pas à se concentrer : moins de cinq centimètres séparaient leurs avant-bras, leurs cuisses. Elle devinait ses cheveux et son profil, fort, viril. Elle sentait son odeur...

— Waouh, elle est canon en brune ! s'exclama June quand Meryl apparut.

— Elle est toujours canon soupira Kat. Même avec sa coupe eighties et ses épaulettes ! C'est parce qu'elle a les traits fins.

De fait, de vertigineuses épaulettes surplombaient la robe de l'actrice. La scène se déroulait à un mariage. Elle échangeait des œillades aguicheuses avec un bel inconnu incarné par Jack Nicholson. Un peu de baratin plus tard, ils se retrouvaient au lit. Il était minuit passé et ils partageaient un plat de pâtes à la carbonara qu'elle venait de concocter. Enroulé dans les draps, Jack Nicholson décrétait qu'une fois mariés il faudrait « faire ça une fois par semaine ».

Isabel pensa à Edward. A seize ans, moins d'un mois après leur rencontre, il lui avait dit : « Quand on sera mariés, je te ferai des spaghettis tous les jours. » Ils en avaient mangé des quantités durant les mois qui avaient suivi l'accident, parce que, à part les sandwichs, c'était la seule chose qu'Edward savait préparer. Des bols de pâtes à la sauce tomate qu'ils entortillaient autour de leurs fourchettes en parlant d'avenir. Il n'y aurait pas d'enfants. Ni de larmes, lui jurait-il alors. Paroles ! Isabel ne donnait pas cher du couple de Jack et Meryl.

Justement, Meryl déclarait : « Le mariage, non merci ! J'ai déjà donné ! » Jack non plus ne voulait pas se recaser.

— Le film devrait s'arrêter là ! éructa Griffin.

Tout le monde se retourna, interloqué.

— Oh… pardon, bredouilla-t-il. Je n'ai pas pu m'en empêcher.

— Aucun problème, dit Lolly. Je crois que nous sommes tous d'accord avec vous.

Et Isabel, retrouverait-elle un jour foi en l'amour ?

— Quarante pour cent ? s'écria Kat. Quarante pour cent des seconds mariages se soldent par un divorce ? C'est énorme ! J'aurais pensé que, les divorcés apprenant de leurs erreurs, les statistiques seraient meilleures que ça, la deuxième fois…

— Peut-être qu'au contraire ils ont plus d'exigences. Moins de patience. Ils se disent que cette fois ils ne vont pas se laisser marcher sur les pieds. Et au premier clash ils prennent la porte…

Mais Meryl et Jack se remariaient malgré tout et semblaient très heureux. Ils avaient même un bébé.

Un bébé… Isabel faillit pleurer quand Meryl dit à son patron : « C'est comme si tu renaissais… T'as l'impression d'être plus grande. » Isabel peinait à se représenter cette sensation. Il faudrait sonder June sur la question.

Kat secouait la tête, atterrée.

— Ils sont tous à spéculer sur l'identité de l'homme marié que se tape Thelma... Personne ne se doute que c'est lui !

— C'est qu'ils ont l'air tellement heureux, Meryl et lui... Je n'y comprends rien, reconnut Isabel.

June mordillait son muffin sans entrain.

— Moi non plus. Pourquoi la tromper ? Dans certains cas, il y a des explications, mais là ? Ça me dépasse.

Dans la scène suivante, le mari volage lisait dans le cadre d'un jeu une liste d'adjectifs le décrivant.

— Je n'y crois pas ! s'indigna Kat. Il continue, imperturbable, alors que sa maîtresse vient de passer ! Elle est incomplète, ta liste, coco : tu as oublié « menteur » et « infidèle » ! Comment peut-il ne pas culpabiliser ?

— Certaines personnes parviennent à compartimenter, marmonna Isabel. Pour se faciliter la vie. Et maintenir le statu quo à la maison, avec leur conjoint...

Comme l'avait fait Edward des mois durant, jusqu'à ce qu'elle le prenne sur le fait.

— Cela dit, je suis d'accord : n'importe quelle femme à sa place aurait jeté la liste et déguerpi en pleurant, rongée par le remords, reprit-elle.

— On voit que vous ne connaissez pas ma femme... grommela Griffin. Enfin, mon ex-femme...

Il était de nouveau le centre de l'attention.

— Elle n'a pas ressenti le moindre remords. Elle se sentait amoureuse et dans son droit. Son bonheur passait avant tout, couple et enfants y compris.

Griffin n'avait pas trompé sa femme ! Isabel dut prendre sur elle pour se retourner vers l'écran ; elle aurait préféré continuer de le dévorer du regard.

— C'est drôle qu'elle soupçonne tout de suite son mari... ajouta-t-il tandis que la coiffeuse de Meryl se plaignait des infidélités de son copain.

— C'est souvent comme ça, intervint Pearl. Ma sœur, paix à son âme, est rentrée chez elle un jour et elle a eu le déclic, d'un coup. Figurez-vous que tout le quartier était au courant. Croyez-vous que cela se passe toujours comme ça ? Que le cocu l'apprend toujours en dernier ?

— Moi, je n'ai rien vu venir, murmura Isabel.

— Moi non plus, souffla Griffin.

Ils échangèrent un regard. Toute l'assemblée avait les yeux rivés sur eux.

— Je ne supporte pas ce passage, déclara Lolly. Elle découvre les notes d'hôtel, les tickets de caisse suspects, elle le met au pied du mur, elle lui demande s'il l'aime... et lui l'envoie promener !

Son regard se perdit par la fenêtre. Quel souvenir la hantait ? Oncle Ted l'aurait-il trompée ? Impossible : si Lolly le lui avait permis, il lui aurait baisé les pieds.

— « Je ne peux pas affronter ça maintenant »... pauvre chéri, trop dur pour toi ! ironisa June. Pourtant, j'adorais son personnage... jusqu'à ce qu'on découvre qu'il trompe sa femme, bien sûr !

— La vie de Meryl s'écroule en un instant. Comme ça !

Kat claqua des doigts.

— C'est terrifiant.

— C'est comme ça dans la réalité, confirma Isabel. En quelques secondes, tout bascule... Tiens, regardez,

Meryl retourne sur les lieux de son enfance pour se ressourcer... Comme moi !

Enfin presque.

— J'hallucine, dit la cliente. Elle voudrait que ce salaud l'appelle ou revienne la chercher, après la façon dont il l'a traitée !

Elle défia Isabel du regard.

— Rassure-moi, t'attends pas que ton ex rapplique, toi ?

Isabel en resta bouche bée. De quoi je me mêle ? Griffin guettait sa réponse. Non, Isabel n'espérait pas le retour d'Edward... mais elle attendait bien quelque chose de lui. Une explication qui tienne la route, pour commencer. Quoiqu'il n'y en eût sans doute pas.

— Y a des baffes qui se perdent ! s'écria June, volant à la rescousse de sa sœur. Vous croyez que le père de Nora Ephron lui a vraiment dit ça ?

Celui de l'héroïne venait en effet de lui lancer que si elle était pour la monogamie elle aurait dû épouser un cygne. La question resta sans réponse : Meryl évoquait sa mère, morte quelque temps auparavant, et, émues, les cousines se taisaient.

Meryl disait de sa mère qu'elle n'était bonne à rien en période de crise... Et celle d'Isabel, comment aurait-elle réagi à sa séparation ? Comment aurait évolué leur relation, une fois passé le cap de l'adolescence ? Si ses parents n'étaient pas décédés, Isabel n'aurait jamais rencontré Edward et se serait sans doute entêtée plus longtemps dans sa rébellion. Peut-être en aurait-elle épousé un autre... A moins que sa route n'ait croisé ailleurs celle d'Edward. Mystère !

N'empêche. Sa mère aurait assuré, Isabel n'en doutait pas une seconde.

— Elle ne va quand même pas le reprendre ? s'indigna Kat après que Jack Nicholson eut joué à Meryl la grande scène du repentir.

— Tu ferais quoi, toi, si ton ex débarquait à l'auberge, la queue entre les jambes ? demanda la cliente.

June semblait se retenir de lui écraser sa bulle de chewing-gum sur le nez.

Edward n'avait pas débarqué. Ni même téléphoné. Encore moins prononcé les mots qu'elle brûlait d'entendre. Elle voulait savoir qu'il l'avait aimée, que leur mariage avait compté pour lui. Si elle pouvait lui faire à nouveau confiance ? Elle l'ignorait. Mais au fond d'elle-même elle aurait tout donné pour qu'il lui demande pardon et l'implore à genoux de revenir à la maison…

— Un autre muffin ?

Kat brandissait le plateau sous le nez de la cliente, qui sembla comprendre le message. Hélas, pas pour longtemps.

— Il dit qu'il ne la reverra pas, reprit-elle. Comment peut-elle avaler ça ? J'espère que cette partie-là n'est pas autobiographique !

— Qui sait comment on réagirait à sa place ? dit Lolly.

La cliente fit claquer une bulle de chewing-gum.

— Mouais. Moi, je dis : qui a bu boira. Il va recommencer à la tromper. Puisqu'elle le laisse revenir, en plus, pourquoi s'en priver ?

— Chut, je n'entends rien ! fit Pearl.

Elle était de mauvaise foi, tous papotaient depuis le début de la projection, mais Isabel lui adressa un sourire reconnaissant.

De retour à Washington avec son mari, Meryl souffrait d'insomnies. Elle fixait le plafond, en proie à mille tourments, tandis qu'à ses côtés Jack dormait du sommeil du juste. Isabel pinça les lèvres ; elle s'identifiait.

— Vous voyez ? s'exclama la cliente, triomphante. Elle ne lui fait plus confiance ! Elle lui a donné une seconde chance, mais elle n'est pas complètement débile, Dieu merci !

« Est-il possible de vivre avec quelqu'un sans voir une évolution aussi fondamentale ? » demandait un personnage à l'écran, et Griffin rebondit :

— Bonne question ! Comment peut-on partager la vie de quelqu'un sans remarquer qu'il se trame quelque chose d'aussi gros ? Quand on ouvre les yeux, on se sent non seulement idiot mais exclu...

Isabel lui effleura la main. Il eut un mouvement de surprise, mais se laissa faire. Trop tard : elle avait retiré la sienne.

— Ces gens portent des œillères, déclara la cliente.

— Meryl ne partage pas cette opinion, fit remarquer Kat. D'après elle, on entend comme « un infime signal d'alarme »...

— « Il faut choisir : ou bien on s'accroche, ce qui est insupportable, ou alors faut fiche le camp et trouver un autre rêve », cita à son tour June. Ça, c'est de la réplique !

Un autre rêve – Isabel n'aspirait qu'à ça.

Enfin, Meryl lançait une tarte au visage de son traître d'époux, et la cliente applaudit à tout rompre.

— Bien envoyé ! C'est ça, rentre à New York !

Pendant le générique de fin, Isabel se demanda ce qu'elle allait faire de sa vie. Peut-être que Lolly guérirait – une rémission restait possible. Dans cette éventualité, resterait-elle à Boothbay ? Ou tenterait-elle de retrouver ces rêves qu'elle avait abandonnés en remettant à Edward le contrôle de son existence ? Qui, même à seize ans, ne se résumait pas à ses efforts malavisés pour se faire remarquer. Des rêves, elle en avait eu. Mais son seul désir à présent était d'avoir un enfant…

Du moins rêvait-elle à nouveau.

— On va faire un tour au port ? suggéra Griffin. Il ne pleut plus…

— Avec plaisir.

Isabel monta chercher son sac à main et s'assurer qu'elle n'avait pas de pop-corn coincé entre les dents. Comme prévu, June et Kat la suivirent, excitées comme des puces.

— Tu ne te changes pas ? s'étonna June.

La tenue d'Isabel était d'une inhabituelle simplicité : leggings, ballerines et tunique en coton. Confortable et parfaitement adaptée à une soirée ciné. Isabel s'inspecta dans le miroir en pied.

— Je devrais ?

— Mais non, tu es superbe ! la rassura Kat. Il te manque juste un peu de gloss.

— Ou bien tes sandales et une petite robe d'été ! insista June. Après tout, c'est le premier deuxième rencard de ta vie !

Isabel se sentait tout émoustillée, elle aussi, mais n'en voulait rien laisser paraître.

— Ce n'est pas un rencard, c'est une promenade. De toute façon, je ne suis pas prête. Il est trop tôt.

— Il n'est jamais trop tôt pour vivre une passion torride avec un véto sexy ! blagua June.

— C'est vrai qu'il est sexy, reconnut Isabel.

— Sexy ? C'est une bombe, oui ! confirma Kat.

Isabel se tourna vers sa sœur.

— Quand on se connaîtra mieux, s'il m'invite à sortir, promis, je ferai des élégances. Mais ce soir on va juste se promener.

June s'engagea à s'occuper au besoin d'Emmy et d'Alexa et le non-rencard débuta. Griffin était né à Boston mais avait suivi son ex-femme à Camden, dans le Maine. Elle en était originaire et Alexa adorait la région, aussi y avaient-ils emménagé. Son ex aimait les jolies choses et, s'il gagnait correctement sa vie en tant que vétérinaire, il ne roulait pas sur l'or, contrairement au magnat de la banque pour qui elle travaillait. Un type riche à millions, avec un palace en guise de maison.

— J'étais aveugle, comme vous, confia-t-il quand ils s'engagèrent dans Townsend Avenue, où de nombreux touristes déambulaient encore malgré l'heure avancée. Je suis rentré avec un jour d'avance d'une conférence et je l'ai trouvée au lit avec son patron. Dans notre lit. Elle avait passé deux ans à me convaincre de faire un deuxième enfant, un petit frère ou une petite sœur pour Alexa... Emmy n'avait pas un an quand c'est arrivé.

Isabel baissa la tête.

— Si seulement je pouvais me sortir de l'esprit l'image d'Edward et de sa pétasse ! Ça vous a pris longtemps, à vous ?

— Trop. Mais ça s'estompe peu à peu. Maintenant je ne pense plus à eux. On se parle poliment, mon ex et moi, pour les filles, mais je ne ressens plus rien pour elle. Par contre, je m'efforce de la défendre devant les enfants : Alexa lui en veut d'avoir brisé notre famille. Elle dit qu'elle la déteste. Mais c'est faux. Elle est triste et en colère, voilà tout.

— Elle est à un âge délicat.

Isabel soupira, chassa ses souvenirs.

— Vous dites ne plus rien ressentir pour votre ex : je crois que je vous comprends. Mon mari et moi, on était ensemble depuis une éternité... J'ai refusé de m'avouer que mes sentiments pour lui pâlissaient. Je me suis battue bec et ongles pour sauver notre couple, enfin ce qu'il en restait. Chaque fois qu'il me blessait, qu'il me trahissait, je fermais les yeux, je me pliais en quatre pour le reconquérir...

— Jusqu'à ce qu'il réduise vos efforts et votre couple à néant. Exactement comme mon ex.

Griffin lui avait pris le bras et elle en avait des fourmis partout.

Dans un café, il acheta deux frappuccinos à emporter et ils descendirent jusqu'au port. Ils s'arrêtèrent au milieu de la jetée. Un croissant de lune scintillait dans le ciel, de même que quelques rares étoiles – Isabel les compta. Il y en avait sept. Sept petits porte-bonheur...

Griffin sirotait son café.

— Tout à l'heure, j'ai prévenu Alexa que je sortais. Elle m'a demandé avec qui. J'ai dit que vous m'accompagniez, et elle s'est fourré la tête sous son oreiller...

— Ça doit être dur pour elle. Sa mère qui se remarie, son père qui, euh... se promène avec des femmes...

— Hum. Quand je lui ai dit que ce n'était qu'une promenade, elle m'a demandé si je la prenais pour une idiote...

Ils se regardèrent et Griffin lui saisit la main. Isabel sentit un frisson lui parcourir l'échine. Il l'attira à elle pour laisser passer un groupe de touristes qui arrivaient de la direction opposée, puis ils reprirent leur marche sans se lâcher. Des bateaux de tourisme levaient l'ancre pour des excursions en nocturne.

— Je suis heureux de t'avoir rencontrée, Isabel. Si je m'étais attendu à ça en réservant ma chambre !

— Je suis contente, moi aussi.

Tellement qu'elle devait se retenir de l'embrasser, là, sous ses sept étoiles. De lui poser un million de questions...

— Alors, se lança-t-elle, tu as déjà logé aux Trois Capitaines ?

— Oui, un week-end, avec les filles, quand ma femme est partie. Je ne supportais plus la maison, l'air m'y paraissait vicié. J'ai choisi l'auberge de ta tante à cause de son nom, il me semblait de circonstance ! Et puis à cause du jardin. Emmy ne comprenait pas ce qui se passait, mais Alexa était dans un sale état. Elle a passé le plus clair de son temps dans le Sanctuaire... Je crois que ta tante ne se souvient pas de nous...

— Ne te vexe pas : on vient de lui diagnostiquer un cancer du pancréas de stade quatre. C'est pour ça qu'on est toutes là.

— Non... Je suis désolé. J'aimerais pouvoir faire quelque chose... Mais je ne peux que dresser Happy, la mascotte de l'auberge.

Isabel tourna son visage vers lui et, après un long silence, il l'embrassa.

Au début, Isabel savoura la douceur de ses lèvres, son odeur de savon, sa virilité... Puis une sensation désagréable se fit jour en elle. Cet homme, elle le connaissait depuis une semaine. Elle se dégagea.

— Pardon, mais je me sens mal à l'aise. Il est trop tôt sans doute. Ça fait à peine quinze jours que j'ai appris, pour la liaison de mon mari. Et je ne m'y attendais vraiment pas. On avait des problèmes, enfin, un gros problème à vrai dire, mais je n'aurais jamais soupçonné...

Elle grimaça.

— Je ne suis pas censée parler de ça, n'est-ce pas ?

— Tu peux parler de tout ce que tu veux. Je sais ce que tu traverses.

Elle versa une larme et il la serra dans ses bras. Un groupe de jeunes les croisa et l'un d'eux leur cria :

— Y a des hôtels pour ça !

Quand ils se furent éloignés, Isabel et Griffin pouffèrent.

— Le problème avec les hôtels, dit-il, c'est qu'ils grouillent de bébés ronflants et d'ados grognons...

— Et de sœurs et de cousines indiscrètes...

— Ça vaut sans doute mieux comme ça.

Il dardait sur elle ses yeux sombres.

— Sans doute.

Et ils revinrent sur leurs pas, main dans la main.

11

June

Qu'est-ce que je fiche ici ?

Ce jour de Labor Day, à 6 heures du matin, au volant de sa vieille Subaru, June servait de chauffeur à Marley Mathers, qui se tortillait nerveusement à la place du mort. Par la vitre de la voiture à l'arrêt, elle scrutait la façade de l'appartement de son petit copain du lycée, un joueur de base-ball semi-professionnel très séduisant, si June avait bonne mémoire. Apparemment, l'été, Marley et lui continuaient de se fréquenter, mais à la suite d'une dispute violente quelques semaines auparavant la jeune femme l'avait quitté. Kip (qui s'appelait en réalité Christopher, comme June l'avait appris la veille) s'était aussitôt recasé. Il résidait à Boothbay à l'année, dirigeait l'équipe de base-ball de la fac et donnait des cours de sport dans divers clubs locaux. Ses anciennes conquêtes, nombreuses, se succédaient chez lui lors de leurs passages en ville : au lycée déjà il n'était pas homme à se contenter d'une seule femme.

Et Marley s'apprêtait à lui annoncer qu'elle était enceinte de dix semaines, et de lui. Bien sûr, 6 heures du matin, ce n'était pas l'horaire idéal, mais il n'avait pas d'autres disponibilités. Après avoir convenu de ce rendez-vous, tard la veille, Marley avait téléphoné à June et sangloté dans le combiné : comment lui annoncer ? Et le père de Charlie, comment l'avait-il pris ? June s'était servi un verre de vin et, seule dans le salon, à minuit passé, lui avait raconté sa trop courte histoire. Marley, toutefois, n'en avait pas démordu : même si elle n'avait pas l'expérience de ce genre de situation, June devait à tout prix l'accompagner pour la soutenir, avant... et peut-être après.

June s'était demandé ce qui se serait passé si, alors qu'elle attendait son enfant, elle avait retrouvé son amant et qu'il l'eût rejetée. Elle ne connaissait pas vraiment Marley, mais si elle pouvait lui être utile ce serait de bon cœur.

— Bon, dit la jeune femme, la main sur la poignée de la portière. J'y vais.

C'était sa troisième tentative en cinq minutes.

— Je t'attends, répéta June.

Marley s'extirpa de son siège et s'avança d'un pas mal assuré vers la porte entre la boutique du fleuriste et l'atelier du potier. Elle se retourna une fois vers June pour se donner du courage et disparut.

June ignorait comment Kip réagirait, mais Marley savait où le trouver. June l'enviait : au moins, le père serait au courant. Elle croisait les doigts pour qu'il se réjouisse. Pour qu'il soulève Marley de terre et la fasse tournoyer, fou de joie. Lui dise qu'ils étaient faits l'un pour l'autre, faits pour fonder un foyer. Elle rêvait par procuration – si la vie souriait à Marley, tout restait possible pour elle aussi.

Cinq minutes plus tard, la portière s'ouvrit à la volée. Marley monta à bord, hystérique, et lui hurla de démarrer, et en vitesse ! Elle ne pouvait pas rester ici une seconde de plus !

Le rêve de June vola en éclats.

Isabel avait préparé le petit déjeuner. Marley racontait à June ce qu'elle avait espéré : une demande en mariage. Au lieu de quoi, Kip avait braillé « Hein ? » en boucle, refusant de croire qu'un accident de préservatif avait suffi à faire que Marley tombe enceinte. Hors de lui, il l'avait mise à la porte : apparemment il n'arrivait pas à réfléchir, elle le déconcentrait avec sa mine décomposée. Marley avait fui sans se retourner.

June l'écoutait, blafarde. Et si John avait réagi comme Kip, sept ans auparavant ? Et si elle le retrouvait à présent, comment encaisserait-il la nouvelle ?

Charlie descendit, son pyjama Spiderman tout chiffonné, les cheveux emmêlés, et vint se jeter au cou de sa mère. Quelque chose changea dans l'expression de Marley. Ses yeux pétillaient d'admiration. June s'illumina.

— Ça, rien ne te l'enlèvera.

Marley se mordit la lèvre et posa sa main sur son ventre, et June sourit : tout irait bien pour son amie.

Au rayon « Histoire et Monuments du Maine », un type feuilletait *La Côte hors des sentiers battus*. C'était le sosie de John Smith. June avait failli défaillir à sa vue avant de réaliser que ce n'était pas lui. Il avait la même taille, la même corpulence, le même teint et les mêmes cheveux, mais une vingtaine d'années à tout casser. Décidément, elle vivait dans le passé. Une jolie jeune femme rejoignit le garçon, deux livres à la main, et le cœur de June se serra. Elle s'assit derrière la caisse pour reprendre ses esprits.

Elle avait envie d'amour. De bras autour d'elle. De sexe, aussi. Il fallait qu'elle se réveille : John Smith n'allait pas faire irruption un beau matin chez Books Brothers, pas plus qu'il ne viendrait lui chanter la sérénade sous le balcon de l'auberge et lui jurer qu'il ne l'avait jamais oubliée...

Il l'avait bel et bien oubliée, au bout de deux nuits, et elle devait l'oublier aussi. Ce qui était un peu compliqué, maintenant qu'elle avait promis à son fils de le retrouver. A moins que ce ne soit là la clé : chercher John pour Charlie, pas pour elle. Les événements de la matinée lui avaient ouvert les yeux : à force de s'endormir en rêvant au retour du prince charmant sur son cheval blanc, comme elle s'était remise à le faire ces dernières semaines, elle allait au-devant de cruelles désillusions, dont il lui faudrait du temps pour se relever. Or, du temps, elle n'en avait guère, et elle n'entendait pas le gaspiller.

Oublie-le, se répéta-t-elle pour la énième fois.

Elle consulta l'horloge en forme de bateau de pirate dans le coin des enfants : 21 h 45. Plus qu'un quart d'heure avant la fermeture. Pour Labor Day, Books Brothers faisait une nocturne, histoire de profiter de touristes en quête d'un livre de plage ou d'un peu de distraction après un dîner ou une promenade en mer – ils repartaient rarement les mains vides. Entre sa conversation téléphonique tardive de la veille et son lever matinal, June commençait à accuser le coup, mais le souvenir de Charlie, au petit déjeuner, la revigorait : elle avait de la chance, en vérité. Pendant la journée, entre la caisse à tenir, les clients à conseiller, la vitrine à réaliser et les têtes de gondole à approvisionner, elle n'avait pas eu une minute à elle. D'ailleurs, tout le week-end, la librairie n'avait pas désempli. Mais on était lundi soir, et ce jour marquait officieusement la fin de la saison touristique. Il lui tardait de rejoindre Henry, qui avait invité ses employés à fêter ça sur son bateau autour d'une coupe de champagne, après la fermeture.

Avant de quitter la boutique, elle téléphona à Kat pour prendre des nouvelles de Charlie : elle et Oliver l'avaient emmené à une foire traditionnelle de la Nouvelle-Angleterre, avec feux d'artifice et fruits de mer. Apparemment, il s'était endormi en serrant contre lui son nouveau clairon en forme de homard. Décidément, ce petit était bien entouré !

Elle sourit en longeant l'embarcadère, Bean sur les talons. Henry leur tendit à chacune une coupe et un chèque de bonus, et son sourire s'élargit : voilà qui couvrirait les activités extrascolaires de Charlie pour un moment ! Ils trinquèrent et grignotèrent des chips de maïs bleu avec une sauce pimentée maison. La vieille chaîne hi-fi diffusait en sourdine du Van Morrison.

Quelques minutes plus tard, le copain de Bean passa la chercher et June ressentit une pointe de jalousie. Elle aurait aimé qu'on pense à elle, qu'on prenne soin d'elle. Au lieu de quoi, elle gérait tout toute seule depuis des années, les joies, les peines, les robinets qui fuient, le bébé à coucher, les souris… Elle avait envie d'une épaule sur laquelle s'appuyer. De quelqu'un à aimer. D'une peau à caresser…

— Merci pour ton aide, June, dit Henry, adossé au comptoir du compartiment cuisine. Sans toi, on n'aurait pas fait la moitié de notre chiffre d'affaires du week-end. Tu es une commerçante hors pair. Les clients sentent que tu es sincère quand tu leur recommandes un livre, que tu leur vantes le style ou le thème de tel ou tel roman…

Le compliment lui alla droit au cœur.

— C'est l'avantage de passer mes soirées seule : j'ai le temps de lire !

Henry reposa sa coupe encore pleine et se décapsula une bière. Il inclina la tête en arrière pour en prendre une goulée. Une mèche lui balaya la nuque. Ses cheveux avaient des reflets dorés. Dans le genre loup solitaire, Henry était vraiment agréable à regarder. Il respirait la sensualité. Mais, quand June s'imagina l'embrasser, ses traits se muèrent en ceux d'un grand brun pâle de vingt et un ans – John Smith. Si même Henry Books échouait à le supplanter, nul n'y parviendrait. June ne s'affranchirait jamais de son passé. Elle avait offert son cœur à un homme qui s'était empressé de le jeter aux orties. Il l'avait abandonnée mais continuait de la hanter chaque jour, à travers le fils qu'il lui avait donné. Comment l'oublier ?

Henry reposa sa bouteille et la regarda intensément, les yeux plissés. Décidément, il avait quelque chose de Clint Eastwood.

Aide-moi à tourner la page, songea June. On est seuls, tous les deux… On se plaît depuis des années…

A moins qu'elle ne se fasse des idées ? Peut-être ne l'avait-elle jamais attiré. Mais alors, pourquoi cette tension ? Il hésitait à l'embrasser fougueusement, à l'entraîner vers le lit, à lui faire l'amour, là, maintenant, tout de suite…

Ou bien restait-elle à ses yeux la petite June d'autrefois ? Peut-être qu'elle n'éveillait en lui aucune étincelle de désir. Si seulement elle avait su ce qu'il en était !

Si seulement elle trouvait le cran de se lever du tabouret sur lequel elle pivotait, de s'avancer vers lui et de...

— Eh bien, on ne s'emmerde pas ! Je dérange, peut-être ?

June fit volte-face : Vanessa Gull, la copine de Henry. Elle l'avait oubliée, celle-là. En Doc Martens et robe d'été, elle promenait son regard furibard de Henry à June et de June à Henry.

— On... fête la fin de la saison, bredouilla June, tétanisée. Comme les affaires ont été bonnes...

— Cause toujours, tu m'intéresses. Putain, Henry, tu vas te décider à cracher le morceau ? Ou tu vas me faire poireauter encore deux, trois ans avant de me faire ta demande ? Je ne sais même pas si j'accepterai ! Alors vas-y, balance tout ! Toi et moi, on le sait déjà, mets donc June dans le secret ! Dis-le-lui, que tu l'aimes et que tu l'as toujours aimée !

June écarquilla les yeux.

Hein ?

Vanessa darda sur elle un regard assassin.

— Toi, épargne-moi ton numéro ! A vingt piges, passait encore, mais là, t'as plus l'âge de jouer les ingénues !

June fixait Vanessa, qui dévisageait Henry.

— Je n'aime pas qu'on me bouscule, Vanessa, dit-il enfin.

— Et moi, je n'aime pas vivre dans l'ombre d'une rivale ! Trop, c'est trop ! Ce coup-là, c'est fini, on arrête les frais. De toute façon, je sors avec Beck Harglow maintenant. Lui, au moins, il ne bloque pas sur la même fille depuis des années !

Elle saisit une flûte à champagne et la projeta contre le mur où Henry s'adossait – elle s'y brisa en mille morceaux. Vanessa sortit.

— Rattrape-la, souffla June, choquée.

Si Vanessa souffrait assez pour fracasser de la vaisselle, Beck Harglow, le mécano qui faisait baver toutes les filles de Boothbay, ne devait pas compter tant que ça.

— Non, pas cette fois, dit Henry. Elle a raison.

June retint sa respiration. Il la dévorait des yeux. De ses beaux yeux plissés...

— Je t'ai toujours aimée, June.

Elle se raidit, comme si chaque cellule de son organisme avait cessé de fonctionner. Il s'avança, lui prit le menton et l'embrassa profondément, comme elle en rêvait autrefois, quand Charlie était encore dans les langes. Il recula d'un pas, sans cesser de la contempler.

— J'en ai toujours eu envie. Pas seulement ce week-end, et aujourd'hui, mais depuis que je te connais.

June se taisait. Pour elle aussi, le rêve devenait réalité : Henry Books, le seul homme capable de lui faire momentanément oublier le père de son enfant, l'aimait ! Pourtant, elle ne pouvait renoncer à sa quête, à l'espoir ténu de retrouver John Smith et, avec lui, la réponse aux mille questions qui la taraudaient. Une part d'elle persistait à penser qu'il était à sa recherche, lui aussi, depuis toutes ces années. Lui avait-elle seulement dit son nom de famille ? En tout, ils avaient passé ensemble sept ou huit heures, embrumées par les vapeurs de la bière et des gin tonics...

Il la cherchait peut-être en cet instant précis.

— June ?

— Je...

Elle s'assit sur la banquette en cuir.

— Je suis...

— Tu en attends un autre. Je sais.

Les larmes lui brûlaient les paupières.

— C'est complètement idiot. Je le cherche partout, pour Charlie, mais je ne peux pas m'empêcher d'espérer... C'est absurde, mais c'est comme ça.

Henry reprit son poste, adossé au comptoir.

— Je ne trouve pas cela absurde. Tu es en quête d'explications. Je comprends que tu n'aies pas le cœur à... autre chose. Tu as des problèmes à régler, et c'est ta priorité. J'espère que tu seras bientôt fixée. Et que ce jour-là tu te sentiras soulagée d'un poids.

Elle soupira, reconnaissante. Je t'aime aussi, Henry. La phrase lui brûlait la langue, mais l'intensité de ses sentiments l'effrayait.

— Tu m'as toujours comprise, Henry. Tu es le seul. Avec toi, je me sens... bien.

— Cool, dit-il, un peu égayé.

June se leva et but un trait de champagne.

— Vous n'arrêtez pas de vous séparer et de vous rabibocher, avec Vanessa. C'est rare, une telle passion...

Passion qu'elle avait goûtée, elle aussi, pendant les cinq secondes qu'avait duré leur baiser : elle en avait les jambes en coton.

Mais Henry secoua la tête.

— Longtemps, j'ai confondu scènes de ménage et passion, habitude et sentiments. En fait, notre relation ne rime plus à rien depuis un moment déjà. On s'est utilisés l'un l'autre comme une espèce de prétexte, Vanessa et moi.

Et le prétexte de June, c'était John Smith. Henry le pensait si fort qu'elle se détourna, penaude. Elle tomba sur une photo d'elle et Charlie, prise à Noël deux ou trois ans plus tôt. June étouffait à l'auberge, entre Isabel et Edward, et Henry l'avait secourue : ils avaient construit avec Charlie un bonhomme de neige avant de se livrer une bataille de boules de neige sans merci. Puis il les avait photographiés, elle et son fils, couchés sur le sol blanc, le teint aussi éclatant que la combinaison de ski fluo du petit. C'était toujours vers Henry que June se tournait en cas de crise ou de besoin...

— On a passé de chouettes moments ensemble, tous les trois, déclara Henry, derrière elle.

« Tous les trois »... Il n'oubliait jamais Charlie. Elle se retourna. Que ferait-elle sans lui ? Elle avait beau se rapprocher de sa famille, Henry restait son joker, sa bouée, son oxygène. Face à lui, elle vit défiler des scènes passées : il lui massait le dos pendant le dernier mois de sa grossesse. Il berçait Charlie nouveau-né. Il changeait sa couche – et se faisait arroser ! Il la consolait, quand la solitude ou l'angoisse l'étreignait. Ce cher Henry...

— Fais ce que tu as à faire, June.

J'ai de la chance de t'avoir, pensa-t-elle.

Mais aucun son ne franchit ses lèvres.

Le lendemain, c'était la rentrée. Tandis que June préparait le déjeuner de son fils, Lolly glissa dans son cartable Spiderman un cookie double chocolat, une des spécialités de Kat, et dit :

— Tu sembles heureuse, June. Tu dois te plaire à la librairie. Ou bien c'est l'air de Boothbay qui te réussit ?

June étouffa un ricanement. Heureuse à Boothbay, elle ? Certes, elle se réjouissait du bonheur de Charlie. Il adorait la vie en communauté et s'entendait comme larrons en foire avec Happy. Isabel le payait deux dollars par semaine pour brosser et promener le chien et Charlie s'acquittait de ces tâches avec une belle conscience professionnelle. Quant à sa nouvelle école, il était impatient de la découvrir. Mais la question de son père revenait sans arrêt : sa maman avait-elle progressé dans ses recherches ? Il l'avait relancée, le regard plein d'espoir, cinq minutes plus tôt.

« Justement, je vais à la bibliothèque ce matin », lui avait-elle répondu.

Au lieu de se rembrunir, il avait acquiescé.

« OK, j'espère que tu vas trouver ! »

Et de se précipiter dans le jardin pour jouer encore un peu avec le chien avant de s'acheminer vers l'arrêt de bus.

Oui, Charlie était heureux ici. Ses tantes le gâtaient, lui refilaient des cookies en douce, fonçaient sur lui dans le couloir pour le couvrir de baisers, lui offraient le maillot de son joueur des Red Sox préféré... Il avait une vraie famille.

Et June aussi. Elle appréciait leur compagnie. Elle n'avait plus à tout faire toute seule, qu'il s'agisse de remplacer le rouleau de papier toilette, changer un pneu ou même rassurer son fils lorsqu'il saignait du nez à 2 heures du matin. Elle avait veillé tard la nuit précédente en pensant à Henry. Son amour lui donnait une force inédite. A moins qu'elle ne la doive à sa famille ? Son fils l'avait alors appelée, paniqué, et comme pour répondre à sa question sa sœur et sa cousine s'étaient mobilisées : pendant qu'elle épongeait le nez de Charlie, Isabel avait ôté son haut de pyjama et nettoyé avec des lingettes ses clavicules tachées de sang, et Kat avait changé sa taie d'oreiller. Elle en avait choisi une imprimée de robots rouges et bleus... June avait réalisé qu'à force de partager inquiétudes et quotidien les trois filles s'étaient rapprochées. Et que, pour la toute première fois, June et Charlie vivaient parmi des proches, baignés d'amour – en famille.

Elle épia son fils par la moustiquaire de la porte de la cuisine : Happy lui rapportait son jouet préféré, une peluche en chiffon.

— Tu es prêt, poussin ?

— J'arrive ! Salut, Happy !

Charlie prit congé de son ami en le frictionnant vigoureusement entre les oreilles. June et Lolly l'accompagnèrent jusqu'à l'arrêt de bus, un pâté de maisons et demi plus loin. Il les embrassa toutes les deux et monta quatre à quatre les marches du gros car scolaire jaune. June sentit sa gorge se nouer. Sur le chemin du retour, Lolly lui confia qu'elle s'était émue, elle aussi, autrefois, en voyant Kat s'éloigner seule à bord du même car jaune. Elles cheminaient bras dessus, bras dessous, bien plus lentement qu'à l'ordinaire. A la maison, raffermie par deux bonnes tasses de café, Lolly l'assura qu'elle respirait la santé et la congédia.

— Tes recherches t'attendent !

June se rendit à pied à la bibliothèque, un havre de calme et de fraîcheur, pour utiliser un ordinateur. Mais elle était à court d'idées, et à deux doigts d'engager un détective privé. Pourquoi pas ? A l'époque, elle avait négligé cette option, faute de moyens financiers. Le seul qu'elle avait consulté n'avait pas caché son pessimisme : sans numéro de Sécurité sociale ni date de naissance, il doutait de retrouver le disparu. Tout au plus pouvait-il passer Internet au peigne fin. Mais, ça, June le ferait aussi bien que lui – autant économiser les deux cent cinquante dollars exigés en contrepartie !

Dans la salle des enfants, un chœur de voix fluettes ânonnait une comptine. June s'approcha. Une dizaine de bambins assis en cercle sur les genoux de leurs mamans ou de leurs nounous chantaient « Une souris verte », tandis que la bibliothécaire en mimait les paroles, comme June l'avait fait pour Charlie quand il était petit.

Poursuivant sa route, elle monta dans la salle informatique. Au rayon « Santé », elle aperçut Marley dans un fauteuil, dissimulée par un grand chapeau et des lunettes noires, une pile de livres calée contre son accoudoir. June aussi se cachait, avant. Désormais, elle n'en ressentait plus le besoin. Elle s'avança pour la saluer. Marley lisait *Ce qu'il faut à bébé,* liste et crayon en main.

— Des nouvelles de Kip ? chuchota June.

— Non. Mais j'ai parlé à ma mère. Elle me conseille de rester à Boothbay et de trouver un petit boulot, dans l'enseignement par exemple. Elle est enchantée de devenir grand-mère et s'est autoproclamée baby-sitter. Du coup, je me sens mieux.

— Tu fais bien de rester : après l'accouchement, Kip changera forcément d'avis.

— J'espère que tu as raison. C'est bête, mais je ne peux pas m'empêcher de croire qu'il va finir par réaliser la chance qu'il a : la vie lui offre une femme aimante et un enfant, ce n'est pas rien, ça !

— Tu as raison. Laisse-lui juste le temps de digérer la nouvelle.

Elles convinrent de dîner ensemble pour revoir la liste des produits à se procurer pour l'arrivée du bébé et en rayer le superflu (d'après June, le chauffe-lingettes, on pouvait s'en passer), puis se séparèrent.

Après une demi-heure de recherches, June n'était pas plus avancée : tous ces sites, elle les avait déjà épluchés. Trente minutes de plus s'écoulèrent. Les pages défilaient, en vain.

En désespoir de cause, elle tapa dans Google Blogs « John Smith » + « Colby College » + « 2003 » + « 2004 » + « 2005 », et le résultat retint son attention : il s'agissait d'une brève datée de 2005 sur un groupe appelé The Jazz Experience, accompagnée d'une photo de quatre musiciens. Dont un nommé John Smith – le deuxième en partant de la gauche, d'après la légende. Celui de June avait mentionné son amour du jazz, mais pas de groupe ni de concerts. La photo était pleine de grain et le musicien se penchait sur sa guitare, de sorte qu'on ne distinguait pas ses yeux, mais cette mèche de cheveux sombres… L'année collait…

Oui, il pouvait s'agir de lui.

Et maintenant, que faire ? Contacter les trois autres, leur demander : « Dites, vous avez étudié avec un certain John Smith, vous savez, un brun, avec une mèche. Il a arrêté la fac pour voyager. Vous ne sauriez pas ce qu'il est devenu ? »

N'empêche : elle tenait une piste. Trois, même.

Derrière elle, une bibliothécaire se racla la gorge.

— Pardon, mais vous avez dépassé votre crédit depuis déjà dix minutes et il y a la queue pour les ordinateurs…

June bondit sur ses pieds.

— Désolée !

Elle se rua vers l'escalier. Une piste ! Elle allait le retrouver, elle le sentait. Enfin, elle saurait pourquoi il lui avait posé un tel lapin, après l'intensité des moments qu'ils avaient partagés, la façon dont il l'avait regardée et caressée, exprimant sans mot dire l'amour qu'il lui portait. Peut-être même que la famille de Charlie s'agrandirait. C'était improbable… mais pas impossible.

Après le dîner, June tapa dans Google le nom des musiciens, en commençant par le moins commun : Theodore Theronowki. Miracle : une seule entrée !

Vive les noms à coucher dehors ! se réjouit June en son for intérieur.

L'annuaire lui révéla une adresse dans l'Illinois. Le cœur battant, June composa le numéro.

— John Smith... Non, ça ne me dit rien, répondit Theodore Theronowki quand June lui expliqua la raison de son appel. Vous êtes sûre qu'il faisait partie du Jazz Experience ?... Attendez, j'y suis ! Ça devait être le gars qui a remplacé Parker quand il a eu sa mononucléose... J'ai changé de fac à la fin de l'année, alors je ne l'ai pas vraiment connu...

Il se souvenait de lui. June ferma les yeux, euphorique. Elle touchait au but.

— Vous avez son adresse ? Ou bien un numéro de téléphone où je pourrais le joindre ?

— Non, désolé. Tout ce que je sais, c'est qu'il habitait chez ses parents, dans Haywood Street. Ou Haywood Place. Un truc dans le genre. Haywood, c'est mon deuxième prénom et parfois les copains m'appellent comme ça, alors ça m'a marqué. Par contre, j'ignore où ça se trouve.

Un coin du nom de Haywood, à Bangor : ça devrait suffire à localiser ses parents. Et eux sauraient où le trouver.

Merci, merci, Theodore Theronowki !

Elle raccrocha et tapa *Haywood, Bangor, Maine* dans Google Maps : bingo ! Haywood Circle, une impasse. Bien sûr, ses parents pouvaient avoir déménagé... Une rapide recherche l'assura du contraire. Eleanor et Steven Smith résidaient toujours au 22, Haywood Circle.

June se couvrit la bouche pour ne pas crier : elle l'avait enfin trouvé, après toutes ces années ! Restait à déterminer la marche à suivre. Appeler ses parents ? Et leur dire quoi ? Qu'elle était une vieille amie de leur fils désireuse de le recontacter ? Et s'ils refusaient de les mettre en relation ? Et s'ils étaient brouillés ? Et si John était fiancé ou marié et que ses parents rechignaient à remuer le passé ? Que dire pour obtenir ce qu'elle voulait ? Comment ne pas les effaroucher ?

« Allô, madame Smith ? Bonjour, je m'appelle June Nash et j'ai rencontré votre fils John à New York il y a sept ans... Nous avons perdu le contact et j'aimerais savoir comment le joindre. »

Pas mal. Elle demanderait leur avis à Kat et à Isabel.

Une aubaine qu'elles soient là, disponibles à toute heure du jour et de la nuit, pour la conseiller.

12

Kat

Sa mère paraissait si frêle. Au lieu de se rétablir de sa première séance de chimio, et alors même que la deuxième allait commencer dans moins de dix jours, son corps semblait se mutiner. Très affaiblie, elle souffrait en sus de violentes nausées. Assise dans le lit médicalisé dont Kat avait fait équiper sa chambre, à l'auberge, elle peinait à lever le bras pour tourner les pages de son magazine de déco. Kat grimaçait de voir les efforts que ça lui coûtait.

Elle s'assit sur le rebord de son lit. C'était la fin de l'après-midi et le soleil rasait de ses rayons la courtepointe jaune à étoiles de mer qui avait appartenu à sa tante Allie. Parfois, à sa vue, Kat pensait à cette femme partie avant son heure, et l'air lui manquait. Enfant, elle admirait beaucoup sa chevelure. June avait hérité de sa couleur auburn et Isabel de ses reflets dorés. Quand Allie gardait Kat, certains week-ends chargés, elle la peignait. Kat n'aimait pas ses cheveux blonds, presque incolores, mais sa tante Allie la complimentait tant et si bien qu'elle se laissait gagner par la fierté. Allie était la douceur incarnée et Kat aimait aller chez elle pour le week-end. En route, elle scrutait, curieuse, la devanture de la diseuse de bonne aventure, à quelques pâtés de maisons de leur appartement. Elle s'appelait Madame Esméralda. D'après tante Allie, elle ne prédisait pas vraiment l'avenir, mais elle gagnait sa vie en déchiffrant l'expression de ses clients et en faisant preuve d'un peu de psychologie : on portait tous nos craintes et nos espoirs gravés sur le visage. Un jour d'hiver, après l'école, Kat avait effectué quelques livraisons pour Madame Esméralda, qui réalisait des travaux de couture pour arrondir ses fins de mois, et pour remercier la fillette elle lui avait lu les lignes de la main. Sa boutique était tendue de velours rouge et décorée de candélabres. Dans l'ensemble, la voyante lui avait tenu des propos qui n'engageaient à rien ; sa dernière prédiction, toutefois, l'avait marquée : « Un jour, tu te surprendras. » Quelques jours après l'accident, Kat avait aperçu la voyante chez l'épicier et l'avait apostrophée : elle n'était qu'une menteuse, elle ne voyait même pas l'avenir, ou alors elle aurait dû prévenir son père de ne pas aller chercher les Nash le soir du Nouvel An parce qu'un chauffard allait lui rentrer dedans ! Si elle voyait l'avenir, elle aurait dû les sauver – ils seraient encore en vie ! Bouleversée, Madame Esméralda s'était tue et Kat, honteuse, avait marmonné un mot d'excuse avant de détaler. Après cet épisode, elle s'était efforcée d'oublier la prédiction : elle ne croyait plus à tout ça. Bien sûr qu'elle se surprendrait, la vie était pleine de surprises, elle était bien placée pour le savoir !

Kat détacha son regard de l'étoile de mer qui avait déclenché sa réminiscence et se remit à découper en petits morceaux le fraisier qu'elle avait confectionné pour sa mère. Kat n'en raffolait pas, mais sa mère, si.

— Merci, ça fond sur la langue, dit-elle à sa fille.

Puis elle soupira et la fixa. Pour la troisième fois en un quart d'heure.

— Quoi ? Quelque chose te tracasse, maman. Dis-moi !

Lolly fronça les sourcils.

— C'est plutôt toi qui as quelque chose à me dire, si je ne m'abuse.

— Hein ? s'insurgea Kat, la fourchette en l'air. Et à propos de quoi ?

— A propos d'une bague.

Kat déglutit.

— Je t'ai vue dans la cuisine, tout à l'heure : tu examinais une bague. Je ne voulais pas t'épier alors je suis entrée et tu l'as fourrée dans ta poche précipitamment.

— C'est... c'est Oliver qui me l'a donnée, murmura Kat.

Il y a deux semaines déjà, ajouta-t-elle in petto. Et je n'aime toujours pas la sentir à mon doigt.

— Comme ça, sans raison ? Sans... demande ?

Kat lui lança un regard piteux.

— Si...

— Et ? Tu as répondu quoi ?

— « Oui »... Mais... Je n'ai pas envie d'annoncer mes fiançailles alors que toi, tu es en pleine chimio ! J'ai préféré faire profil bas.

Lolly la dévisageait sans rien dire. Kat, gênée, regardait le tapis entre ses pieds.

— Kat, tu sais que je n'aime pas me mêler des affaires des autres, y compris de celles de ma propre fille, mais étant donné les circonstances je vais me permettre une exception. Rien ne me rendrait plus heureuse que de te voir épouser Oliver.

— Ah ? Mais pourquoi ?

Pour ne plus avoir à t'inquiéter pour moi ? Ou parce que tu crois que c'est ce que je veux ? Ou parce que vous me destiniez à Oliver depuis que je suis tout bébé, papa et toi ?

— Parce que vous vous aimez, tout simplement.

Simple, l'amour ? Ha ! Kat ravala son sarcasme. Elle n'avait jamais parlé de ces choses-là avec sa mère ; ce n'était pas maintenant qu'elle allait commencer. Pour se donner une contenance, elle recoupa une part de gâteau.

— Je ne veux pas te voler la vedette, si tu vois ce que je veux dire. Comment veux-tu que je choisisse un voile et un traiteur alors que ma mère va…

Ce fut comme un direct du droit à l'estomac. Sa mère allait mourir.

Sa mère allait vraiment mourir. Et dire qu'elles ne s'étaient jamais parlé… Une image lui revint. Lolly l'avait trouvée en larmes parce que, pour la énième fois, des pestes l'avaient traitée d'orpheline, à l'école. Prenant son courage à deux mains, elle s'était confiée à June. D'après sa cousine, ses bourreaux s'en prenaient à elle parce qu'elle était douce et jolie, c'étaient des idiotes qui ne savaient pas de quoi elles parlaient, il valait mieux les ignorer et tout raconter au conseiller d'éducation. Kat en était sortie un peu ragaillardie, mais c'était d'habitude à son père qu'elle parlait de ses tracas scolaires, de ses mauvaises notes, des disputes avec ses petites camarades. Il savait exactement quoi lui dire. Alors que sa mère aggravait les choses en lui ordonnant de se ressaisir. Le plus souvent depuis l'accident, Kat gardait donc ses soucis pour elle. Quand il arrivait à sa mère de lui demander ce qui la tracassait, elle répondait « Rien » et filait. Parfois, elle se tournait vers Oliver, et plus rarement vers sa grande cousine June, qui était maligne.

Elle s'en apercevait à présent : elle avait repoussé sa mère. Ne lui avait pas donné sa chance, après la mort de son père.

Lolly se redressa avec tant de peine que Kat en blêmit.

— Tu sais à quoi je pensais pendant mon injection ? dit sa mère. A la fille qui a peur d'abandonner sa mère dans *Mamma Mia !*... Pour nous, c'est pareil. Sauf que c'est moi qui risque de t'abandonner.

— Maman, je...

— Tu te rapproches de tes cousines, ça ne m'a pas échappé, mais Isabel va peut-être rentrer dans le Connecticut, et June à Portland. Je pense à toi, toute seule ici, et j'ai peur. Tu es parfaitement capable de faire tourner l'auberge et de gérer ta vie, ça, je n'en doute pas. La solitude, c'est une autre histoire. Si tu épousais Oliver, je te saurais entre de bonnes mains. Tu vois ce que je veux dire.

Kat avait envie de pleurer : pour une fois, sa mère exprimait le fond de sa pensée. Et elle brûlait d'en faire autant, de lui avouer ses réticences, sauf que la teneur de son propos lui rendait la chose impossible.

— Oliver t'adore et c'est quelqu'un de bien. Quand papa est mort, il t'a tenu compagnie dans le froid pendant des heures, dans votre cabane. Tu refusais d'en sortir, tu te souviens ? Vous vous emmitoufliez dans vos combinaisons de ski et lui t'apportait une thermos pleine de soupe ou de chocolat. Il avait tout juste dix ans, comme toi.

— Je me souviens.

« Je ne t'abandonnerai jamais ! » lui disait-il alors. « Promis, juré. On fait un serment de sang ? » Ils en avaient fait plusieurs.

Lolly se remémorait :

— Et quand on a eu cette grosse angine, toutes les deux, il y a cinq ou six ans, pendant que Pearl était en congé, qui nous a dépannées ? Oliver ! Il nous montait des plateaux-repas avec ce délicieux potage de chez Chowhounds...

— Et du chocolat chaud de chez Harbor Lights Coffee, avec des mini-guimauves dedans, ajouta Kat.

Oliver avait changé leurs draps, renouvelé leur stock de magazines féminins – il leur avait même apporté des fleurs !

— C'était une perle à dix ans, et c'en est toujours une. Tu as de la chance, Kat. Ce n'est pas donné à tout le monde de rencontrer si jeune le grand amour.

Bien sûr qu'elle avait de la chance. Oliver était beau, romantique... Elle se comportait en enfant gâtée. Ses envies de voyages, elle les assouvirait au cours de sa lune de miel à Paris ou de vacances à Rome, Sydney ou Moscou.

Et son attirance pour le docteur Matteo Viola ? Ma foi, être au régime n'empêchait pas de regarder le menu. Elle n'en aimait pas moins Oliver.

— Je préfère passer les prochaines semaines à feuilleter le catalogue Pronuptia et à dresser des plans de table plutôt qu'à me ronger les sangs. Tiens, je me sens déjà ragaillardie ! Tu prévois un service à table ou plutôt un buffet, pour le dîner ? Et tu voudrais quoi comme robe ? Une grosse meringue de princesse, ou quelque chose de plus sobre ?

Kat se sentait avec sa mère de nouvelles affinités. Elle lui offrirait ce cadeau. Kat et Oliver étaient faits l'un pour l'autre, tout le monde l'affirmait. Ils ne pouvaient pas tous se tromper !

— Euh, je voyais plutôt quelque chose d'élégant, sans trop de froufrous...

— Et si on faisait la cérémonie dans le jardin ? suggéra Lolly, presque excitée. Non ? Qu'est-ce que tu en dis ?

— Très bonne idée, maman.

C'était dans l'ordre des choses. Deux fois dans cette histoire, on avait décidé à sa place. Mais peut-être qu'elle en avait besoin. Que quelqu'un la prenne par les épaules et lui secoue les puces : « Oliver est un mec en or, t'en trouveras pas deux comme lui, alors tu l'épouses, et que ça saute ! »

— Montre-moi cette bague... Vas-y. Enfile-la.

Kat obéit. Oliver l'avait héritée de son arrière-grand-mère : un mince anneau d'or serti d'un diamant rond étincelant, avec de part et d'autre une fine baguette.

— Alors ? Ce n'est pas mieux comme ça ? demanda Lolly.

Mais Kat se sentait de trop dans ce tableau idyllique.

Le vendredi, elle portait sa bague de fiançailles depuis deux jours et le flot de félicitations ne tarissait pas. Épuisée par les mails et les coups de fil de ses amis et des proches d'Oliver, il lui tardait de décrocher et de se relaxer devant un bon film. Après, avec un peu de chance, on parlerait cinéma et non cérémonie ou emménagement – il y avait une belle demeure victorienne en vente, à deux pâtés de maisons... Lizzie exultait, elle avait déposé à l'auberge une trentaine de magazines spécialisés, ayant pris soin au préalable de marquer de Post-it ses coups de cœur, avec un code couleur pour distinguer les robes des chaussures, les voiles des coiffures et les bijoux des jarretières... En prime, elle avait dressé une liste de traiteurs, de salles de réception, de cadeaux souvenirs à offrir aux invités, et même de destinations de lune de miel qu'elle-même avait envisagées. Lizzie et son mari s'envoleraient pour Hawaï, ils avaient envie de plage et de soleil. Kat, elle, avait envie d'une aspirine : elle étouffait.

Dans le salon, elle examina l'étagère à DVD. Sa mère l'avait chargée de trouver un bon Meryl Streep pour la séance ciné. Qui se tiendrait dans sa chambre : très faible, Lolly s'endormirait sans doute au cours de la projection.

Classés par thèmes, les films portaient en outre sur une étiquette le nom des acteurs qui y figuraient. La section Meryl Streep constituait un véritable panthéon : Clint Eastwood, Shirley MacLaine, Tommy Lee Jones, Nicole Kidman, Robert De Niro, Cher, Jack Nicholson, Uma Thurman, Robert Redford, Albert Brooks...

Rendez-vous au paradis. Tout un programme ! Kat inspecta le boîtier du DVD pour lire le résumé de l'intrigue : après un accident mortel au volant de sa grosse cylindrée le jour de son anniversaire, Albert Brooks se voyait contraint de défendre devant des juges la vie qu'il avait menée – et surtout celle à laquelle, perclus de peur, il avait renoncé – pour rejoindre au paradis son irréprochable bien-aimée (interprétée par Meryl Streep). « Drôle et poignant à la fois », résumait un critique.

La peur – voilà qui parlait à Kat. Elle emporta le boîtier en cuisine : elle voulait préparer une mini-pièce montée. Un galop d'essai, en quelque sorte. Les mains dans la farine, Kat manquait rarement de témérité, mais aurait-elle le courage de confectionner sa propre pièce montée ?

— Je n'ai pas vu ce film depuis des lustres, dit Lolly, la télécommande à portée de main sur la couverture. D'après mes souvenirs, c'est léger mais ça fait aussi réfléchir à toutes ces choses qu'on a faites et qu'on aurait du mal à justifier...

Kat soupira et poussa vers le monstrueux lit d'hôpital de sa mère le plateau garni de choux. Sa mini-pièce montée remportait un franc succès. Elle s'était appliquée à modeler les mésanges et les boutons de roses en pâte d'amandes, mais sans penser une seule seconde à Oliver. Pourtant, dès la première bouchée, son gâteau lui parut amer. Comment justifier son ambivalence à l'égard d'Oliver ? Son attirance pour le docteur Viola ? Les envies contradictoires qui la tenaillaient, celle de fuir et celle de rester ?

Isabel et June s'étaient installées à la droite du lit, sur des chaises pliantes garnies de coussins. June tenait sur ses genoux le saladier de pop-corn. Pearl était à une soirée, elles étaient donc en famille et Kat s'en félicitait : elle se passait volontiers des commentaires des clients à l'esprit étriqué.

La séance avait commencé. Sur son lieu de travail, le personnage d'Albert Brooks débitait un discours des plus comiques. Lolly pouffa.

— Quelle trogne il a ! Et cette voix, ces mimiques... Il est impayable.

Albert Brooks incarnait un publicitaire drôle et débonnaire qui se payait une BMW décapotable pour son anniversaire et l'encastrait dans un bus en cherchant un CD qu'il avait laissé tomber (heureusement que cet objet était voué à disparaître !). On le conduisait à Judgment City, une sorte de Las Vegas de l'au-delà, où il devait défendre ses choix de vie devant un tribunal, avec procureur et avocat. L'enjeu, comme résumé au dos du boîtier : rejoindre au paradis Meryl Streep, qui avait passé son existence terrestre à sauver des chatons et adopter des orphelins. S'il perdait son procès, il serait renvoyé sur terre pour tenter de s'améliorer.

June mordit dans un chou.

— Vous imaginez, si chaque minute de votre vie pouvait être retenue contre vous ? L'horreur ! On me renverrait sur terre sans arrêt !

Et moi donc ! pensa Kat. J'ai accepté la demande d'Oliver par lâcheté. J'ai pensé à Matteo alors que j'étais au lit avec lui...

— Qu'est-ce que je devrais dire alors ? gémit Isabel. Vu mon comportement au collège, on ne voudra jamais de moi au paradis...

L'avocat de Brooks expliquait qu'on n'utilisait jamais que trois pour cent de son cerveau, et que cela causait bien des ennuis.

— Tu m'étonnes, railla Kat.

Comme promis par la critique, le film se révéla drôle, touchant et instructif. Kat se détendit et parvint même à se réconcilier avec sa pièce montée. Jusqu'à ce qu'une réplique l'interpelle.

— Vous le croyez, vous ? Que la peur est comme un brouillard qui nous masque le bonheur ?

— Peut-être bien, dit June. Je me suis parfois abstenue d'agir par peur du résultat. C'est humain.

Isabel hocha la tête.

— Il y a des questions que je n'ai jamais posées à Edward par peur d'entendre sa réponse.

Kat arrangea ses coussins, sans retrouver son confort ; son malaise était intérieur. Trop souvent, elle se refrénait, paralysée par la peur. Et si, au fond, elle savait très bien ce qu'elle voulait mais qu'il lui manquait les tripes pour foncer ?

— Neuf jours, sur toute une vie ? C'est tout ce que le héros doit justifier ? s'exclama June. A sa place, j'aurais bien plus de boulot.

— Moi aussi, souffla Lolly.

Kat la sonda du regard, mais sa mère se barricadait derrière son thé glacé comme pour lui signifier : « Défense d'approcher. » A moins que ce ne soit une peur irrationnelle de la déranger qui retenait Kat ?

— Ah, Meryl, enfin ! s'enthousiasma Isabel. Ils se rencontrent au spectacle d'un comique raté, trop drôle !

Kat aussi se réjouit de l'arrivée de l'actrice : son visage, ses cheveux blonds soyeux, sa gestuelle et son rire joyeux lui étaient devenus familiers et étonnamment réconfortants.

Le procès commença. Sur un écran, dans le tribunal, on projetait un épisode tiré de l'enfance du héros. Isabel releva une réplique.

— Bonne question, où se situe la limite entre la peur et la retenue ?

Pour la troisième fois depuis le début du film, Lolly bâilla.

— En effet. Un excès de retenue peut vous priver de belles expériences, mais à l'inverse on pèche parfois par manque de retenue. Difficile de s'y retrouver.

June reposa son assiette vide sur la table de nuit. A Judgment City, on passait en revue les erreurs causées par lâcheté et par bêtise.

— Je plaide coupable, blagua-t-elle.

— Moi aussi, j'en ai fait, des bêtises ! confessa Isabel. Mais pas récemment, tante Lolly, je te le jure.

Lolly eut un rire complaisant, au grand soulagement de Kat : depuis quelques instants, sa mère affichait une mine morose. Quels souvenirs le film pouvait-il bien remuer ?

— Je ne connaissais pas du tout cet acteur, reprit Isabel. Dans le registre de l'autodérision, il est excellent ! Et son jeu fait très naturel : sa façon de regarder Meryl, de lui parler… J'aurais craqué, moi aussi !

— Pareil pour moi, renchérit June. Et je le comprends quand il dit qu'il en a marre d'être jugé sans arrêt. Sauf que, dans mon cas, mon pire juge, c'est moi.

— A qui le dis-tu ! soupira sa sœur.

Kat, elle, était scotchée par les dialogues. Albert Brooks refusait de monter faire l'amour à Meryl Streep parce qu'il craignait de gâcher la beauté de leur relation. Il voulait préserver ce moment de grâce. Il commettait une erreur, bien sûr, mais Kat ne le comprenait que trop bien.

— Ils le renvoient sur terre ? Le pauvre ! compatit June.

— Son avocat a raison, murmura Kat. Il faut saisir les occasions quand elles se présentent. On n'entre pas au paradis sur la pointe des pieds.

Il fallait assumer. Epouser Oliver… ou ne pas l'épouser. Lui dire : « Oui, je le veux ! » Ou : « J'ai changé d'avis. » Que faire ? Quelle était l'occasion à ne pas laisser filer ? Cela aurait dû lui sauter aux yeux !

Albert Brooks embarquait dans une navette avec les autres condamnés à un nouveau tour sur terre. En route, il croisait Meryl, à bord de la navette qui la menait au ciel. Elle criait son nom. Il s'élançait alors hors du véhicule, saisissait l'occasion, affrontant la réalité, assumant ses sentiments, et pour la peine on l'autorisait à l'accompagner.

— Génial ! conclut June pendant que le générique défilait.

Kat ralluma la lampe de chevet.

— Maman ! Tu pleures ?

Lolly se tamponnait les yeux.

— Chaque fois que je vois ce film, je me demande si… si j'irai au paradis.

Elle considéra la nuit noire par la fenêtre, l'air désespérée. A quoi pouvait-elle bien penser ?

— Tu rigoles ? On va te dérouler le tapis rouge, oui !

— C'est clair, renchérit Isabel. Tu as pris deux orphelines sous ton toit : rien que pour ça, tu fileras tout droit au salon VIP ! Appuie sur « pause », tu veux bien ?

Lolly eut un faible sourire mais n'interrompit pas le générique. Kat devinait à sa mine qu'on n'en tirerait pas un mot de plus.

Elle s'interrogeait parfois sur la vie privée de sa mère. En quinze ans de veuvage, elle n'avait, à sa connaissance, jamais fréquenté personne. Kat lui avait demandé un jour si elle avait jamais envisagé de reprendre un compagnon – un terme que sa mère affectionnait –, mais elle l'avait rabrouée : « Ne dis donc pas de sottises ! » Apparemment, elle avait tiré une croix sur tout ça. Lolly Weller était insaisissable. Elle avait son auberge, ses films, son amie Pearl, qu'elle aimait comme une tante pleine de sagesse et de sagacité. Kat n'avait jamais connu sa mère joyeuse. Question de personnalité, voilà tout. A moins que l'absence de joie ne fût symptomatique d'autre chose… Kat s'efforça de chasser ce soupçon récurrent.

En débarrassant, elle s'aperçut que sa mère dormait ou faisait semblant. Elle avait bâillé pendant la projection, mais peut-être souhaitait-elle simplement abréger la conversation. Pourquoi ? La curiosité l'emporta.

— Maman ? chuchota-t-elle.

Pas de réponse.

— On passe au salon ou on monte ? demanda Isabel.

— Montons, on sera plus tranquilles, répondit Kat en rassemblant les restes de gâteau.

Quand il ne resta plus un grain de pop-corn par terre et que les chaises eurent été dûment repliées, elles éteignirent la lumière et sortirent à pas feutrés. Elles longèrent la chambre de Charlie sur la pointe des pieds. June y passa la tête et s'attendrit :

— Il est trop mignon quand il dort.

Kat et Isabel fondirent elles aussi à la vue de l'enfant blotti contre Happy.

Dans le dortoir, Kat remarqua des boulettes de papier chiffonnées autour du matelas de June.

— Tu te lances dans la poésie ? dit-elle pour plaisanter.

June souffla sur la mèche qui lui tombait dans les yeux et s'assit.

— Non, j'essaie d'écrire une lettre aux Smith. Ils n'ont toujours pas rappelé. Je consulte mon portable toutes les deux minutes : rien.

Trois jours plus tôt, elles avaient longuement délibéré : que dire aux parents de John ? June avait répété son discours devant sa sœur et sa cousine, posant sa voix et s'entraînant tant et plus pour donner l'impression d'une fille sympa et équilibrée que des parents n'hésiteraient pas à mettre en contact avec leur rejeton. Quand, enfin, elle leur avait téléphoné, elle était tombée sur leur répondeur et avait laissé un message avec ses coordonnées. Depuis, elle attendait.

— Il doit être marié, soupira-t-elle. C'est pour ça que ses parents ne me rappellent pas. Je pensais leur écrire que j'ai connu John il y a sept ans et que j'ai quelque chose de très important à lui dire. Mais j'ai peur de passer pour une cinglée...

— Reste brève et polie, lui conseilla Isabel, assise en tailleur sur son lit. « Quelque chose de très important », c'est bien, ça devrait piquer leur curiosité. Ils seront bien obligés de lui transmettre ta lettre.

June s'adossa contre le mur, les bras croisés sur ses genoux.

— Après toutes ces années, je continue de me demander ce qu'aurait pu être mon existence si John en avait fait partie. Est-ce qu'on habiterait ensemble à New York aujourd'hui ? Est-ce que je serais diplômée ? Est-ce qu'il m'aurait convaincue de l'accompagner dans son périple ? Peut-être qu'on se serait séparés...

— Qui sait ? dit Isabel, songeuse. Pendant le film, tout à l'heure, j'ai fait le bilan de ma vie : j'ai souvent laissé la peur me brider. Où est-ce que j'en serais si je n'avais pas rencontré Edward au Centre, ce jour-là ? Qui serais-je aujourd'hui ?

Allongée sur le ventre, les mains jointes sous le menton, Kat haussa un sourcil.

— Il t'a tant changée que ça, tu crois ?

— Bien sûr : avant, j'étais complètement déjantée !

— Ça ! renchérit June en s'esclaffant.

Mais Kat n'était pas convaincue.

— N'empêche. C'est toi qui as choisi tes copines rebelles, et toi qui as choisi Edward, après l'accident. Il y a une constante, tu ne penses pas ?

Isabel réfléchit. Puis :

— Je n'avais pas vu les choses sous cet angle… Ta version me redonne un certain contrôle sur mon identité. Je ne me suis pas laissé ballotter par la vie, j'ai réagi aux circonstances… L'idée me plaît !

Kat opina du bonnet. Elle craignait de se laisser dépasser par les événements, elle aussi. Détenait-elle encore le contrôle ? Pas sûr.

— Vous savez ce que je me demande, moi ? Sans cet accident qui a bouleversé nos existences et celle de ma mère, j'aurais sans doute fait des études. J'aurais peut-être même suivi une formation à Paris. Du coup, est-ce que je serais sortie avec Oliver ?

— Tout dépend si tu crois au destin ! répondit June.

— C'est drôle, je me posais récemment la même question à propos d'Edward, dit Isabel. Je l'aurais peut-être rencontré quand même. Ailleurs qu'au Centre, voire ailleurs qu'à Boothbay.

Un ange passa. Isabel reprit :

— On peut toujours défendre nos choix de vie. Si on ira au paradis ? Je l'ignore ! Mais je retiens du film une leçon : quand on sent la peur monter, il faut l'éradiquer à la racine et ne jamais la laisser dicter notre conduite.

Kat se retourna sur le dos et fixa le plafonnier.

— Mais si on a peur de se tromper ? Par exemple, si j'avais tort d'épouser Oliver ?

— Pour ça, il y a le feeling ! rétorqua June. Pas vrai, Kat ?

Kat se rassit et haussa les épaules.

— Si tu le dis…

— Tu connais Oliver depuis toujours, reprit Isabel. C'est merveilleux de se marier en connaissance de cause. J'ai fait tout le contraire, avec Edward. On s'est rencontrés à seize ans, mariés à vingt et un. Toi, tu sais ce qui t'attend. Tu sais qui tu es !

— Pas si sûr… grommela Kat. Je veux dire… Oliver, je le connais par cœur. Mais moi ? Est-ce que je sais réellement qui je suis ?

— Moi, je t'envie, déclara June. Entre Oliver, l'auberge et ton business, ta vie est sur des rails. C'est un super filet de sécurité.

— Sans doute. Mais j'ai parfois envie de tout plaquer et de sauter dans le premier avion pour Paris, pour déguster des religieuses et rencontrer des garçons, les embrasser, voire plus si affinités… Je perds les pédales !

— Bienvenue au club, répliqua June en gloussant. Si tu veux, Isabel et moi, on échange nos incertitudes et notre vie de bohème contre ta sécurité et ton avenir radieux.

— Tu hésites à te marier, Kat ? s'enquit Isabel. Si oui, il faut te rétracter.

Ma mère en mourrait de chagrin, protesta en Kat une petite voix. Oliver, c'est le gendre idéal. Même papa l'adorait…

— Non, non.

Ses cousines échangèrent un regard préoccupé, et June reprit doucement :

— Kat, si… si on avait organisé une fête surprise pour tes fiançailles, mettons demain après-midi par exemple… et si on avait invité la famille d'Oliver et des amis à toi… Tout cela est purement hypothétique, bien sûr, mais… ça te poserait un problème ?

Kat faillit bondir et leur ordonner de tout annuler : une fête entérinerait sa décision, après ça, plus moyen de faire marche arrière ! Mais elle sentit sa bague à son doigt et pensa à sa mère.

— Aucun problème. Merci.

Isabel semblait perplexe, aussi Kat changea-t-elle de sujet :

— Ma mère semblait tourmentée, tout à l'heure. Elle pensait à la…

La mort – un mot que la jeune fille n'arrivait plus à prononcer.

— Probablement, dit June. Un film qui parle de paradis et de Jugement dernier, il faut reconnaître… Ça a forcément touché une corde sensible.

— Forcément… dit Kat.

Le lendemain, elle feignit la surprise quand, franchissant avec Oliver la porte du jardin, elle y trouva ses proches réunis pour une petite sauterie. Les parents d'Oliver étaient venus de Camden avec son frère et sa copine, et des amis d'enfance discutaient par grappes sur la pelouse, armés de verres et de canapés. Lizzie avait étalé sur la table de pique-nique sa collection de magazines et expliquait son système de Post-it à une Lolly ravie. Kat sourit.

Entourée de trois amis qu'elle connaissait depuis la maternelle, elle assistait aux effusions : Declan, le frère d'Oliver et son sosie en plus jeune, lui boxait joyeusement les côtes, tandis que sa copine le congratulait poliment. Les parents, Fred et Freya, discutaient avec les Nutleys, qui venaient d'acheter leur ancienne maison. Ma belle-famille, songea Kat. Elle les connaissait depuis toujours, Freya la traitait comme sa fille. Mais passer les fêtes, les vacances avec eux ? Abandonner Lolly et les cousines ? Quelques semaines plus tôt, elle n'aurait sans doute pas ressenti cet étrange élan protecteur. Pourtant, elle brûlait soudain de s'enfermer avec elles dans le salon pour regarder *Le Mystère Silkwood* ou *La Maîtresse du lieutenant français*.

— J'aimerais qu'on se marie pour Thanksgiving, disait Oliver à Lolly. Je sais que c'est ta fête préférée.

Et elle tombait dans deux mois. La gorge de Kat se noua. Oliver, plein d'attentions et de sens pratique, s'assurait que sa mère serait encore là le jour J. Ces derniers temps, il bombardait Kat de SMS énamourés : *Que dirais-tu d'une lune de miel à Paris ? Même si leurs pâtisseries ne vaudront jamais les tiennes*... Oubliait-il qu'elle lui avait dit oui dans un moment d'égarement, bouleversée qu'elle était par le diagnostic de sa mère ? S'efforçait-il simplement de la persuader ? Ou tentait-il à nouveau d'exploiter ses faiblesses ? Il savait combien elle brûlait de faire ses armes auprès des grands pâtissiers français... *J'adorerais voir Paris !* avait-elle répondu... sans préciser dans quelles circonstances. Une ambiguïté qu'il lui faudrait sans doute justifier à Judgment City !

En attendant, elle écoutait distraitement la copine de Declan lui décrire la robe qu'elle porterait s'il lui demandait de l'épouser (« Une version sans manches de celle de Kate Middleton, tu vois ? »). Son téléphone sonna. C'était Matteo. Il avait probablement reçu les résultats des analyses de sa mère. Kat prit congé de ses invités et s'enferma dans la salle de bains du premier étage.

— Matteo ? Dis-moi que tout va bien !

— Je ne voulais pas t'alarmer... Les résultats ne sont pas encore arrivés. On les aura lundi matin. Essaie de ne pas stresser. Je t'appelais pour prendre des nouvelles de Lolly. Je l'ai trouvée diminuée la dernière fois. Comment va-t-elle ?

Kat reprit sa respiration.

— Mieux, merci.

Il la briefa sur la deuxième séance de chimio, sur la façon dont le corps de Lolly y réagirait, et Kat buvait ses paroles, rassurée par son professionnalisme.

— Bon, j'ai des rondes à finir, je dois te laisser, dit-il. Si tu as des questions, bipe-moi. Oh ! J'allais oublier : j'ai parlé de toi à mon père et il se ferait un plaisir de t'enseigner le secret de ses *cannoli*... en échange de ta recette de muffins. Pas pour en vendre, juste pour sa consommation personnelle : il écoule régulièrement le stock du Harbor Lights Coffee !

Kat rit et il lui sembla que son corps tout entier s'animait.

— Un cours de cuisine avec Alonzo Viola, c'est trop ! J'aurais presque l'impression d'être en Italie, en apprentissage chez un maître boulanger...

— Tu connais l'Italie ?

— Non, mais j'aimerais. Je rêve de voir la France, l'Espagne, l'Angleterre, la Russie, la Suède, et d'enrichir au passage mon répertoire ! Mais il y a trop à faire ici. Un jour peut-être...

— Mon père et sa cuisine sauront te dépayser, je te le garantis.

Ils convinrent d'une date la semaine suivante et Kat se souvint alors qu'elle occupait la salle de bains.

— Tu m'appelles lundi pour les résultats ? demanda-t-elle en poussant la porte.

Isabel l'attendait de l'autre côté, une coupe à la main.

— OK. Merci encore.

Elle raccrocha.

— C'était le docteur Viola ? s'enquit sa cousine.

— Oui...

Le docteur Viola – pour elle, il était devenu Matteo.

— Il venait aux nouvelles.

— C'est bien aimable à lui...

— Son père va m'apprendre à confectionner les *cannoli*, ajouta Kat, les yeux rivés sur les sandales et les ongles fuchsia d'Isabel. Figure-toi que c'est Alonzo, de la boulangerie italienne... Je n'en avais aucune idée !

— Tiens donc. Et... la gastronomie italienne, ça te passionne depuis longtemps ?

Une lueur incisive éclairait ses yeux noisette : Isabel ne se laisserait pas aisément berner.

— Euh, non, c'est assez récent... Mais depuis qu'il m'a proposé ce cours je meurs d'envie d'en savoir plus ! Tu vois ce que je veux dire ?

— Oui... Très bien, répliqua Isabel en lui tapotant la main.

Kat hésita une fraction de seconde à lui demander comment il se pouvait qu'elle se sente si attirée par un autre que son fiancé, si cela signifiait qu'elle ne l'aimait pas et ne devrait pas l'épouser, ou si c'était normal, qu'aucune femme ne restait insensible aux charmes de beaux étrangers et que cela ne prêtait pas à conséquence... Sauf que cela prêtait forcément à conséquence. Elle trompait son fiancé. Pas physiquement, mais sentimentalement. N'était-ce pas pire ?

Tant qu'elle n'y verrait pas plus clair, elle garderait pour elle ses émotions.

13

Isabel

Ce lundi-là, Isabel débutait comme bénévole au service de soins intensifs néonatals du Coastal General Hospital. Le week-end de Labor Day terminé, le rush estival retombait et la jeune femme disposait d'un peu plus de temps libre. A l'auberge, deux chambres étaient occupées, mais Kat s'en chargeait : pas question qu'Isabel rate sa première journée ! Ainsi, après une matinée d'orientation et une formation en trois étapes, qui couvrait tout, de l'art et la manière de se désinfecter les mains jusqu'à la façon de porter un nouveau-né, on lui confia deux prématurés atteints d'ictère du nourrisson, qui devaient être placés sous les lampes de photothérapie pendant six jours minimum. Sa mission : les veiller et, lorsqu'ils s'éveillaient, passer les bras par les interstices prévus à cet effet pour les caresser et les rassurer. Elle était également autorisée, à l'heure des repas, à leur donner le biberon et à les changer, sous la surveillance d'une infirmière.

Chloé Martel, trois jours, deux kilos huit, semblait flotter dans le creux de son bras. Elle était douce et tiède dans sa layette à capuche en coton blanc. Isabel la nourrissait de ses cent millilitres de lait maternel à l'aide d'un biberon miniature, et son cœur éclatait dans sa poitrine.

Je suis faite pour ça, songeait-elle. Pour m'occuper d'enfants, les miens ou ceux d'autrui.

A quoi aurait ressemblé son existence si Edward lui avait cédé ? Ils auraient eu un bébé... qui aurait grandi... serait allé à l'école maternelle... Puis un jour, tôt ou tard, elle aurait reçu une lettre anonyme et surpris la voiture de son mari dans l'allée d'une autre. Heureusement qu'il n'avait pas cédé !

Un couple traversa la nursery et échangea quelques mots avec l'infirmière. La mère avait accouché de jumeaux très prématurés et l'un deux se portait mal. Des larmes brillaient dans les yeux du papa ; il les essuya du revers de la main. Le couple s'enlaça. La maman pleurait.

Les pauvres... Isabel formula une prière silencieuse pour les jumeaux. Pendant la formation, l'infirmière lui avait expliqué que la vie d'un nourrisson pouvait basculer d'un instant à l'autre, pour le meilleur comme pour le pire ; Isabel voyait très bien ce qu'elle voulait dire.

Emmy Dean était née six semaines avant terme. Griffin le lui avait raconté la veille, au téléphone. Il appelait tous les soirs depuis qu'il avait quitté les Trois Capitaines, une semaine plus tôt. Parfois juste pour lui souhaiter bonne nuit, et parfois pour bavarder. Ça lui plaisait qu'ils prennent le temps de se connaître. Du temps, il lui en fallait et Griffin l'avait bien compris. Isabel n'avait fréquenté qu'un seul homme depuis ses seize ans et, si Griffin l'attirait, elle ne se sentait pas prête à se promener avec lui le long de la jetée, à l'embrasser, à sentir ses mains sur sa peau. Cependant, elle attendait ses coups de fil avec impatience. A la première sonnerie, elle bondissait. Elle lui avait parlé de son bénévolat et il l'avait félicitée : Emmy avait passé deux semaines en soins néonatals intensifs, après sa naissance. A l'époque, il passait la voir trois fois par jour et chaque midi il la trouvait dans les bras de la même bénévole, une gentille mamie du nom d'Ernabelle, qui avait valu à Emmy son deuxième prénom : Belle.

Isabel avait franchi le point de non-retour : cet homme lui plaisait vraiment. Il devait passer dans l'après-midi pour poursuivre le dressage de Happy. C'était la version officielle mais il avait admis qu'en fait c'était surtout pour la voir qu'il faisait le déplacement. Isabel avait fondu.

Quand Chloé eut fini son biberon, Isabel, un bavoir sur l'épaule, lui fit faire son rot comme l'infirmière le lui avait appris. Puis elle la berça au son des grincements du rocking-chair, fredonnant une berceuse qu'elle avait entendu sa sœur chanter à Charlie. Il lui manquait la moitié des paroles. La petite papillonna des paupières et s'endormit.

— Tu es forte, ma puce, lui chuchota Isabel en rouvrant la couveuse.

En attendant le réveil d'Eva Rutledge, quatre jours, Isabel rangea les couches, puis l'infirmière lui confia un nourrisson dont les parents avaient été retardés. Le minuscule Logan Paul dormait dans son incubateur perforé de tubes en tout genre. L'infirmière le plaça délicatement dans ses bras. Elle se rassit dans son rocking-chair et se remit à chantonner, béate.

Bientôt 16 heures, Griffin n'allait plus tarder. A l'auberge, tout était en ordre. Isabel avait mis à jour le livre de comptes, le registre des réservations et le site Internet des Trois Capitaines, elle avait arrosé les plantes et était même allée se présenter en personne auprès de deux agences de voyages locales, achetant en chemin un bouton de porte pour la chambre Merlebleu. Quel bonheur de contrôler la situation ! C'était une sensation inédite pour Isabel, qui n'avait jamais rien eu à gérer de sa vie. Il faisait bon avoir enfin des objectifs et une fonction à remplir.

Couché sur le dos dans une flaque de soleil, Happy mâchonnait un rat en caoutchouc qui couinait sous ses crocs. Griffin avait fait des merveilles durant son séjour : Happy était certes un peu filou mais, dans l'ensemble, bien dressé. Même Lolly l'appréciait et lui permettait de se rouler en boule au pied de son lit lorsqu'elle lisait, le soir. Isabel le promenait presque tous les jours et jouait avec lui autant que possible, mais son cher neveu tendait à l'accaparer. Qu'importe ! Ils pouvaient bien partager.

Griffin et ses filles remontaient l'allée ! Isabel constata, stupéfaite, qu'elle en avait des papillons dans l'estomac. Il lui faisait vraiment beaucoup d'effet ! Bien sûr, d'autres l'avaient attirée pendant toutes ces années, elle remarquait parfois un bel homme dans la rue et il lui arrivait de fantasmer sur un acteur de cinéma. Mais nul n'avait exercé sur elle un tel magnétisme. Griffin, elle avait envie de lui sauter dessus ! Et pour la première fois en quinze ans rien ne l'en empêchait...

Comme toujours, Alexa boudait, son éternel iPod attaché à son short, les écouteurs enfoncés dans les oreilles. Elle s'affala sur une chaise longue sans dire bonjour, battant mollement le rythme du bout du pied. Emmy levait la tête vers Isabel, une main cachée derrière son dos.

— Cadeau ! s'écria-t-elle soudain en lui tendant une fleur.

Isabel s'agenouilla.

— Oh, qu'elle est belle ! Merci. Et si je la mettais dans mes cheveux ?

Et de coincer la tige derrière son oreille.

— Alors ? C'est joli ?

— Oui ! assura la petite en gloussant.

Elle courut saluer Happy et entreprit de lui gratter le ventre. L'animal, de plaisir, agita sa drôle de bouille de droite à gauche. Emmy en rit aux éclats.

— Très joli, confirma Griffin à mi-voix.

Isabel en eut la chair de poule. Il n'était pas mal non plus, en pantalon kaki et tee-shirt noir...

— Les filles, on va dresser Happy, Isabel et moi. Lex, tu t'occupes de ta sœur.

Silence.

Griffin s'approcha et lui retira une oreillette.

— Eteins-moi ça. Il faut que tu surveilles ta sœur.

— Génial. Je fais quoi, alors ?

— Bronze. Lis un truc.

Du menton, il lui désigna le porte-revues en osier plein de journaux et de magazines féminins.

— Fais un château de sable avec Emmy.

Dans le bac à sable, au pied de la barrière, Emmy remplissait un petit seau orange.

— Ça va pas ? Trop salissant ! Je suis en blanc, au cas où t'aurais pas remarqué...

Isabel admirait le contrôle dont Griffin faisait preuve.

— Bon. Fais ce que tu veux mais ne la quitte pas des yeux.

L'adolescente soupira ostensiblement.

— Décidément, j'ai l'impression de me revoir à son âge, dit Isabel quand ils se furent éloignés.

— Parfois, elle oublie de bouder. C'est rare mais ça arrive. Je retrouve alors l'enfant adorable qu'elle a été.

J'essaie de me focaliser sur ces moments-là et de faire abstraction de ses sarcasmes et de ses sautes d'humeur. Quand j'ai les filles, un week-end sur deux, c'est elle qui borde Emmy. Je viens leur dire bonne nuit après qu'elle a fini. Elle lui lit une histoire, elle essaie de démêler ses cheveux, elle l'embrasse sur le front et elle allume la veilleuse…

— Vraiment ?

Isabel regarda Alexa. Le visage dévoré par une énorme paire de lunettes de soleil, elle feuilletait un magazine.

— Emmy a bien de la chance, reprit Isabel Ma sœur et moi, on s'entendait comme chien et chat…

— Ah ? Vous semblez pourtant très proches, toi, elle et ta cousine. Je vous écoutais discuter après le film l'autre soir : vous vous exprimiez sans tabou !

Elles avaient parlé à cœur ouvert, c'était vrai. Une tendance amorcée après la projection de *Sur la route de Madison* : quand Isabel leur avait tout déballé, ce soir-là, sur Edward, sa liaison et sa chemise déboutonnée, elle avait posé les jalons d'une nouvelle complicité qui s'étendait même à Lolly. Toutes les quatre partageaient bien plus qu'un espace et du cinéma. Elles collaboraient, s'épaulaient, affrontaient ensemble la maladie…

Happy se mit à creuser un trou dans la pelouse et Griffin le réprimanda ; la séance de dressage débuta. Griffin s'en tenait aux bases : comment punir un chien qui a fait une bêtise, comment le récompenser lorsqu'il obéissait, comment lui enseigner à marcher docilement à vos côtés – essentiel pour ne pas le perdre dans la foule, les jours d'affluence à Boothbay. Il en était à « Assis » et « Couché » quand son portable sonna.

— C'est ma sonnerie d'urgence !

Après un bref échange, il raccrocha.

— C'est pour un vieux chien de berger que je soigne depuis des années, il est blessé... Je dois filer. J'embarque les filles. Je reviendrai après s'il n'est pas trop tard, Happy a encore beaucoup à apprendre.

Isabel céda à une impulsion :

— Je peux garder les filles, si tu veux. Va sauver ton chien, ne t'inquiète de rien.

— Tu es sûre ? Je ne voudrais pas...

— Sûre et certaine !

Il lui plairait de passer un peu de temps en compagnie des filles Dean, de jouer les mamans de substitution pendant une heure ou deux. Griffin lui prit la main.

— Merci.

Il se pencha au-dessus de la chaise longue d'Alexa, releva ses lunettes et l'informa qu'il s'absentait une grosse heure et qu'Isabel leur servirait de baby-sitter. Alexa lui coula un regard méfiant et remit ses lunettes. Griffin s'accroupit ensuite auprès d'Emmy et lui promit de revenir très vite. Il déposa un baiser sur le sommet de sa tête et, piquant un sprint, disparut dans l'allée.

— C'est l'heure du goûter, qui veut des biscuits ? lança Isabel d'un ton bien trop enjoué pour une ado de quatorze ans.

— Moi ! Moi ! piailla Emmy en battant des mains.

— J'ai une idée : on va faire de la citronnade maison. On pourrait dresser un stand et en distribuer aux clients... Qu'est-ce que vous en dites ?

Emmy redoubla d'enthousiasme. Sa sœur ne broncha pas.

— Et toi, Alexa, quels sont tes biscuits préférés ? insista Isabel. Ma cousine Kat est pâtissière, il y en a pour tous les goûts.

— Même au chocolat et au beurre de cacahuète ? demanda la jeune fille, dubitative.

— C'est sa spécialité ! Je reviens dans trois minutes chrono. Tu surveilles Emmy ?

Alexa hocha la tête et se replongea dans sa lecture. Grisée par ses nouvelles responsabilités, Isabel se précipita en cuisine, posa sur la table un grand plateau, remplit une carafe d'eau, y vida un bac à glaçons, attrapa le sucre et les citrons, disposa sur une assiette un assortiment de cookies, ramassa sa cargaison et ressortit.

La chaise longue était vide. Le bac à sable aussi. Une petite partie de cache-cache pour faire peur à la vilaine baby-sitter – très spirituel…

— Alexa !

Pas de réponse.

Isabel scruta la pelouse et les fourrés, à l'affût d'un mouvement ou d'une ombre couchée derrière un gros rocher. Rien.

— Alexa ! Emmy ! Tout est prêt pour le stand !

Silence.

Isabel courut aux quatre coins du jardin, inquiète. Personne derrière les arbres, ni le long de la maison. A l'intérieur, personne non plus, ni dans les toilettes, ni dans le Sanctuaire. Elle fouilla les moindres recoins : pas trace des filles. La panique montait. Devant l'auberge, côté rue, personne non plus, sauf Pearl, qui arrosait les rosiers.

— Tu n'as pas vu Alexa et Emmy, les filles de Griffin Dean ? L'aînée a quatorze ans, la petite trois…

— La grande est passée en courant vers le port, tout à l'heure. Elle était au téléphone, elle semblait de bonne humeur…

Isabel verdit.

— Et Emmy ?

— Je ne l'ai pas vue.

Isabel l'informa de la situation et regagna le jardin. Elle reprit la battue, s'égosillant en vain.

Il fallait prévenir Griffin. Lui avouer qu'elle avait laissé Alexa se sauver… et qu'Emmy avait disparu. Seigneur ! Isabel composa son numéro d'urgence, sans cesser de s'époumoner. Griffin décrocha à la première sonnerie.

— Qu'est-ce qui se passe ?

Elle lui raconta, proche de l'hystérie, courant frénétiquement d'arbre en arbre, retournant chaque buisson, passant au crible chaque centimètre carré du jardin : rien. Emmy avait peut-être suivi un écureuil ?

— Pearl est sûre qu'elle n'était pas avec Alexa ?

— Oui. D'après elle, Alexa téléphonait, elle est sortie en courant. Je l'aurais appelée mais je n'ai pas son numéro. Griffin, je m'en veux tellement !

— Peut-être qu'Emmy courait devant et que Pearl ne l'a pas remarquée… Merde ! Je téléphone à Alexa et je te rappelle. Continue à chercher. Inspecte tout ce qui ressemble de près ou de loin à une cachette. Si tu ne l'as pas retrouvée à mon retour, on prévient la police.

Isabel ferma les yeux, horrifiée. Glissant son portable dans sa poche, elle se remit à appeler Emmy à tue-tête. Cinq minutes plus tard, son téléphone sonna.

— Je suis là dans une minute. Alexa est dans la voiture avec moi. Elle dit qu'elle a laissé Emmy dans le bac à sable…

En fond sonore, la jeune fille protesta :

— Mais je te jure, papa, Isabel avait dit qu'elle revenait tout de suite !

Je suis revenue tout de suite ! s'indigna Isabel à part soi. Je n'ai pas tourné le dos cinq minutes...

Cinq minutes. Des vies basculaient en moins que ça.

— Emmy ! reprit-elle de plus belle. Emmy !

Elle tendit l'oreille, mais seuls lui répondirent la rumeur de l'été et son pouls qui battait dans ses tempes.

La police arriva, suivie de June, que Pearl avait appelée en catastrophe. Soudain, Happy aboya. Ce chien n'aboyait jamais ! Isabel et Griffin tendirent l'oreille et remontèrent jusqu'à la source des aboiements, se faufilant entre la barrière et la haie. Happy se roulait gaiement devant la niche d'Elvis, le labrador sable des voisins, qui le regardait faire, blasé.

— Happy, trouve Emmy, commanda Griffin en lui tendant un petit pull-over à flairer. Allez ! Cherche, mon chien !

Mais Happy se contentait d'aboyer et de décrire des cercles autour de la niche. Elvis, pour sa part, restait complètement indifférent à tout ce remue-ménage.

— Griffin, je te demande pardon, je...

Isabel s'interrompit. Combien de fois Edward l'avait-il affirmé ? Elle n'avait pas l'instinct maternel.

— Pardon, répéta-t-elle.

Sa voix se brisa.

Fuyante, Alexa fixait ses orteils peinturlurés de vernis bleu métallisé.

Griffin se mit à quatre pattes, passa la tête dans la niche.

— Dieu soit loué, elle est là ! Elle dort. Elvis, mon vieux, pousse-toi, que je récupère ma fille !

Elvis n'avait aucune intention de coopérer. Il fallut l'appâter avec un biscuit. Griffin caressa le bras d'Emmy.

— Papa ? murmura une petite voix.

Griffin la fit sortir de la niche et la prit dans ses bras. Isabel croisa son regard ; il exprimait un mélange de colère et de soulagement. Mais la colère dominait. Il se tourna vers Alexa.

— On rentre à la maison. *Maintenant !*

La petite dans les bras, la grande sur les talons, il se dirigea vers sa voiture à grandes enjambées. Sans un mot pour Isabel, et sans se retourner.

14

June

Le mardi, les mouettes tirèrent June de son lit à l'aube. Elle sortit sur le balcon. Le soleil baignait de rose la baie et l'air sentait la mer, les fleurs et l'herbe fraîchement coupée : ça valait bien quelques heures de sommeil. June pensait à Henry. Plusieurs fois au cours de la semaine elle avait failli lui parler, mais son cœur battait pour un autre, aussi l'avait-elle évité. Et Henry, en parfait gentleman, s'était fait discret.

Au port, les pêcheurs étaient à pied d'œuvre.

Aujourd'hui peut-être, pensa-t-elle.

Cela faisait une semaine qu'elle avait téléphoné aux Smith. Son message, très bref, disait simplement qu'elle était une ancienne amie de leur fils avec qui elle cherchait à renouer. Depuis, tous les matins au réveil, elle espérait qu'au cours de la journée ils la rappelleraient. Mais si les Smith avaient voulu la recontacter ils l'auraient déjà fait...

Une qui ne manquait pas de téléphoner, c'était Marley : elle venait chaque jour aux nouvelles. Sa sollicitude, sa compréhension la touchaient. Marley s'était réconciliée avec la maternité depuis sa rencontre avec Charlie, et elle passait son temps à faire des listes de courses, à repérer des crèches et à potasser *En attendant bébé*. Il s'était tissé entre les deux jeunes femmes de vrais liens d'amitié. Comme quoi, tout arrivait ! Et si tout arrivait, les Smith finiraient peut-être par se manifester, et John par lui revenir...

June passa la tête dans la chambre de Charlie ; elle avait envie de l'admirer, de voir son petit torse se soulever et retomber doucement. Sur l'arbre généalogique, au mur, rien de neuf... pour le moment.

En regagnant le dortoir, elle remarqua qu'Isabel avait disparu. Avait-elle profité de sa courte absence pour filer ou s'était-elle levée avant elle ? Kat, elle, dormait à poings fermés, tout au bord de son lit, ses cheveux blonds pendant dans le vide. June voulut la repousser, comme lorsqu'elle trouvait son fils endormi en équilibre précaire – elle entendait parfois des bruits de chute ! Mais Kat était adulte. Un adulte, ça ne tombe pas de son lit, si ?

Les draps bleus de sa sœur, imprimés de bouées, gisaient roulés en boule au pied de son matelas, tout chiffonnés, comme après une nuit d'insomnie. Après le départ de Griffin la veille, Isabel n'avait plus desserré la mâchoire. Elle avait cuisiné trois pizzas très élaborées pour le dîner – June la soupçonnait de s'être calmé les nerfs en préparant les différents ingrédients – mais n'avait rien avalé. June et les autres avaient tenté de la réconforter : ça aurait pu arriver à n'importe qui, Griffin le premier, d'ailleurs ça lui était sûrement déjà arrivé, et puis c'était Alexa qui avait manqué à sa promesse... Sourde à leurs mots gentils cependant, Isabel les avait rembarrés et, le repas servi, était montée sans manger. Quand June et Kat lui avaient apporté une assiette, plus tard dans la soirée, elle avait fait semblant de dormir. En réalité, elle n'avait pas fermé l'œil de la nuit, June en aurait mis sa main à couper.

Où était-elle ? Sortie promener Happy ? June ne la vit pas parmi les joggers et les chiens avec leurs maîtres en contrebas. Et dans le jardin ? Bingo ! Perchée sur le gros rocher qui avait toujours fait la joie des enfants, la tête dans les genoux, un mug à ses côtés, Isabel broyait du noir. Au pied du rocher, Happy s'acharnait sur un os en caoutchouc, qu'il délaissa bientôt pour pourchasser un papillon. Ni une ni deux, June, toujours en pyjama, dévala les escaliers, se prépara une tasse de café et plongea la main dans une grosse bonbonnière étiquetée par Kat : *Muffins à gogo – mangez-moi !*

— Salut, dit-elle à sa sœur une fois qu'elle l'eut rejointe.

Elle lui tendit ses provisions et escalada le rocher. Isabel grogna. Elle avait les paupières rouges, le regard vide.

— Ce qui s'est passé hier n'était pas ta faute, Isa. Tu le sais, n'est-ce pas ?

— Si, c'était ma faute. Un jour, en pleine dispute, Edward m'a dit que je n'avais pas la fibre maternelle, ni l'instinct protecteur. Il avait raison. Je ferais une mère déplorable.

— Comment peux-tu prêter foi aux propos d'un pareil salaud ? Tu ferais une maman géniale. Je peux te lister vingt-cinq raisons qui le prouvent.

— Cite-m'en deux.

— Il n'y a qu'à voir ton attitude envers Charlie depuis ton arrivée ! Tiens, raison numéro un : l'autre jour, dans la cuisine, quand il se désolait sur son arbre généalogique, tu lui as rendu le sourire en lui disant qu'il pouvait toutes vous ajouter, Lolly, Kat et toi.

Numéro deux : quand il saignait du nez, tu lui as changé son haut de pyjama. Numéro trois : ta patience avec Alexa Dean – moi, j'ai envie de la claquer ! Numéro quatre : ta prévenance envers Pearl, qui a besoin de se sentir utile. Numéro cinq : ta gentillesse envers Lolly et ton zèle à la remplacer. Je continue ?

Mais Isabel s'était couvert le visage de ses mains.

— J'avais l'impression de gérer... Je faisais le deuil de mon couple après quinze ans ! Je m'étais trouvé un rôle, ici à l'auberge. Et même un homme qui me plaisait ! Mais il a fallu que je perde Emmy, et les mots d'Edward me sont revenus et...

Elle frissonna.

— On a eu de la chance avec Emmy, tu sais. Ça aurait pu être grave. Elle aurait pu se faire renverser par une voiture. Elvis aurait pu s'exciter et la mordre. Un rôdeur aurait pu l'enlever...

— On n'est jamais à l'abri de rien, c'est sûr. Mais on ne peut pas vivre constamment dans la crainte du pire. Il faut se faire confiance et faire confiance aux autres. Quand on fait de son mieux et qu'on garde la foi, tout se passe bien. Si tu n'y crois pas, l'angoisse te bouffera.

— Mais comment est-ce qu'on surmonte ses angoisses ?

— On arrête de douter de soi. Compris ?

Isabel soupira et mordit dans un muffin à la cannelle. Il restait du boulot, mais on progressait !

Ce soir-là, le trio se réunit dans la chambre de Lolly pour regarder un film. Tout le monde avait le cafard, aussi avait-elle convoqué une soirée ciné extraordinaire et chargé June de choisir un très bon Meryl Streep

– de préférence, quelque chose de profond et d'émouvant. June avait sa petite idée en parcourant la collection de sa tante et dénicha ce qu'elle cherchait : *Kramer contre Kramer*.

Elle l'avait vu, grippée, des années plus tôt, lors de sa diffusion à la télé. Meryl Streep, excédée par les horaires à rallonge de son mari égoïste et accro au boulot, l'abandonnait avec son fils de cinq ou six ans. Dustin Hoffman – le mari en question – découvrait les joies et les affres de la paternité. Pile au moment où il saisissait enfin l'importance primordiale de sa relation avec son fils, la mère revenait en exiger la garde. Dustin Hoffman se défendait, mais Meryl l'emportait. Cependant, devant ses progrès et sa complicité avec le petit, elle finissait par battre d'elle-même en retraite. Avec un peu de chance, la performance de Dustin Hoffman aiderait Isabel à comprendre le silence radio de Griffin : il devait moins à la colère qu'à la peur. June comptait aussi sur ce film pour faire admettre à sa sœur qu'elle ne serait pas une mauvaise mère.

Justement, Isabel arrivait, un saladier de pop-corn dans les mains.

— Tout le monde est là ?

Pearl était rentrée chez elle veiller son mari enrhumé. Kat était allongée à côté de Lolly sur le lit médicalisé, sous un plaid en cachemire reçu pour ses fiançailles. Isabel, qui faisait toujours une tête de chien battu, lui tendit le bol, puis éteignit la lumière et s'assit sur une chaise pliante, les pieds sur l'ottomane.

— Il n'a pas appelé ? chuchota June en attrapant une poignée de pop-corn.

Isabel secoua la tête.

— Je devrais me faire une raison… J'ai essayé de le joindre deux fois hier et encore ce matin.

— Il flippe, mais ça n'a rien à voir avec toi. Il finira par se calmer.

— Je n'aurais jamais dû les laisser sans surveillance...

— Alexa a quatorze ans, quand même ! intervint Kat. Désolée de faire irruption dans votre conversation, mais tu n'as absolument rien à te reprocher. Mince alors, si on ne peut pas confier la garde d'un enfant à sa grande sœur de quatorze ans le temps d'attraper trois citrons ! D'ailleurs, Griffin aurait agi exactement pareil à ta place. Tu n'as rien fait de mal !

— Alors pourquoi je me sens coupable ? Et pourquoi il ne me rappelle pas ?

June, elle, comprenait que Griffin ait besoin d'un peu de temps pour encaisser. Elle lui donnait donc encore un jour pour recontacter Isabel. Mais pas un de plus ! Elle n'aimait pas voir sa sœur dans cet état. En plus, elle s'était répandue en excuses.

Lolly se redressa tant bien que mal.

— La disparition d'Emmy l'a secoué mais il s'en veut à lui-même, pas à toi, Isabel. Quand il se sera pardonné, il te téléphonera.

— Je l'espère, dit Isabel.

Et de croquer un grain de pop-corn : c'était bon signe !

Lolly lança le DVD.

— Excellent choix, June.

— Waouh, elle est toute jeune ! s'exclama cette dernière quand Meryl entra en scène pour annoncer son départ à son mari. Il est sorti quand, ce film ?

Lolly alluma sa lampe de chevet et consulta le boîtier.

— En 1979.

— Il lui a valu un Oscar, pas vrai ?

— Oui. Comme *Le Choix de Sophie* et *La Dame de fer*.

— Je comprends que l'héroïne craque, mais de là à abandonner son fils ? Ça me dépasse.

Kat picorait son pop-corn, songeuse.

— Le plus dingue, c'est que Meryl Streep parvient à rendre son personnage sympathique. Quel talent !

— N'est-ce pas ? dit Lolly. Elle débutait à peine dans le métier et elle crevait déjà l'écran. C'est pour ça que je ne me lasse pas de revoir ses films.

Elles assistèrent en silence à la transformation progressive de Dustin Hoffman, jusqu'à sa prise de conscience : son fils était un petit être indépendant qui avait besoin de lui et comptait bien plus que sa carrière.

— Lui aussi, il est doué, dit June. Sa métamorphose est crédible.

— Le monde de la pub paraît impitoyable, souffla Lolly. Son patron le renvoie sans ciller…

Et quelques minutes plus tard :

— Quoi ? s'étrangla Isabel. Elle met *quinze mois* à revenir ? Quinze mois sans voir son fils et d'un coup elle change d'avis ?

— Hallucinant, renchérit June. Moi, je suis en manque quand Charlie dort chez un ami !

La projection se poursuivit.

— Ce procès est injuste, protesta Kat. Tout est déformé ! Le coup de l'accident au parc, par exemple… les avocats et le juge n'y étaient pas ! Ils ne savent pas ce qui s'est réellement passé !

— Mais Meryl, si. Elle connaît son mari… et son fils, ajouta Isabel.

— Je savais qu'elle obtiendrait la garde mais ça me révolte quand même.

June renifla, poursuivit :

— Le père est fou de son gamin ! Ils se découvrent enfin, et on les sépare !

L'émotion était à son comble quand le générique se termina. Lolly se moucha.

— Cette réplique me bouleverse toujours : quand Meryl passe chercher son fils mais déclare finalement qu'elle a compris que c'est ici sa « vraie maison »...

— Oui, j'en suis toute retournée, confirma Isabel en se séchant les yeux. Mais au moins, pour une fois, je pleure de joie !

— Tu devrais rappeler Griffin, suggéra Kat. Laisse-lui un message. Dis-lui que tu comprends son silence, que tu tenais à lui dire ça...

Isabel secoua la tête.

— Pas la peine : j'ai déjà essayé trois fois. Avant l'incident, il m'appelait tous les soirs...

— Je commence à le trouver cruel, intervint June. OK, il a eu peur, mais il n'a pas à te laisser mariner comme ça ! S'il a besoin de temps, il pourrait avoir la politesse de t'en informer !

— Et si tu lui envoyais un mail ? insista Kat. Tu lui racontes qu'on a regardé *Kramer contre Kramer* et que ça t'a permis de comprendre ce que vit un père célibataire. Parle-lui de la scène où le fils se blesse au parc, de Dustin Hoffman fou d'inquiétude. Dis-lui que ça t'aide à comprendre ce qu'il a ressenti hier.

— Comparer la vie à un film ? Il va me prendre pour une débile...

— Ce film a changé ta vision des choses, dit Lolly. Tu peux le mentionner. Au pire, ça te servira de prétexte pour exprimer ta pensée.

Elle allait ajouter quelque chose mais bâilla et cligna des yeux.

— Dors bien, dit Kat en lui caressant la main.

Isabel et June lui firent la bise. Isabel monta rédiger son mail et Kat partit chez Oliver. June se retrouva seule au rez-de-chaussée de l'auberge endormie. Les clients de la Merlebleu vinrent lui demander du déca. June commença à leur dresser un plateau, sans oublier d'y déposer quelques douceurs. Soudain, son portable sonna. Les Smith ?

Non. C'était Henry.

— Allô, June ? J'ai quelque chose d'important à te dire. Tu peux venir ?

Il n'allait tout de même pas la virer ? Mais non, voyons. Il voulait parler de leur baiser, sur la péniche, et tenter de dissiper la gêne qui en avait résulté. De fait, leurs rapports s'étaient tendus. Le mardi et le mercredi, June ne travaillait pas, elle n'avait donc pas revu Henry tout de suite après sa déclaration. Le reste de la semaine, il avait rasé les murs et, le week-end venu, il était parti en virée à moto. Une fois, elle avait frappé à la porte de son bureau pour lui demander conseil à propos d'une erreur de commande, mais il n'était pas là : elle l'avait vu ensuite par la vitrine à l'arrière, il retapait son bateau, s'interrompant pour contempler les flots, fixant les planches de l'embarcadère. Il ne savait clairement pas quoi faire ni comment se comporter.

Elle aussi avait à lui parler. Depuis sa déclaration, elle tergiversait : fallait-il lui confier qu'elle avait trouvé l'adresse des Smith ? C'était important pour elle : cela prouvait qu'elle ne combattait pas des moulins à vent. Encore fallait-il qu'ils la rappellent. Mais June avait encore un espoir : elle tournerait sa lettre avec art. Ils ne la prendraient pas pour une psychopathe. Elle ne pouvait pas leur confier de but en blanc la raison qui la poussait à renouer avec leur fils : il devait l'apprendre le premier. Elle la rédigerait dans la soirée et, si les Smith ne s'étaient toujours pas manifestés le lendemain midi, elle l'enverrait.

— OK, j'arrive, répondit-elle à Henry tout en disposant sur le plateau la crème et le sucrier. Le temps de prévenir Isabel, au cas où Charlie se réveillerait. Donne-moi vingt minutes.

— Je t'attends sur l'embarcadère.

Il raccrocha. Mais avant elle aurait juré entendre son cœur résonner dans le combiné.

En ouvrant la porte d'entrée, elle tomba nez à nez avec Kip et Marley, le doigt sur la sonnette. Kip n'avait pas changé : grand, mignon, même jogging gris et tee-shirt noir à manches longues qu'à l'époque du lycée. Marley, elle, était méconnaissable. Ses grands yeux bleus scintillaient. Et surtout elle souriait. Leur bébé partait avec de bons gènes !

— Désolée de débarquer à l'improviste, dit la jeune femme. On te dérange ? Tu sortais ?

« On » ? June les observa. Kip avait-il changé d'avis ? Difficile à dire. Il paraissait si grave.

— Henry m'attend à la librairie. Vous êtes à pied ? Faites donc un bout de chemin avec moi !

Kip passa son bras autour des épaules de Marley et ils se mirent en route vers le port. Incrédule, June jaugea Marley : elle rayonnait.

— Je voulais te remercier pour tout ce que tu as fait pour Marley, dit soudain le jeune homme. Elle m'a tout raconté. Au début, je n'ai pas assuré, mais toi, si. Merci. Je suis encore un peu assommé, mais j'aime Marley, c'est tout ce qui compte.

June sourit. De l'amour et de la simplicité : son cocktail préféré.

— Kip a frappé à ma porte hier soir, poursuivit la future maman. J'ai failli en tomber à la renverse ! On a parlé pendant des heures. Au final, on est tombés d'accord sur tout. Même sur une liste de prénoms !

Elle lança à Kip une œillade amoureuse.

— Je te dois tant, June ! J'espère que tu avais quelqu'un pour t'épauler, toi aussi, à vingt et un ans...

— Oh ! Oui...

Elle avait Henry. Il lui interdisait de porter les cartons de livres. Lui apportait un verre d'eau aux toilettes du personnel où elle s'enfermait des heures, en proie à des nausées. Quand le travail avait commencé, il avait été le premier au courant – normal, les contractions s'étaient déclenchées chez Books Brothers. C'était lui qui avait téléphoné à Lolly, lui qui avait fait les cent pas dans la salle d'attente pendant l'accouchement, aussi nerveux qu'un futur père. Il avait été le premier à lui dire : « Charlie est magnifique, June. Comme toi. »

L'émotion la gagnait. Henry l'aimait, et elle lui préférait un vieux rêve... !

Mais les happy ends existaient, elle en avait la preuve sous le nez. Kip et Marley respiraient le bonheur.

Les Smith vont me rappeler. Je vais retrouver John. Moi aussi, j'aurai mon happy end.

Au port, June embrassa ses amis, prit rendez-vous avec Marley pour un comparatif de poussettes la semaine suivante et regarda le jeune couple s'éloigner, main dans la main. June avait toujours aimé le mot « possibilité », et ces deux-là l'illustraient à la perfection. A mesure qu'elle approchait de l'embarcadère, le calme se faisait en elle. Marley et Kip lui avaient donné de bonnes raisons d'espérer.

C'était une belle soirée de septembre. Le Maine resplendissait. Une douce brise embaumait l'air de parfums de fleurs et d'une note automnale. Il faisait bon, elle ne portait sur son débardeur qu'un mince gilet. Henry l'attendait comme promis devant sa péniche, les mains dans les poches de son jean, face à l'océan.

— Coucou ! le héla-t-elle. Je suis contente que tu m'aies téléphoné. Moi aussi, j'ai un truc à te dire.

Il se retourna et garda le silence pendant un long moment, l'air sombre. Elle ne l'avait jamais vu comme ça auparavant. Peut-être allait-il vraiment la virer. Peut-être ne supportait-il plus de travailler à ses côtés !

— Henry ?

— Entrons. Asseyons-nous.

Il l'aida à monter.

— Vas-y, raconte-moi tout.

Elle descendit les marches.

— Je l'ai trouvé.

Un silence. Puis :

— Qui ? Le père de Charlie ?

Elle s'assit dans son fauteuil de metteur en scène.

— Je suis tombée sur une vieille photo de lui. Il jouait dans un groupe. Un des musiciens avait un nom original et j'ai réussi à le contacter. Il se souvenait du nom de la rue où John avait grandi parce que c'était aussi son surnom. A partir de là, j'ai trouvé l'adresse des parents de John et leur numéro de téléphone !

Henry se taisait, attendait la suite.

— Je leur ai laissé un message, comme quoi j'étais une ancienne amie cherchant à renouer avec lui... Pour le moment, pas de nouvelles, mais je vais leur écrire une lettre. Sans évoquer Charlie, juste pour...

— June.

Elle s'interrompit. Il la regarda bien en face pendant une seconde, puis ferma les yeux et soupira.

— Henry, qu'est-ce qu'il y a ?

June se leva. Henry lui tourna le dos, prit sur son bureau une feuille de papier pliée et la tint un moment sans bouger, sans la regarder.

— J'ai eu une intuition... J'ai vérifié, juste au cas où... June, je suis désolé.

Il déplia la feuille et la lui tendit. C'était une photocopie de la rubrique nécrologique du *Bangor Daily News*, datée du dernier jour de ce fameux mois de novembre où June avait attendu John en vain à la fontaine de Bethesda, à Central Park, sept ans auparavant.

John Smith, 21 ans, originaire de Bangor, Maine, est décédé d'une leucémie le 10 novembre à New York. Se sachant condamné, le jeune homme avait choisi de consacrer ses derniers mois à sa passion pour le voyage. Il laisse derrière lui ses parents, Eleanor et Steven Smith, ses grands-parents maternels...

Il y avait une photo. C'étaient bien les traits qui la hantaient depuis sept ans, ceux qu'elle revoyait quand elle regardait son enfant. Elle aurait reconnu son sourire entre mille. June chancela. Trouva le fauteuil à tâtons et s'y écroula.

— Je le traitais de salaud... J'écumais la ville... et lui gisait sur un lit d'hôpital... à un kilomètre de là.

Elle éclata en sanglots.

— Je regrette, June. Mais au moins il ne t'a pas abandonnée. C'est la vie qui te l'a pris.

June pleurait à cœur fendre mais, quand Henry s'agenouilla et tenta de lui prendre la main, elle le repoussa.

— D'abord, pourquoi tu as cherché dans la rubrique nécrologique ? Hein ? hurla-t-elle. Ça t'arrange bien qu'il soit mort ! Avoue !

Elle se savait injuste, mais la douleur l'égarait. John Smith était mort. Depuis toutes ces années.

— Non, June, dit Henry d'une voix rauque. Mais c'était la seule explication. Pour quelle autre raison pourrait-on te quitter ?

Le cœur brisé, elle s'enfuit.

Elle monta quatre à quatre les escaliers de l'auberge, les joues inondées de larmes. Isabel refermait la porte du cagibi.

— Il dort comme un bé… June, qu'est-ce qui se passe ?

Agitée par les sanglots, June n'arrivait pas à articuler un mot. Isabel lui prit la main et l'entraîna dans la chambre. Là, June s'adossa à la porte et se laissa glisser par terre, sans cesser de pleurer.

Isabel tomba à genoux, dégagea ses cheveux trempés de larmes et répéta sa question :

— Qu'est-ce qui se passe ?

June se rappela qu'elle serrait toujours dans son poing la photocopie. Elle la jeta à sa sœur, qui la parcourut rapidement.

— Oh, June !

La gorge serrée, elle enlaça sa sœur, qui s'agrippa à elle.

June pleurait tellement fort qu'elle craignit de réveiller Charlie.

15

Kat

Quand elle franchit le seuil de la Panetteria, Kat se sentit transportée à Rome comme par magie. Partout, des *cannoli* à la ricotta piqués de fruits confits et trempés dans du chocolat, des tartelettes aux amandes, des pets-de-nonne au sucre glace, des croissants au mascarpone, des mille-feuilles, de la *foccacia*, de la *ciabatta*, des tuiles au parmesan, de l'huile d'olive artisanale et, dans l'air, une odeur suave particulièrement enivrante.

Son cœur fit un bond : elle venait d'apercevoir Matteo, en jean et tee-shirt vert sapin, attablé dans le coin salon de thé devant un expresso et des *amaretti.* Elle acheva de pousser la porte et le carillon retentit. Matteo se leva, rieur. Son père, Alonzo, s'affairait derrière le comptoir. Il était grand, comme son fils, mais replet, avec des cheveux poivre et sel.

— C'est donc vous, ma concurrente ! s'exclama-t-il.

Il s'avança et lui prit les deux mains, débonnaire.

— *Piacere !* Je suis sûr que vous avez beaucoup à m'apprendre.

Kat rosit.

— Je suis ravie que mes muffins vous plaisent, monsieur Viola. Ma famille raffole de vos pâtisseries. C'est rare qu'ils se fournissent ailleurs que chez moi mais, pour vos *cannoli* et votre *tiramisù*, ils font une exception ! Quant à mon petit-cousin, au début, il avait l'impression de me trahir en dépensant son argent de poche dans votre établissement, mais depuis qu'il a goûté vos *cannoli* il n'a plus aucun scrupule, le garnement !

Charlie... Sa mère ne s'était pas levée, ce matin-là. Quand Kat était rentrée de chez Oliver, tard la veille, elle avait trouvé ses cousines éplorées sur le lit de June. Isabel lui avait montré l'article. A l'aube, face au mur, June pleurait encore. Quand Charlie avait ouvert sa porte à la volée et lancé son cri de ralliement quotidien (« Hardi, moussaillon ! Tout le monde sur le pont ! »), Kat avait proposé de s'en occuper : elle lui dirait que sa maman avait la migraine mais que ça allait vite passer. Isabel avait prévenu la librairie que June n'irait pas travailler ce jour-là. Quand Kat était revenue après avoir déposé le petit à l'arrêt de bus, June n'avait pas bougé.

Kat s'était allongée à côté d'elle et lui avait frotté le dos, lui avait apporté des scones aux pépites de chocolat blanc qu'elle venait de sortir du four. June avait à peine trouvé l'énergie de faire « non » de la tête. « J'ai envie d'être seule », avait-elle murmuré. Kat était donc partie à son cours de cuisine, laissant sa cousine aux bons soins d'Isabel.

— Quel dommage que ma femme s'occupe de sa petite-nièce aujourd'hui, j'aurais aimé vous la présenter... Mais il y aura d'autres occasions !

Alonzo se tourna vers son fils.

— Matteo, va donc faire du café pour ta jeune amie pendant que je prépare tout en cuisine.

Matteo fixait la bague de Kat.

— Toutes mes félicitations, dit-il.

Elle se força à sourire, le remercia et meubla tant bien que mal le silence pesant qui s'installait.

— J'ai hâte de passer en cuisine. Ça sent drôlement bon ici ! Ton père est vraiment gentil de me révéler ses secrets...

Matteo attendait une explication – mais que lui dire ? « J'ai dit oui mais j'hésite. Ma mère, elle, est à fond ! Du coup, je me dis : Pourquoi pas ? Mais quand je te vois... quand je pense à l'Italie... je me prends à rêver... »

— Tu veux un expresso ? lui demanda-t-il enfin, sans la quitter des yeux.

Qu'il avait sombres et mystérieux. Que pouvait-il bien penser ? Elle le connaissait trop peu pour le deviner.

— Euh, non merci.

— Bon. En ce cas, tous en cuisine !

La pièce était vaste et munie d'une grosse table de ferme en bois brut où s'alignaient boule de pâte enveloppée de film étirable, saladiers remplis de sucre, de farine et de ricotta, et ustensiles en tous genres. Dans l'embrasure de la porte, Matteo l'observait en sirotant son café.

— Dites-moi, Alonzo, comment avez-vous choisi ce métier ? s'enquit Kat.

Elle enregistrait mentalement tous les ingrédients. Elle rendrait bientôt la pareille au boulanger : elle avait convié les époux Viola à l'auberge pour un atelier muffins la semaine suivante.

— C'est le métier qui choisit l'homme, pas l'inverse ! dit l'homme en s'esclaffant et en couvrant de farine une grosse planche à découper. La cuisine, le four vous appellent... Tout petit déjà, je vendais mes pains et pâtisseries au village. Maintenant, en vacances, avec ma femme, on fait des dégustations : on cherche le gâteau parfait. Quand on le trouve, on s'en inspire pour de nouvelles créations.

Kat rêvait éveillée.

— Moi aussi, si je pouvais, je voyagerais. Je testerais toutes les pâtisseries et quand j'aurais déniché la meilleure je m'y ferais apprentie.

— Vous êtes toute jeune, vous en aurez l'occasion ! Pour votre lune de miel, par exemple !

Il lui fit un clin d'œil. Elle regarda sa bague, puis Matteo. Ce dernier vaquait à ses occupations, visiblement désappointé. Il avait peut-être prévu de l'inviter à sortir après le cours ? Kat en avait des frissons. Un rendez-vous avec Matteo. Le bel Italien qui avait sillonné le monde, étudié à New York et regagné sa région pour soigner son père pendant son cancer – il devait en avoir, des histoires à raconter ! Et il devait en connaître, des mots doux en italien...

C'est superficiel, se raisonna-t-elle. Je me monte la tête. Je ne le connais même pas !

Son premier copain, à seize ans, lui avait paru mûr et brillant avant de se révéler complètement intolérant, alors que le suivant, un fan de punk rock qui appelait tout le monde « mec » et gagnait son pain en tondant des pelouses, était incollable en histoire et en géopolitique. On était parfois surpris. En tout cas, Kat avait appris à ne pas se laisser impressionner par les grandes prouesses et les jolis CV : l'amour n'avait rien à voir avec ça. Elle n'allait donc pas chavirer pour un bellâtre à stéthoscope ! Même s'il avait un joli nom. Et des abdos d'acier. Bon, elle en pinçait un peu pour lui... Mais ça s'arrêtait là. Oliver méritait mieux que ça.

— Je ne savais pas combien de temps vous auriez, alors j'ai pris de l'avance : la pâte repose depuis une heure, lui indiqua Alonzo.

Il lui avait noté les instructions sur sa réalisation et les lui commenta. Puis, étape par étape, il lui montra comment la placer dans le moule, la faire frire juste ce qu'il fallait, préparer différentes crèmes, fourrer les *cannoli* et en tremper les extrémités dans le chocolat fondu, avant d'ajouter les fruits confits. Kat ne voyait pas le temps passer. Elle ne songeait plus ni à sa bague ni à Matteo. Jusqu'à ce qu'il revienne en cuisine jouer les goûteurs. Alonzo sortit immédiatement, le relayant en boutique auprès des clients ; pourtant, la pièce semblait plus exiguë maintenant que Matteo s'y tenait. Kat sentait son parfum. Et voilà qu'il mordait à belles dents dans un *cannoli*...

— Mmm... *Perfetto !*

Ravie, elle goûta à son tour. Pas mal. Pas du niveau de ceux d'Alonzo, mais pas mal du tout.

— Tu as du sucre glace sur les lèvres, lui glissa-t-il d'un ton sensuel. Je te l'enlèverais bien mais avec ta bague je n'ose pas.

Son regard de braise allait avoir raison des dernières résistances de Kat – de toute façon, il était inutile de lutter. Elle n'était pas venue que pour le cours : Matteo la faisait craquer. Et s'il observait un certain respect pour son statut de femme fiancée, que dire de son attitude à elle ? Par la pensée, elle était infidèle.

Il reprit une bouchée de son gâteau.

— Tu es très concentrée, quand tu cuisines. Ça te passionne vraiment, la pâtisserie. Je suis sûr que tu auras ta propre boutique un jour.

— J'aimerais bien, avoua-t-elle. Ce four, ce matériel professionnel, ça me fait très envie ! Mais ce n'est pas pour tout de suite. En ce moment, tout me semble... précaire.

— Tout ?

Il haussa un sourcil, désigna sa bague du menton.

— Euh, oui. Ça aussi, murmura-t-elle si bas qu'elle douta qu'il l'eût entendue.

— Comment ça ?

Il affichait une mine sérieuse.

Elle fixait le plan de travail couvert de farine.

— Je ne sais plus où j'en suis. Depuis le cancer de ma mère, je n'arrive plus à réfléchir. Ni à analyser mes sentiments. Je me sens...

— Oui ? l'encouragea-t-il en posant sa main sur la sienne.

Sa peau était chaude et sa poigne solide...

— Eh bien... Je me sens prisonnière, en quelque sorte.

Elle écarta les mains, paumes vers le ciel, en signe d'impuissance, et regretta aussitôt d'avoir rompu le contact.

— Prisonnière de quoi ? De la vie que tu mènes ?

— Oui ! C'est exactement ça. De la vie que je mène, de sa monotonie. Je vais épouser quelqu'un que j'ai connu quand j'avais cinq ans. Je vais cuisiner cent millions de scones et de muffins pour l'auberge de ma mère. Une fois par an, en vacances, je verrai Rome ou Paris en touriste, puis retour au bercail, à la vie qu'on me destine depuis toujours...

— « On » ? Qui ça, « on » ?

Elle cessa de faire les cent pas.

— Euh... Je veux dire, les circonstances. J'ai envisagé de faire des études mais comme ce que je voulais c'était ouvrir ma pâtisserie, je suis restée parfaire mon art à l'auberge. Depuis, rien n'a changé. Ma mère est seule, je crois qu'elle a besoin de moi...

— Et cette vie te semble soudain étriquée... Tu peux en changer, tu sais. C'est toi qui mènes ta barque !

— Ma mère est mourante, Matteo. Et son vœu le plus cher est de me voir mariée à ce garçon que mon père aimait comme un fils. D'ailleurs, je ne dis pas que je n'en ai pas envie ! C'est un mec en or, comme dit ma copine Lizzie. Seulement, je ne suis pas prête à me poser. J'ai envie de voir Paris, de manger des tapas à Barcelone, d'explorer l'Afrique de Karen Blixen... Je veux faire un apprentissage auprès d'un grand maître, comme ton père... Mais je divague.

— Pourquoi ? Tu as vingt-cinq ans. Si tu ne réponds pas à l'appel du large maintenant, tu le feras quand ? Fonce ! C'est le moment.

— Non, Matteo. C'est le moment de penser à ma mère. J'ai accepté la demande d'Oliver. Elle sera tellement heureuse de nous voir unis, dans le jardin des Trois Capitaines...

— Et toi, tu seras heureuse ? Tu ne crois pas que c'est avant tout ça que ta mère veut ? Bref. Quoi qu'il advienne, je suis content de te connaître, Kat.

Elle se mordit la langue pour ne pas pleurer.

— Vous avez fixé la date ? l'interrogea Matteo.

Elle sursauta. Il se montrait indiscret – mais compréhensif.

— En novembre, pour Thanksgiving. La fête préférée de ma mère. Quand elle n'est pas trop faible, ça l'amuse de tout planifier... Tu crois que c'est raisonnable de l'emmener tester des traiteurs et faire le Salon du mariage ?

— C'est à elle d'en juger. Si elle se sent d'attaque, ça peut lui changer les idées, et lui remonter le moral : le cycle de la vie, l'éternel renouveau… Tant que le cœur y est…

Y était-il ? Kat doutait de son propre cœur. Quant au renouveau – quelle nouveauté y aurait-il à épouser ce bon vieil Oliver et à se fixer pour toujours à Boothbay ? Même la perspective d'ouvrir enfin Aux Délices de Kat ne suffisait pas à calmer l'impression de claustrophobie qui s'emparait d'elle.

— On m'attend à l'auberge, prétendit-elle. Merci pour tout, Matteo, c'était une matinée féerique. Je ne l'oublierai jamais.

Elle fit mine de débarrasser mais il l'arrêta :

— Laisse, tu es notre invitée.

Ces yeux de braise…

— Merci, répéta-t-elle.

Elle sortit presque en courant, fuyant le corps et la voix qui l'aimantaient.

Au comptoir, Alonzo lui donna une franche accolade et une boîte de spécialités de la maison, plus « une surprise pour Lolly ». Kat ne savait plus si elle avait envie de partir ou de rester.

Cet après-midi-là, Kat conduisit sa mère à l'hôpital pour y récupérer ses résultats d'analyses. Isabel était restée à la maison avec June, qui avait fini par se lever, pour Charlie, mais refusait toujours de parler. Kat avait proposé d'aller chercher le petit à l'arrêt de bus, mais June avait décliné l'offre : elle n'avait pas vu son fils depuis la veille, elle s'en chargerait. Kat l'avait accompagnée, au cas où, en silence. De retour à l'auberge, June était remontée s'allonger. Lolly, une fois informée de la situation, s'était traînée jusqu'au dortoir. Elle avait dû trouver les mots justes : une demi-heure plus tard, sa cousine l'aidait à redescendre les escaliers. Et elle avait repris des couleurs.

Pour l'heure, allongée dans un fauteuil capitonné, dans une des chambres de l'hôpital, Lolly feuilletait tant bien que mal un catalogue de robes de mariée ; même tourner les pages l'épuisait.

— Oh, Kat, regarde !

Kat approcha sa chaise. La mariée sur la photo portait une robe en satin sobre et tout à fait à son goût. Sans manches, mi-longue, la taille Empire rehaussée de galon bleu ciel, elle avait un côté fifties et semblait conçue exprès pour un mariage en plein air en Nouvelle-Angleterre. Et, miracle, Kat parvenait à se visualiser dedans.

— Elle est parfaite ! C'est fou ce que tu connais bien mes goûts.

— Ce n'est pas difficile : tu n'aimes pas les chichis, tu préfères la simplicité.

Pourtant, Kat aurait juré qu'elle avait un don pour se compliquer la vie…

Les yeux de sa mère se voilèrent et elle porta la main à sa bouche. Kat lui tendit son « bol à vomi », comme elle l'appelait, et grimaça : sa mère n'était pas encore remise de sa précédente séance de chimio et déjà la suivante approchait…

Quand la crise fut terminée, Lolly retomba sur son oreiller, le visage baigné de sueur. Kat mouilla une serviette dans la salle de bains et lui épongea les tempes et le front, lissant de la main les mèches qui s'étaient échappées de sa tresse. L'une d'elles lui resta entre les doigts, et Kat fondit en larmes.

— Calme-toi, Kat. C'est normal. On le sait. Ce sont les surprises qu'il faut redouter.

Kat fixait la mèche blond cendré.

— Je t'aime, maman, déclara-t-elle tout à trac.

Ça, Lolly ne s'y attendait pas. Elle prit la main de sa fille.

Kat tentait de retenir ses larmes. Il fallait qu'elle sorte, qu'elle se réfugie quelque part pour pleurer tout son soûl, pour évacuer sa terreur. La salle de bains ne convenait pas : sa mère entendrait tout, et elle n'avait pas besoin de ça.

Lolly sortit de son sac un paquet de crackers (ils l'aidaient à combattre la nausée, disait-elle).

— Tu n'irais pas me chercher un thé glacé ? Avec du sucre et du citron ?

— Bien sûr, dit Kat, soulagée.

Elle allait pouvoir faire une pause dans les toilettes de l'étage avant de foncer à la cafétéria du rez-de-chaussée.

Dans le couloir, penché sur un dossier, Matteo lui barrait la route. Il releva la tête.

— Kat ? Tu pleures ?

— C'est... C'est ma mère. Elle est si pâle, si frêle, elle vomit sans arrêt...

Et le peu d'énergie qu'il lui reste, elle l'investit dans des histoires de robes et de hors-d'œuvre !

— C'est trop dur, ajouta-t-elle en serrant dans son poing la mèche de cheveux. Je n'en peux plus !

Matteo la prit par l'épaule, la fit asseoir sur une chaise le long du mur et prit place sur le siège voisin.

— Essaie de te rappeler que les effets de la chimio sont temporaires. Ta mère a besoin de ce traitement.

— Je sais, seulement... je ne m'étais pas rendu compte que ce serait si éprouvant. Je pensais que la chimio améliorerait son état, or c'est tout le contraire. Je déteste ce traitement !

Matteo déplia ses doigts, prit la mèche de cheveux, l'emballa dans un mouchoir en papier et la jeta dans la corbeille.

— La chute de cheveux est spectaculaire, mais ce traitement prolonge la vie de ta maman.

— Faut-il vraiment la prolonger dans de telles conditions ?

— Je sais ce que tu ressens, lui dit-il. Les mêmes pensées m'ont traversé l'esprit pendant la maladie de *Papà*. Quand un proche est souffrant, il faut s'appuyer sur sa famille et ses amis et puiser des forces dans leur compagnie. C'est le seul moyen.

Il la regardait, plein de compassion, et Kat brûlait d'envie de se jeter à son cou.

— Je... Je peux m'appuyer sur toi ?

— Bien sûr...

Son bipeur vibrait.

— On ajustera la dose la semaine prochaine, ça se passera mieux, tu verras. Je dois y aller, Kat, mais n'hésite pas à m'appeler. Même la nuit. OK ?

— OK. Merci.

Il lui pressa la main et disparut. Kat se sentait déjà requinquée. Il ne servait à rien de se lamenter : ça ne ferait qu'aggraver la détresse de sa mère. Qui, d'ailleurs, attendait toujours son thé glacé.

— Je ne te savais pas si proche du docteur Viola.

Kat tressaillit : Oliver. Il semblait peiné et furieux à la fois. Elle piqua un fard et se leva d'un bond.

— Tu t'inquiétais tellement hier, entre June et les résultats d'analyses de ta mère, que je suis passé voir si tu tenais le choc. Je vois que tu te débrouilles très bien sans moi...

— Oliver, je... Matteo, enfin, le docteur Viola et moi, on s'est rapprochés ces derniers temps, et en sortant de la chambre de ma mère tout à l'heure j'ai fait une crise de nerfs, il était dans le coin alors il m'a fait asseoir... Il m'a pris la main parce que...

— Oui ? Je t'écoute...

— C'est devenu... un ami.

C'était la vérité.

— Un ami ? Kat, je vous observe depuis dix minutes. Tu ne le regardes pas comme un ami. Et lui te déshabillait des yeux ! Ne me raconte pas de salades.

— Hein ? Non, Oliver, je...

— Tu couches avec lui ?

— Non !

— Tu veux me rendre la bague ? Réponds-moi. Ne me mens pas.

Kat se prit la tête à deux mains. Que désirait-elle vraiment, au fond de son cœur ?

— Non, dit-elle.

Mais elle n'en savait rien. Voulait-elle épouser Oliver Tate ? Sans doute. Et elle finirait bien par s'en rendre compte. Du moins fallait-il l'espérer.

Il soupira.

— Je sais que tu as d'autres chats à fouetter, Kat. Tu traverses une épreuve douloureuse. Je ne veux pas te compliquer la vie. Tu as ma confiance. Tout ce que je te demande, c'est de ne pas en abuser. D'accord ? La confiance, c'est la base, dans un couple.

Elle hocha la tête.

— Ma mère attend son thé. Je passe chez toi ce soir. On finira cette conversation à ce moment-là.

Il opina, l'enlaça brièvement et elle se dirigea vers les ascenseurs sous son regard inquiet.

Le lendemain matin, Kat et Lolly entrèrent chez Miss Mariage, une jolie boutique du centre-ville. Elles avaient pris rendez-vous avec Claire Wignall, la gérante, en rentrant de l'hôpital, emballées par la photo du catalogue. Mme Wignall n'avait pas ce modèle en stock, mais elle en avait deux autres dans le même genre.

Déguisement, mascarade et conte de fées, voilà ce qu'évoquait à Kat l'établissement. Au mur trônaient les photos de dizaines de clientes béates dans leurs robes griffées, des mannequins parés de voiles et de froufrous peuplaient les rayons ; quant à Claire Wignall, elle détailla la bague de Kat en piaillant d'excitation pendant trois bonnes minutes avant de la conduire avec sa mère au salon d'essayage, où deux tenues blanches attendaient sur leurs cintres.

— Lolly, dit Claire en désignant un fauteuil tendu de velours rose bonbon, asseyez-vous donc ici. Kat, venez vous montrer quand vous serez prête. Je vous ai préparé une petite paire de mules à talons, ce devrait être votre pointure.

Lolly s'exécuta.

— Ma fille en robe de mariée, il me tarde de voir ça !

Kat eut un rictus forcé. Elle avait des palpitations. Elle se débattait avec la housse en plastique du premier modèle. Qu'elle n'avait aucune envie d'essayer. Le deuxième non plus, d'ailleurs. Elle ne se sentait pas à sa place. Quelques mois plus tôt, quand Lizzie s'était fiancée, elle avait forcé Kat à regarder deux épisodes d'affilée de *Say Yes to the Dress !*, une émission de téléréalité tournée à New York chez Kleinfeld Bridal, le top du top en matière de mariage ; Kat était censée exulter comme ces jeunes femmes, courir de robe en robe tout excitée, folle d'impatience de dire oui à l'homme de sa vie…

Comme promis, elle avait rendu visite à Oliver la veille et, au lieu de la cuisiner sur la nature exacte de ses sentiments pour lui, de sa relation avec Matteo, il l'avait couverte d'attentions. C'était Oliver tout craché. Il avait commencé par l'enlacer sur le pas de la porte, or c'était ce dont elle avait le plus besoin : l'affection de son meilleur et plus ancien ami. Puis ils étaient allés en ville s'acheter des glaces, qu'ils avaient partagées, et en rentrant Oliver lui avait fait l'amour avec tendresse et passion, comme toujours.

Au matin, quand Lolly lui avait annoncé, les joues roses, presque gaie, qu'elle avait pris rendez-vous pour les essayages, Kat avait béni ses fiançailles : grâce à elles, sa mère revivait. Là où la chimio l'affaiblissait, les préparatifs de son mariage faisaient antidote.

A présent, cernée de tulle blanc et d'emblèmes d'engagement éternel, Kat déchantait. Déjà qu'elle ne se sentait pas de taille à choisir une coupe et une matière, alors un avenir – toute une vie !

Simule une migraine. Tombe dans les pommes. Déguerpis !

Mais non. Dans son fauteuil rose, sa mère patientait. Sa mère, qui avait perdu plus de dix kilos depuis la mi-août. Qui n'était pas romantique pour deux sous mais dont le sourire radieux éclairait la face émaciée.

Elle poussa un cri et Kat sortit en trombe.

— Kat, tu as vu ce voile ?

Lolly se levait péniblement. Sur une table d'antiquaire se dressait un buste coiffé d'un court carré de tulle piqué de roses en bouton et…

— Des étoiles de mer ! On dirait qu'il a été fait pour toi…

Le père de Kat les collectionnait autrefois. Il en avait en argent qui lui servaient de presse-papiers, d'autres créées par Kat en papier mâché... Kat toucha machinalement ses petites boucles d'oreilles en or, gravées du même symbole. Son père les lui avait achetées « pour quand tu seras grande et que tu auras les oreilles percées ». Elle avait supplié sa mère, qui avait cédé pour une fois, et les lui avait fait percer le jour même. Depuis, Kat ne les quittait jamais. Alors, ce voile... Pour un peu, elle y aurait vu un signe du destin.

Claire fit un geste à l'intention de Lolly, qui souleva délicatement la parure. Kat baissa le menton, docile, et sa mère la lui ajusta. Elle ne serrait pas, elle ne grattait pas.

Lolly la contemplait, émerveillée.

— Regarde-toi !

Dans le miroir, elle se trouva jolie. Voire... nuptiale.

— Et maintenant la robe ! la pressa sa mère.

— Appelez-moi si vous avez besoin d'aide, normalement ces tenues sont aussi faciles à enfiler... qu'à retirer ! gazouilla la vendeuse.

La cabine était immense, presque autant que la chambre Merlebleu. Kat suspendit les cintres à une patère, posa le voile sur une banquette et ôta sa jupe et son tee-shirt. Elle remonta la fermeture éclair d'une robe en satin blanc. Le résultat ? Superbe. Comme sur la photo. Elle remit le voile et s'inspecta sous toutes les coutures grâce à un astucieux triptyque de miroirs. Mais, quel que soit l'angle, elle se sentait déguisée. Ce ne pouvait pas être elle, la mariée.

— Tu t'en sors ?

Kat émergea de la cabine.

— Ravissant, jugea sa mère.

— Sublimissime ! s'emballa Claire. Mais vous, Kat, vous en pensez quoi ?

— J'aime bien, mais... Ce n'est pas le coup de foudre.

— Quand c'est la bonne, on le sait. Essayez la deuxième. Et ne faites pas cette tête-là ! Vous commencez à peine à chercher... Il faudra peut-être en essayer dix, ou vingt !

Vingt ? Pitié, pensa Kat, effarée. Faites que la deuxième soit la bonne !

La mort dans l'âme, elle se retrancha dans la cabine, enleva la robe numéro un et passa la numéro deux. Elle s'admira dans la glace... et ce fut comme une révélation.

C'était la bonne.

Kat doutait de tout ces derniers temps, mais, ça, elle en était certaine. La tenue sublimait son teint, sa silhouette. Et quand elle enfila le voile, elle en eut le souffle coupé.

N'exagérons rien, tenta-t-elle de se raisonner. C'est un joli morceau de chiffon, voilà tout. Ne va pas t'imaginer que l'univers t'envoie des signaux. La robe te va bien, point. Oui, bon, on la croirait taillée sur mesure... Et après ?

Dehors, on trépignait.

— Kat ?

Elle prit une profonde inspiration, sûre qu'à l'instant où elle la verrait sa mère se mettrait à pleurer. Lolly n'était pas émotive, mais si la tenue avait réussi à déstabiliser Kat elle tirerait certainement une larme à sa mère !

Elle ouvrit la porte. Elle avait vu juste. Lolly se leva, la main sur le cœur, et ses yeux s'embuèrent. Kat prit soudain la mesure de l'amour que sa mère lui portait.

— C'est la bonne, dit Kat.

— Même pas besoin de retouches ! Quoique... on pourrait la reprendre un peu à la taille, et rallonger un peu l'ourlet, mais à ces détails près elle vous va comme un gant ! babillait Claire.

— Elle coûte un bras, j'imagine ? s'enquit Kat.

— La robe de vos rêves vous est offerte par le Sieur Anonyme, répondit Claire dans un gloussement, des étoiles plein les yeux. Laissez-moi vous dire que je ne vois pas ça tous les jours !

Oliver...

Lolly avait séché ses larmes.

— En ce cas c'est décidé, on la prend !

Kat ne parvenait pas à détacher son regard de son reflet. Oliver. Il lui payait sa robe pour que sa mère n'ait pas à s'en préoccuper. Et que Kat n'ait pas à culpabiliser.

Sa mère aussi l'admirait.

— S'il m'est donné de te voir épouser Oliver, aux Trois Capitaines, dans cette tenue de princesse, je mourrai heureuse.

Kat se glaça.

— Mais si tu hésites, poursuivit Lolly, je vois au moins trois autres modèles magnifiques rien que dans cette pièce...

Hésiter, hésiter, toujours hésiter ! Le mot lui martelait le cerveau. Elle s'arracha à sa contemplation. Sur un point, elle n'hésitait pas : elle voulait combler sa mère pendant le temps qu'il lui restait.

— Je suis sûre de moi, déclara-t-elle.

16

Isabel

— Oh, tu te souviens ? demanda June en brandissant un album de photos.

Isabel posa le sien sur ses genoux et se pencha : le cliché que June lui tendait les représentait, âgées de respectivement sept et quatre ans, avec leurs parents et Donald à Disney World. Leur père portait des oreilles de Mickey et leur mère une jolie robe d'été blanche et un chapeau de paille. Ainsi que l'autocollant Cendrillon que June lui avait collé sur l'avant-bras.

Isabel et June poursuivaient les fouilles à la cave. Elles avaient vidé chaque malle sans succès : le journal restait introuvable. Par contre, elles avaient déniché douze albums de photos, qui les occupaient depuis une demi-heure. Lolly leur avait souvent rappelé leur existence au fil des ans, mais Isabel y avait pioché ses préférées directement après l'accident et depuis redoutait de s'y replonger. Sa peur croissait avec le temps. Elle craignait les souvenirs et les regrets.

Une heure plus tôt, montant chercher un pull à prêter à un client, elle avait trouvé sa sœur sur le balcon, malheureuse comme les pierres. Deux jours s'étaient écoulés depuis qu'elle avait appris la mort de John

Smith et, si elle s'efforçait de faire bonne figure pour Charlie, elle n'en était pas moins dévastée. En lui demandant de l'aider à chercher le journal, Isabel ignorait si la quête lui changerait les idées ou aggraverait sa peine. Quoi qu'il en soit, June avait accepté.

Les possessions de leurs parents – la robe préférée de leur mère, les vieilles lunettes rondes à la John Lennon de leur père – semblaient inspirer à June une nostalgie réparatrice. Elle avait manipulé les lunettes en riant, perdue dans une réminiscence qu'elle n'osait partager, enfoui son visage dans l'écharpe en maille bleu nuit que sa mère lui avait tricotée et qu'il portait le soir de l'accident. Quand elle s'était mise à pleurer, Isabel l'avait prise dans ses bras, tandis que sa petite sœur répétait d'une voix à vous fendre le cœur : « Tout le monde meurt. Tout le monde meurt ! »

Puis, pile au moment où Isabel s'attendait à la voir détaler, June avait remarqué la liasse de lettres que leur mère leur avait envoyées en colonie quand elles avaient onze et quatorze ans. Isabel avait adoré ces semaines de liberté (bien que les responsables l'aient menacée de renvoi si elle s'entêtait à enfreindre le règlement), mais June à tout prix voulait rentrer à la maison.

Isabel avait déplié la première lettre, June penchée par-dessus son épaule.

June, ma puce,

Je sais que tu te sens un peu seule et que tu as envie de rentrer à la maison. Je comprends : tu fais de nouvelles expériences, c'est éprouvant. Mais tu es forte et maligne, sociable et curieuse de tout : je suis sûre qu'avec un petit effort tu vas te faire plein d'amis, découvrir des tas de nouvelles activités, et tu voudras que la colonie ne s'arrête jamais ! Je te propose un marché : reste encore une semaine et, si tu n'as pas changé d'avis, on viendra te chercher, papa et moi. En attendant, essaie de te faire ta place au Camp Acadie. Montre-leur tes talents ! Tu débordes d'humour et d'imagination, tu danses comme un vrai petit rat de l'Opéra et les autres filles du camp seront ravies de t'avoir pour amie. Il suffit que tu te fasses confiance !

Bisous, ma chérie,

Maman

« Elle nous aimait vraiment », avait murmuré June.

Oui. Même moi, elle m'aimait, avait songé Isabel.

Elles avaient bien fait de descendre toutes les deux.

June jeta un dernier regard à la photo prise à Disney World et se remit à tourner les pages de l'album. A un moment, elle émit un petit rire – un son miraculeux après ces jours de deuil. Isabel se pencha et découvrit la cause de sa joie : une photo de leur père essayant en vain de placer June, encore bébé, sur les épaules d'un bonhomme de neige tandis qu'Isabel, âgée de cinq ou six ans, lui plantait une carotte dans le visage en guise de nez. Elles feuilletèrent ensemble les pages suivantes avant de repasser à la pile de courrier.

— Celle-ci est pour toi, Isa, dit June en lui tendant une lettre.

Chère Isabel,

Tu nous manques beaucoup, à papa et à moi. L'appartement est trop calme sans toi ! On s'est beaucoup disputées avant ton départ mais tu verras, à ton retour, tout va s'arranger. On passera plus de temps ensemble. Je t'emmènerai voir le nouveau Scream *au cinéma.*

Ton moniteur m'a dit que la mort de Floppy t'avait beaucoup chagrinée. C'était la mascotte du Camp Acadie et je sais que tu t'y étais attachée, ces trois dernières années.

C'était un gentil lapin et il a vécu heureux, entouré d'enfants et couvert de caresses... Ton moniteur raconte qu'une fille voulait rentrer chez elle jusqu'à ce qu'il la charge de nourrir Floppy : dès qu'elle l'a vu remuer son petit museau, ça a été le coup de foudre et elle a changé d'avis ! Quand on perd quelque chose ou quelqu'un, même s'il ne s'agit « que » d'un lapin, il faut se raccrocher aux bons souvenirs. C'est ce que je fais quand Papi me manque, par exemple. Tu n'avais que cinq ans quand il est mort, tu ne t'en souviens peut-être pas, mais j'étais très triste. Alors je me suis rappelé quel bon père il avait été pour moi, les histoires drôles qu'il me racontait et la chance que j'avais eue de le connaître. J'ai essayé de positiver, et ça m'a aidée.

Sois forte, ma chérie.

Gros bisous,

Maman

Isabel pleurait, sidérée.

— Elle a raison, murmura sa sœur en la serrant contre elle. Il faut que je me rappelle les qualités de John. J'ai eu de la chance de le connaître, même aussi brièvement.

Elle balaya du regard les affaires de ses parents puis leva timidement les yeux vers le plafond.

— Merci, maman.

Isabel lui pressa la main.

— Tu peux garder la lettre.

Leurs fouilles lui faisaient un bien fou, à elle aussi. Elle avait notamment tiré une croix sur Griffin. Kat avait raison : la disparition d'Emmy, trois jours plus tôt, l'avait refroidi, il n'était pas prêt à s'engager dans une nouvelle relation, ni avec elle ni avec une autre. D'ailleurs, Isabel aussi avait besoin de temps. Il valait mieux, au fond, que sa relation avec Griffin en reste au stade du fantasme : elle le peuplerait de caresses brûlantes, de tendres baisers, de conversations passionnées, et s'y sentirait intéressante, sexy, désirée – pas comme avec Edward. Un fantasme, c'était garanti sans danger. Sans disparition d'enfant. Sans ados boudeuses. Sans désertion subite des hommes qui vous plaisaient. Sans rien qui vous pousse à rentrer dans votre coquille, échaudée...

D'un autre côté, en suivant le même genre de raisonnement, Albert Brooks avait bien failli perdre l'amour de sa vie dans *Rendez-vous au paradis*...

Isabel dénicha alors un paquet de photocopies : il s'agissait de la correspondance que Lolly avait entretenue avec les maîtresses, enseignants et directeurs d'école des trois filles pendant leur scolarité.

Chère Madame Patterson,

Merci de m'avoir signalé qu'Isabel refusait de participer à votre cours d'anglais et ne rendait pas les devoirs demandés. Comme vous le savez, elle a perdu ses parents le mois dernier et chaque jour reste pour elle une douloureuse épreuve. Je vous demande de faire preuve envers elle de patience et de compréhension. D'autant que le texte au programme traite d'une famille heureuse et intacte : cela ne doit pas être facile pour Isabel. Merci d'avance.

Cordialement,

Lolly Weller

— J'ignorais qu'elle me défendait comme ça, s'étonna la jeune femme. Elle paraissait si dure... Tu te rappelles sa devise ? « Fais ce qu'on te demande et tout ira bien. » Je la détestais !

— Et moi donc ! Surtout parce que, le plus souvent, c'était vrai. Lolly s'est adoucie ces derniers temps, mais elle reste un peu sèche. D'un autre côté, j'apprécie de plus en plus sa franchise. Elle n'y va pas par quatre chemins !

June parcourut une nouvelle lettre.

— Tiens, écoute ça ! « Monsieur le directeur, ma fille Kat s'est plainte à plusieurs reprises de deux camarades de sa classe. Elles se moquent de ses vêtements et l'appellent "l'orpheline". J'ai déjà signalé deux fois le problème à sa maîtresse, sans résultat. Faute de mesures immédiates de votre part, je convoquerai les caméras de News Channel 8 devant votre établissement et donnerai une interview sur les mauvais traitements qui y sont infligés à mon enfant. Cordialement, Lolly Weller. »

Isabel siffla.

— Waouh ! Elle ne plaisantait pas, dis donc ! Il faudra la montrer à Kat. C'est fou, Lolly me paraissait tellement indifférente à nos misères... Alors qu'en fait elle nous défendait bec et ongles !

Le téléphone sonna à l'étage, et la voix de Kat retentit :

— Isa, c'est pour toi !

Elle remonta et ramassa le combiné qui l'attendait sur le secrétaire, à côté du courrier de l'auberge. Isabel y aperçut une enveloppe à son nom, tracé d'une écriture juvénile. Elle la retourna tout en portant le combiné à son oreille : pas d'expéditeur.

— Allô, Isabel à l'appareil !

— Bonjour, je voudrais réserver la chambre Balbuzard pour la nuit de samedi à dimanche. Nous serons trois, dont deux enfants...

— Griffin ? C'est toi ?

C'était bien sa voix, grave et assurée. Enfin !

— Je suis désolé de ne pas t'avoir rappelée. J'ai été, euh... Je te raconterai ce week-end. Enfin, si la chambre est disponible...

— Justement, on vient d'annuler une réservation...

— Alors, je te vois samedi. Et si tu en as envie, on pourrait aller se promener quand les filles seront couchées ?

— Avec plaisir.

Les questions se bousculaient dans son esprit. Ça attendrait, l'essentiel était là : il venait. Un bon signe.

Elle ouvrit l'enveloppe, y trouva une carte, également rédigée d'une écriture juvénile.

Isabel,

Désolée pour lundi. Je n'aurais pas dû promettre de surveiller Emmy et m'enfuir quand tu avais le dos tourné. C'était mal et je ne recommencerai pas. Pardon pour les ennuis que j'ai causés.

Alexa D.

Isabel pouffa en imaginant Griffin dictant la lettre à Alexa, furieuse et privée de ses chers écouteurs, pour faire bonne mesure.

Elle avait hâte de les voir, tous les trois – oui, même Alexa.

Quand elle monta le pop-corn dans la chambre de Lolly pour la soirée ciné, ce vendredi, elle trouva sa tante plongée dans un des albums de photos que June avait déterrés : il contenait des clichés d'elle et de sa sœur Allie, enfants.

— Je ne m'en lasse pas, dit-elle.

Elle lui en désigna une : sur ses genoux, Allie, âgée d'une dizaine d'années, faisait des oreilles d'âne à sa sœur qui tirait la langue.

Isabel avait été ravie de découvrir que quelque part, sous son masque stoïque, Lolly cachait un petit clown de huit ans.

— On les a feuilletés, June et moi. Les malles contenaient des tas de trésors. Des vieilles lettres, des bibelots, tous chargés de souvenirs. Mais pas trace des carnets. Tu es sûre qu'ils sont rangés là ?

— Oh, je ne sais pas trop... fit sa tante, évasive, en tournant la page.

Isabel plissa les yeux.

— Dites donc, madame Weller, il existe, au moins, ce journal ?

— Eh bien, je croyais, mais j'ai pu me tromper...

Lolly bâilla, une manière de lui dire de lui fiche la paix.

Isabel s'assit sur un coin de son matelas et lui prit la main.

— Coquine ! Mais je te pardonne : j'ai trouvé plein de merveilles grâce à toi.

Et je t'ai découverte sous un jour nouveau.

— Je m'en doutais.

Lolly contenait à grand-peine son sentiment de triomphe.

— June aussi te doit beaucoup. Les lettres que maman nous envoyait en colonie lui ont donné un sacré coup de fouet. Oh, et on a lu tes courriers à nos profs, aussi. Merci.

Lolly sourit et exerça sur sa main une légère pression.

June entra dans la chambre, un DVD à la main : *Bons Baisers de Hollywood.* Personne ne l'avait vu, sauf

Lolly, deux fois, des années auparavant. Kat avait préparé des mi-cuits au chocolat et Isabel s'affola : à ce rythme-là, elles allaient toutes prendre du poids ! D'un autre côté, s'ils pouvaient aider Lolly à se remplumer...

— J'allais oublier ! s'exclama cette dernière. Pearl m'a emmenée à la boutique de mariage tout à l'heure, et j'ai pris des photos de la robe de Kat...

Elle sortit son appareil photo d'un tiroir, appuya sur quelques boutons et le tendit à ses nièces.

— Superbe ! s'écria Isabel.

— Magnifique ! renchérit June.

Seule Kat ne jouait pas le jeu. La broderie de perles, le joli décolleté la laissaient de marbre. Elle se taisait, fait inhabituel chez une future mariée. Après que ses cousines l'eurent amplement félicitée pour son choix, Lolly rangea l'appareil.

— Vous êtes prêtes ? demanda Kat, pressée d'éteindre la lumière.

Bizarre. S'était-elle disputée avec Oliver ? Le docteur Viola lui aurait-il tourné la tête ? Ou bien l'état de santé de sa mère l'inquiétait-il au point d'évincer toute autre émotion ? Après le film, Isabel tenterait de lui parler. Lors de ses dernières tentatives, Kat s'était refermée comme une huître ou lui avait affirmé avec un sourire factice que tout allait pour le mieux.

Lolly lança le film.

— Ça va vous plaire, Meryl Streep et Shirley MacLaine rivalisent de talent. Dennis Quaid livre une belle performance, lui aussi. Et je trouve qu'il n'est pas mal de sa personne, ce qui ne gâte rien.

Meryl Streep incarnait Carrie, une actrice toxicomane, et Shirley MacLaine, sa mère, une ancienne vedette de Hollywood. En sortant de cure, pour des questions d'assurance, Carrie se voyait forcée d'habiter le temps d'un tournage chez sa mère, dont l'exubérante personnalité ne tardait pas à l'étouffer.

— Quelle peste ! s'écria Kat. Sa fille se remet tout juste d'une overdose et elle ne trouve rien de mieux à faire que de la rabaisser !

— Et maintenant elle s'invente des tumeurs fibreuses et une mort imminente... Je rêve ! En même temps, elle fait un tel cirque qu'on se laisse attendrir ! ajouta June en riant.

Lolly riait, mais pas Kat. Shirley MacLaine tentait de préparer sa fille à son décès.

— C'est comme ça tout du long ? bougonna-t-elle. Je ne trouve pas ça drôle. Regardez la suite sans moi, conclut-elle en faisant mine de se lever.

Lolly reposa son mi-cuit.

— Ce qui me plaît dans ce film, c'est l'évolution de la relation mère-fille. Attends un peu, tu vas voir ! Il faut bien noircir le tableau au début pour montrer le chemin parcouru à la fin...

— Ouais... C'est bon, je reste.

A l'écran, Dennis Quaid, aussi mignon que promis, déclarait en ces termes sa flamme à Meryl : « Je crois que je t'aime. » Et elle de riposter : « Quand est-ce que t'en seras sûr ? » Isabel gloussa. Puis il lui dit qu'elle était « l'être le plus concret dans ce monde d'abstraction » et Kat grogna.

— « Mon rêve, c'est toi, j'ai envie que tu deviennes réalité » ? Pitié, dites-moi qu'il n'arrive pas à ses fins avec ce genre d'arguments ! Vous croyez que c'est toujours comme ça ? Que les gens projettent leurs fantasmes sur leurs partenaires ?

— Au début peut-être, répondit Lolly. Mais la réalité reprend vite ses droits.

Et Griffin Dean… fantasme ou réalité ? Les deux à la fois.

— Mais c'est Annette Bening ! s'exclama June. Elle est drôlement belle, je comprends que sa carrière ait décollé après ça. Et Dennis Quaid répond à ta question, Kat, puisqu'il trompe toutes ses partenaires, même elle…

Vers la fin du film, Kat renifla discrètement.

— Tu avais raison, maman. L'évolution de la relation de Carrie et de sa mère vaut le détour. Elles ne sont pas encore au bout de leurs peines, mais elles ont compris l'essentiel. Elles sont là l'une pour l'autre, à l'aube d'un nouveau départ.

— J'aurais tant aimé repartir de zéro avec maman, moi aussi. Je regrette de m'être montrée si dure envers elle, se repentit Isabel. J'avais l'impression qu'elle essayait de diriger ma vie à ma place et je ne le supportais pas. Mais j'aurais dû l'écouter…

— Maman ne t'en voulait pas, Isa. On l'a bien vu dans ses lettres, tout à l'heure.

— C'est vrai, et ça m'a ôté un sacré poids de savoir qu'elle ne se laissait pas duper par mes provocations. Mais si je l'avais écoutée j'aurais peut-être eu une plus haute opinion de moi-même, et je n'aurais jamais fait ce stupide pacte…

— Quel pacte ? demanda June.

Isabel hésitait. Elle n'avait jamais mentionné le pacte à quiconque. Quand on lui demandait : « Et toi ? Quand est-ce que tu t'y mets ? », elle se contentait de hausser les épaules. Elle se lança :

— Quand j'avais seize ans, on s'est juré, avec Edward, de ne jamais avoir d'enfants. On ne voulait pas qu'ils souffrent comme on avait souffert.

— Oh, Isabel ! gémit Lolly.

— Edward m'a dit un jour que je ne ferais pas une bonne mère. Il était très convaincant. Pourtant, au fond de moi, j'avais envie de croire le contraire. Je lui déléguais toutes mes décisions à cause de ce qu'il avait fait pour moi, après la mort de maman et papa, je croyais sur parole tout ce qu'il me disait... Sur ce point cependant, je crois qu'il se trompait. Et il ne m'a jamais pardonné d'avoir changé d'avis... de vouloir un bébé.

June monta au créneau :

— Quelle ordure ! C'est lui qui n'a jamais fait son deuil ! Qui est resté incapable de tourner la page ! Du coup, il a essayé de t'empêcher d'avancer, toi aussi, et si ça te faisait souffrir, tant pis !

Kat était atterrée.

— Dire que tu as patienté quinze ans... En tout cas, je comprends mieux ta réaction de l'autre jour, quand Emmy s'est enfuie. Tu repensais à l'accusation d'Edward, pas vrai ?

Isabel s'affala contre son dossier. Il lui semblait sentir sur son visage la brise qui soufflait, dans le jardin, le soir du pacte. Elle comprenait pourquoi elle l'avait fait. Et pourquoi Edward lui avait tourné la tête. Et même pourquoi elle était restée avec lui en dépit de ses piques, de ses mesquineries et de ses petites trahisons, même quand elle avait réalisé qu'elle n'était plus la jeune femme terrorisée qui l'avait épousé, à vingt et un ans. Cette toute jeune femme avait en théorie une sœur, une tante et une cousine mais, dans les faits, elle était seule au monde. Longtemps, elle avait laissé Edward modeler son identité. Cette période était révolue ! Plus personne ne la ferait douter de qui elle était ni de ce qu'elle valait.

— J'aurais dû t'en parler plus tôt, tante Lolly… Tante Lolly ?

Elle s'était endormie, la main sur la télécommande.

— Bonne nuit, chuchota Kat en la bordant.

Elle éteignit la lumière et aida ses cousines à rapporter bols et verres vides à la cuisine. June brancha la bouilloire pour faire du thé. Kat emballait les derniers mi-cuits.

— C'est fou ce que ça marque, l'adolescence, dit-elle. Il n'y a qu'à voir ma relation avec Oliver. C'est comme si on était prédestinés à se marier…

June, qui versait du Earl Grey dans la théière, s'interrompit.

— Tu hésites ?

— Peut-être… Non. Si ! Je ne sais pas. Je suis un peu paumée. Ne faites pas attention à moi.

— Ben voyons ! fit Isabel en lui pétrissant l'épaule. Kat, quoi que tu fasses, il faut que ce soit ton choix. Ne laisse personne t'influencer. Entendu ?

— Entendu.

June versa l'eau bouillante sur les feuilles de thé et renchérit :

— Crois-en ma vieille expérience, quand tu hésites sur la marche à suivre, tu as deux possibilités : quitter la partie ou prendre le temps de t'éclaircir les idées. Mais en aucun cas il ne faut foncer. Tôt ou tard, tu auras un déclic. Tu te réveilleras un matin et tu sauras. Tu auras compris une chose qui t'échappait encore la veille.

Elle remplit trois tasses. Le thé embaumait.

— Alors, vivement demain matin, soupira Kat, qui changea de sujet : J'en connais une, en tout cas, qui ne doute pas. Hein, Isa ? Tu sors avec Griffin demain ?

— Pas du tout ! On va juste se promener. C'est une trêve, voilà tout. Ou alors il va me larguer...

— Il louerait une chambre à cent cinquante dollars la nuit juste pour t'annoncer que c'est fini ? fit June, la bouche en cœur, en sucrant son thé.

Isabel ne put réprimer un sourire.

Toute la journée, Isabel avait observé les allées et venues de Griffin et de ses filles. A leur arrivée, Alexa l'avait snobée et Emmy avait réclamé le gentil chien avec qui elle avait fait dodo la dernière fois. Sa sœur en avait blêmi de façon presque comique. Griffin, lui, avait lancé à Isabel un regard d'une telle intensité qu'elle en avait frissonné. Pour un peu, elle l'aurait attiré dans le bureau pour l'embrasser à loisir. Mais Emmy réclamait une glace et Alexa montait les marches quatre à quatre – il faudrait attendre le soir.

D'ailleurs, rien n'indiquait qu'il voudrait l'embrasser. Isabel anticipait leur promenade – perdue dans une rêverie, elle flânait, sa main dans la sienne, sur la jetée baignée de lune... Il lui caressait le menton et l'embrassait doucement... Elle n'en avait pas dormi de la nuit.

Elle terminait sa comptabilité dans le bureau quand elle avait vu les Dean sortir. Tout en époussetant les meubles du salon, elle avait épié leur retour. Emmy léchait une sucette au chocolat en forme de homard et Alexa buvait à la paille un granité bleu électrique, les écouteurs dans les oreilles. « Vers 20 h 30, ce soir ? » avait demandé Griffin.

Du coup, à 19 heures, Isabel monta prendre une douche, sans cesser d'imaginer ce long baiser, les mains de Griffin douces comme la mousse sur sa peau. Son rêve prit une tournure érotique. C'était bon signe. Elle fredonna la BO de *La Brûlure*, un vieil air de Carly Simon : « It's coming around again »... Oui, le vent tournait pour elle aussi !

Elle enfila la robe qu'elle s'était achetée sur le port quelques semaines plus tôt, un modèle tout simple mais flatteur, en coton jaune pâle, cintré sous la poitrine, avec des fleurs sur les bretelles. Elle se sentait insouciante, séduisante. Un nuage de parfum, un soupçon de mascara, un peu de baume à lèvres... Voilà. Elle lissa ses cheveux et descendit les escaliers. Sur le palier du premier, elle entendit du bruit. Quelqu'un pleurait. Elle se figea, tendit l'oreille : ça provenait du Sanctuaire. June... ? Elle toqua à la porte mais un coup sourd lui répondit. Comme si quelqu'un venait d'y projeter un objet.

Alexa.

— Alexa ? C'est Isabel. Ouvre-moi.

— Non !

— Il faut que je te parle, Alexa.

— Pour quoi faire ? Tu me détestes ! Et t'es la copine de mon père ! Tu crois que c'est marrant pour moi ? Laisse-moi tranquille !

Isabel ne nia pas : elle n'était sortie avec Griffin qu'une seule fois mais, pour une enfant de divorcés comme Alexa, ça faisait une fois de trop.

— Je ne te déteste pas, Alexa. Je ne suis pas fâchée.

Silence. Puis :

— Tu mens ! Va-t'en. Tu vas être en retard à ton rencard !

Isabel était mal placée pour discuter avec Alexa de la vie amoureuse de son père. Non qu'il fût question d'amour entre eux... pour le moment. Néanmoins, elle tourna la poignée, poussa. La porte resta bloquée : Alexa s'était barricadée à l'aide d'un meuble.

— Ton père et moi, on va promener Happy ensemble. C'est tout.

— Je ne suis pas débile, c'est un rencard ! Ma mère a fait pareil avec son patron et elle a bousillé ma famille ! Maintenant, mon père s'y met. Je hais ma mère ! Je la hais ! Elle a tout gâché ! Je la déteste, j'ai bien fait de le lui dire !

Isabel frémit : la situation était plus grave qu'elle ne le pensait. Fallait-il aller chercher Griffin, le laisser prendre le relais ? N'écoutant que son instinct, Isabel se colla à la porte.

— Alexa, écoute-moi. Je vais te raconter une histoire à mon sujet...

— J'en ai rien à faire de toi !

Isabel caressa machinalement son pendentif, un cœur en or qu'elle tenait de sa mère.

— Je vais te la raconter quand même.

Elle rassembla ses forces : la dernière fois qu'elle avait raconté cette histoire, c'était à Edward, l'année de ses seize ans.

— La dernière chose que j'aie dite à ma mère, c'est : « Je voudrais que tu sois morte ! » C'était le soir du Nouvel An et on se disputait. Le lendemain, quand je me suis réveillée, j'ai appris qu'elle avait été tuée dans un accident de la route, ainsi que mon père et mon oncle – le papa de Kat Weller.

Silence.

— Je ne pensais pas ce que je lui ai dit. J'aimais ma mère, de tout mon cœur, même si je n'en avais pas toujours conscience à l'époque. Elle voulait que je rentre à minuit et demi de ma fête et j'enrageais, parce qu'elle me punissait, qu'elle me grondait, qu'elle faisait ce qu'elle pouvait pour me remettre dans le droit chemin. Elle disait que je finirais par faire quelque chose que je regretterais. Et elle avait raison. Je regrette, encore aujourd'hui, ce que je lui ai dit. Je n'ai jamais pu lui demander pardon...

De l'autre côté de la porte lui parvint un bruit de livres qu'on jetait par terre.

— Au moins elle n'a pas trompé ton père ! hurla la jeune fille. Elle n'a pas brisé ta famille et détruit ta vie !

— Non. Mais je l'ai perdue pour toujours. Je ne pourrai jamais améliorer nos relations. On ne sait jamais ce que la vie nous réserve. Un drame est vite arrivé. Mais la colère n'arrange rien. Il faut essayer de pardonner à ta mère...

— Pas question !

Coriace, l'ado !

— Essaie. Et tu as le droit de l'aimer même si tu lui en veux. Tu peux aussi la laisser t'aimer, toi. Accepte ses efforts. C'est ta mère, Alexa. La mienne est morte quand j'avais seize ans. Je ne la reverrai jamais.

Le silence, soudain. Puis un bruit de frottement. On déplaçait quelque chose de lourd. Le verrou sauta. Isabel attendit, mais la porte restait close. Elle tourna la poignée. Pelotonnée sur la chauffeuse au milieu de la buanderie, Alexa grelottait, les yeux ruisselants d'eye-liner et de mascara.

— Ce que je lui ai dit, je ne le pensais pas... hoqueta-t-elle. Mais je suis en colère quand même !

Isabel s'accroupit.

— J'aimerais que la mienne soit encore en vie pour pouvoir retirer les horreurs que je lui ai envoyées. Toi, tu le peux. Ta maman est en vie et elle habite à moins de dix kilomètres d'ici.

— Mais je la hais vraiment ! Enfin non, mais...

Elle se remit à pleurer. Isabel la comprenait tellement qu'elle aurait voulu trouver les mots pour la consoler. Mais il faudrait du temps pour ça, et de la confiance. Et un petit effort de maturité de la part de la jeune fille.

En attendant, Isabel se contenta de l'enlacer. Alexa se raidit, sans toutefois s'écarter. Isabel lui parla de la lettre de sa mère à propos de Floppy le lapin et du véritable sens de cette anecdote, du bien que ça lui avait fait de la lire, même après toutes ces années. Et, plus vite qu'elle ne l'aurait pensé, Alexa se laissa aller comme un bâton de guimauve dans ses bras.

Il était 21 heures passées quand elle prit congé de la jeune fille pour aller expliquer son retard à son père. Elle lui promit de revenir.

— Pas la peine, grommela Alexa. Va te promener. Avec mon père... et Happy.

Isabel lui sourit. Au rez-de-chaussée, elle croisa June, qui la rassura :

— Il est dans le salon. Comme il s'inquiétait, je suis montée aux nouvelles tout à l'heure, et je t'ai trouvée en grande conversation avec la petite. Il s'est planté au pied de l'escalier comme s'il hésitait à intervenir, puis il a soupiré et a renoncé. Je l'ai fait patienter avec une bière.

— Merci, June !

Dans le salon, les coudes sur les cuisses, Griffin regardait le mur où trônait le tableau des trois capitaines. Il n'avait pas touché à sa boisson. Quand il la vit entrer, il bondit sur ses pieds.

— Qu'est-ce qui s'est passé ? Ou est-ce qu'il vaut mieux ne pas le demander ?

— Alexa s'est confiée à moi. Il a fallu du temps, mais ça a marché. Je suis contente : je crois que j'ai réussi à la réconforter un peu.

Griffin n'en revenait pas.

— Vraiment ? Chapeau ! Je me demande bien ce que tu as pu lui dire !

— Tu devrais monter lui parler maintenant qu'elle est calmée, je crois qu'elle en a envie. On ira se promener quand elle sera couchée. Ou une autre fois. Monte parler à ta fille.

C'était comme ça, quand on avait des enfants. La vie regorgeait soudain de complications, d'interruptions, de grands drames. De sacrifices et de déchirures. Mais on gagnait en retour de tels moments de grâce...

Isabel regarda Griffin s'éloigner dans l'escalier. June sortit du bureau et la rejoignit.

— Ce n'est pas toi qui craignais de faire une mauvaise mère ?

17

June

A la cave, devant le miroir en pied qui rouillait dans son cadre de bois, June enfila le caban de laine rouge. Rêvait-elle ? Il lui semblait que le col sentait encore un peu le parfum de sa mère… Elle l'avait trouvé sur une tringle, dans une housse, parmi d'autres vieux manteaux, dont notamment la doudoune orange de sa mère et la veste en cuir brun de son père. Les autres ne lui évoquaient rien ; sans doute appartenaient-ils à Lolly.

June mesurait dix centimètres de moins que sa mère et le manteau tombait mal sur elle ; il irait mieux à Isabel. Mais June l'adorait ; son contact sur sa peau la consolait tout en lui rappelant sa maman. Avec ses cheveux auburn, roussis par le soleil, elle évitait d'ordinaire de porter du rouge ; pourtant, le caban lui donnait bonne mine et faisait luire dans ses yeux noisette des éclats verts. Non, elle ne rêvait pas. Et quand bien même : le vêtement la rendait heureuse, et elle résolut de le garder. Dans quelques mois, il se remettrait à faire froid. Elle le porterait tous les jours.

Elle rangea le caban dans sa housse et l'ajouta à son butin, qui ne cessait de croître. S'y trouvait entre autres un album plein de clichés des sœurs Miller, Lolly et Allie, enfants, dans leur ville natale de Wiscasset, non loin de Boothbay Harbor. June s'assit en tailleur sur un vieux tapis et en tourna les pages. Elle se surprit à scruter chaque photo de sa tante. L'une d'elles la représentait, devant la maison jaune typique de la région où elle avait grandi, adolescente et tout endimanchée dans sa robe de bal mauve, une fleur à son corsage et flanquée d'un galant. S'agissait-il du fameux Harrison ?

Lolly avait lâché ce nom le jour où June avait appris la mort de John. Elle était montée au dortoir pour lui parler. Couchée face au mur en position fœtale, June pleurait en silence, incapable d'endiguer le flot de ses larmes, incapable de faire une croix sur ses rêves envolés. Obsédée par la perte et le deuil, seules constantes de sa vie. Mais la venue de sa tante l'avait forcée à relativiser : Lolly souffrait le martyre et s'était néanmoins hissée jusqu'au troisième étage rien que pour la consoler. Honteuse, June s'était ressaisie et excusée de l'avoir dérangée.

« Vous ne me dérangez jamais, Kat, Isabel et toi, avait répondu sa tante en s'asseyant à grand-peine sur son matelas. Quand vous souffrez, je souffre aussi. »

Elle avait regardé sa nièce brièvement et détourné les yeux.

« Je sais ce que tu ressens, avait-elle ajouté. J'ai vécu une situation similaire.

— Quand oncle Ted est décédé ?

— Je ne pensais pas à lui mais à Harrison. Un homme que j'ai aimé il y a longtemps. Pendant que j'étais mariée. »

La mâchoire de June s'en était quasiment décrochée. Lolly Weller ? Une liaison ?

« Tu te souviens de la relation de Meryl Streep et Clint Eastwood, dans *Sur la route de Madison* ? J'ai vécu ça moi aussi. Une grande passion. Mais c'était impossible et ça n'a pas duré. J'en ai longtemps souffert. Parfois, quand j'y repense, mon cœur saigne comme si nous venions juste de nous séparer pour la dernière fois, Harrison et moi… Tu sais ce qui m'a sauvée ? »

Des centaines de questions lui brûlaient la langue, mais June sentait qu'elle devrait patienter.

« Non, quoi ?

— Ça va te paraître idiot mais… Cet homme dont j'étais folle amoureuse, cet homme formidable, m'aimait en retour. Moi ! Cette certitude m'a portée et aidée à aller de l'avant. Je l'ai gravée dans un coin de ma tête, et c'est ce qui m'a permis de tourner la page. »

June avait ressenti cette même force lors de la déclaration de Henry. Il fallait qu'elle sache.

« Mais, tante Lolly, quand est-ce que…

— Je ne me sens pas très bien. Je retourne m'allonger. »

June connaissait bien ce ton, il signalait la fin de la conversation. Sa tante tenait à préserver son intimité et June n'avait pas insisté.

La confidence de sa tante l'avait vraiment aidée. Pendant sept ans, elle avait cru John indifférent aux sentiments forts qu'elle avait conçus pour lui au cours de ces deux journées. La nouvelle de sa mort éclairait leur relation d'un jour nouveau : il ne s'était pas servi d'elle. Peut-être même l'avait-il aimée. Une pensée précieuse.

Les jours suivants, au petit déjeuner, au dîner, ou lorsqu'elle lui apportait au lit un plateau de thé, June mourait d'envie de cuisiner sa tante sur ce mystérieux

Harrison. Elle s'y était risquée une fois, mais Lolly l'avait sèchement rabrouée et June avait rapidement réorienté la conversation vers le menu de mariage de Kat. Lolly s'efforçait de protéger sa fille, qui allait se marier, ainsi que la mémoire de son défunt époux. June conserva comme une pépite le secret de sa tante, et n'en parla plus.

Cette histoire, ajoutée aux mots de sa mère à Isabel, l'avait remise d'aplomb, suffisamment pour écrire enfin la lettre qu'elle ne cessait de reprendre et d'interrompre depuis qu'elle avait lu la nécrologie. Elle l'avait envoyée à Eleanor et Steven Smith trois jours plus tôt, avec deux photos de Charlie, à sa naissance et à sept ans. Depuis, dès que son portable sonnait, elle sautait au plafond.

Il sonnait rarement, en fait. Marley lui donnait des nouvelles – Kip, fidèle à sa parole, construisait un berceau. Henry avait laissé un message le soir où elle s'était enfuie en pleurs de son bateau : il lui accordait quelques jours de congé, son poste l'attendrait quand elle se sentirait prête à revenir travailler. Elle ne l'avait pas rappelé...

Pauvre Henry, elle lui devait des excuses. Pour son comportement et pour son manque de professionnalisme – elle séchait le boulot depuis une semaine ! Elle tenait pour acquise sa générosité. Elle regrettait. Elle avait tant à lui dire... Quelque chose sourdait en elle, un sentiment trouble qui la désarçonnait, un sentiment en rapport avec Henry.

Elle sortit son portable de la poche arrière de son jean et s'apprêtait à chercher Henry dans son répertoire pour lui dire... n'importe quoi, quand un numéro entrant s'afficha : 207-555-2501.

Les parents de John !

June regarda son écran, bouche bée, tétanisée.

Vite, décrocher avant qu'ils ne tombent sur son répondeur !

— June ? Je suis Eleanor Smith, la maman de John.

Les jambes de June flageolaient – heureusement qu'elle était assise !

— Nous sommes sous le choc, Steven et moi. Nous sommes rentrés de vacances hier et avons trouvé votre message et votre lettre. Pardon d'avoir tardé à vous téléphoner, nous étions si estomaqués de nous découvrir grands-parents !

June avala la boule qui s'était formée dans sa gorge.

— Je vous en prie, c'est normal, dit-elle.

La mère de John paraissait douce.

— La photo de Charlie a suffi à nous convaincre qu'il était bien le fils de John. C'est son portrait craché.

Elle étouffa un sanglot.

— Je sais, souffla June. Il a ses cheveux. Et ses yeux.

— Et l'expression de son visage…

Oui, c'était bien la même.

— Votre lettre nous a permis de résoudre une énigme, poursuivit Eleanor. Une infirmière nous a raconté qu'avant de mourir John avait repris conscience deux ou trois fois et murmuré « June ». On s'est longtemps demandé à qui ou à quoi il faisait allusion.

June se mit à pleurer. Au bout du fil, Eleanor Smith patienta.

— Nous vous sommes tellement reconnaissants de nous avoir écrit, dit-elle enfin. Quelle chance que vous nous ayez retrouvés !

Elles avaient tant de choses à se dire qu'elles décidèrent de se rencontrer, avec Charlie, dès le lendemain. Au moins, June n'aurait pas le trac bien longtemps.

Le vendredi matin, June s'engagea sur l'autoroute I-95 en direction de Bangor et lança un regard dans le rétroviseur : à l'arrière, Charlie admirait son arbre généalogique. La veille, dans le jardin, ils avaient eu ensemble une longue discussion : June lui avait tout raconté, de la mort de son papa aux grands-parents dont il allait faire la connaissance. Charlie avait couru chercher son arbre, pressé de le compléter, et était reparu quelques instants plus tard, son crayon vert préféré à la main. Dans le cercle sous le nom de son père, il avait inscrit *Au ciel*, et dans les bulles au-dessus il avait tracé les noms d'Eleanor et de Steven Smith : les grands-parents qu'ils s'apprêtaient à rencontrer.

Après sept ans de recherches (plus ou moins assidues selon les périodes), June trouva presque trop facile de se garer dans l'allée des Smith. Leur maison en bardeaux de bois blanc, les jardinières et les parterres fleuris et accueillants calmèrent un peu ses nerfs.

Ils descendirent de voiture et la porte d'entrée s'ouvrit. Un couple s'avança sur le perron et leur fit signe de la main. A leur approche, M. et Mme Smith furent pris d'un même trouble et se tombèrent dans les bras, émus aux larmes.

— Vous ne nous aimez pas ? demanda Charlie.

Eleanor s'agenouilla devant lui.

— Oh ! Si, on vous aime beaucoup, Charlie.

Elle le dévorait des yeux, ce lien vivant à son propre enfant, sa prolongation.

— Tu ressembles beaucoup à ton papa, poursuivit-elle. J'ai hâte de te montrer des photos de lui à ton âge… tu vas voir !

Steven Smith embrassa son petit-fils et se releva en secouant la tête, ahuri.

— C'est son sosie. Son sosie !

June aussi revoyait John en eux : Eleanor avait les yeux verts et le teint clair, Steven la mâchoire carrée et les cheveux d'un noir de jais. Charlie s'assit sur le perron pour caresser le chat roux qui se frottait contre sa jambe. Sur le visage de ses grands-parents, une foule d'émotions se succédaient. L'émerveillement. La joie.

— Que dirais-tu de cookies et d'un grand verre de lait ? proposa Eleanor.

— D'accord, dit Charlie. Oh, mais attendez, on en a apporté. Ma cousine Kat est pâtissière !

Il courut jusqu'à la voiture et rapporta la boîte à sa grand-mère, qui laissa échapper quelques larmes supplémentaires.

— Prends un biscuit, suggéra le petit. Kat dit qu'on ne peut pas pleurer et manger des cookies en même temps, et qu'à choisir autant manger des cookies.

Eleanor éclata de rire. Elle se mit à la hauteur de Charlie et le prit par les épaules.

— Je ne suis pas triste, Charlie. Je suis très, très heureuse de te rencontrer. Vraiment.

— Il était comment, mon papa ? demanda Charlie en tendant un biscuit au chat, qui le dédaigna après l'avoir reniflé.

Steven Smith lui ébouriffa les cheveux.

— Viens, bonhomme, je vais te montrer ses photos. Tu vas voir, tu lui ressembles comme deux gouttes d'eau !

June franchit le seuil et pila net. Au-dessus d'un piano droit en bois, il était là, John – ou du moins un portrait de lui, assis sur le perron, des feuilles d'automne rouge et or à ses pieds, exactement tel qu'elle se le rappelait. Charlie suivit son regard.

— C'est mon papa ?

— Oui, poussin. C'est ton papa.

— Il est comme moi !

— Et toi comme lui, chuchota June.

Il lui semblait rêver.

Tous les quatre s'assirent sur le canapé, June et Charlie au milieu, un album de photos sur les genoux, plein de clichés de John bébé, puis enfant, sur son vélo à petites roues, en skateboard, à sa première boum, sur le pont de différents bateaux... toute une vie défilait sous leurs yeux. Dire que June ne l'avait connu que deux jours...

Mais elle songea à *Rendez-vous au paradis,* à l'avocat d'Albert Brooks lui disant de ne jamais laisser filer une opportunité. June avait saisi celle que John représentait, et au passage elle y avait gagné un fils et plein de souvenirs.

Charlie se lassa et partit jouer avec Miles le chat. Eleanor raconta à June qu'on avait diagnostiqué à John une leucémie alors qu'il avait dix-neuf ans, soit un an et demi avant sa mort. Il avait décidé de sillonner le pays, de s'en mettre plein la vue. Il voulait voir le costume de Ziggy Stardust de Bowie, sa combinaison et ses chaussures à semelles compensées, au musée du rock de Cleveland dans l'Ohio, visiter la maison secrète de J. D. Salinger dans le New Hampshire, se promener à Strawberry Fields et à Greenwich Village, à New York, acheter un livre dans la fameuse librairie Strand... Il avait promis d'appeler ses parents tous les soirs à l'heure du dîner et, au cours de ses trois premières semaines de voyage, il n'y avait jamais manqué. Parfois, il laissait un message. D'autres fois, il bavardait, leur racontait des anecdotes glanées au cours de la journée...

— Mais le 10 novembre il n'a pas téléphoné. J'ai su tout de suite ce que cela signifiait.

Eleanor caressait du bout des doigts une photo de John franchissant la ligne d'arrivée d'une course.

— J'ai sorti le rôti du four à 18 h 15… on dîne tôt, à la maison, vers 18 h 30, et j'ai réalisé qu'il n'avait pas appelé. J'ai suivi l'aiguille des minutes sur l'horloge jusqu'à ce qu'elle sonne 19 heures, et j'ai compris. J'ai appelé l'auberge de jeunesse où il résidait, et le gérant m'a dit que la femme de chambre l'avait trouvé sans connaissance un peu avant 13 heures, près de la porte, comme s'il s'apprêtait à sortir…

A 13 heures. L'heure de leur rendez-vous à la fontaine.

— On a tardé à nous prévenir, intervint Steven. Le gérant pensait que l'hôpital s'en chargeait, et l'hôpital croyait qu'on était déjà en chemin. Si Eleanor n'avait pas eu l'idée de se renseigner auprès de l'auberge de jeunesse, j'ignore quand nous aurions été informés. Il est mort moins d'une heure après que la femme de chambre l'a trouvé.

— La veille, il se portait comme un charme ! gémit Eleanor. Il avait passé un peu de temps dans le New Jersey, pour visiter le club où Bruce Springsteen avait débuté. Il était enchanté… Puis, quand il nous a téléphoné depuis New York, je l'avais trouvé en forme… C'est comme ça, le cancer. Ça frappe alors qu'on ne s'y attend pas…

Sa voix se brisa. Son mari lui frotta le dos.

June ignorait tout de sa maladie. Il était condamné. Mourant. Elle songea à Lolly et sa gorge se noua. Elle ferma les yeux, saturée d'informations.

— Et donc, « June », c'était vous, ajouta Eleanor. Il pensait à vous sur son lit de mort. Vous deviez beaucoup compter pour lui.

June lui prit la main et lui sourit.

Pendant l'heure qui suivit, Steven et Charlie jouèrent au badminton sur la pelouse tandis que June racontait à Eleanor sa rencontre avec John, leur coup de foudre, les heures passées à discuter. Quand Charlie revint, il fallut une fois de plus lui assurer qu'elles pleuraient des larmes de bonheur.

— Tu sais quoi ? dit le petit. J'ai plein de noms à ajouter à mon arbre ! J'ai un oncle en Californie. Il va venir dans le Maine pour Noël et Grand-père dit que je pourrai le rencontrer. J'ai aussi des grands-oncles et des grand-tantes, et même des cousins. Grand-père va m'écrire tous leurs noms !

« Grand-père. » June exultait. Son fils avait un grand-père !

Les Smith les invitèrent à partager leur déjeuner et June et Charlie leur racontèrent la vie à l'auberge. Il était près de 16 heures quand June reprit le volant et, entre-temps, des liens forts s'étaient tissés. Charlie fit au revoir de la main par la vitre. June, elle, n'en revenait pas d'avoir autant de chance.

Au dîner, Charlie raconta à qui voulait l'entendre qu'il avait rencontré ses grands-parents et un super chat nommé Miles et qu'il y avait plein de nouveaux noms sur son arbre généalogique. Tout excité, il en oubliait son poulet et son épi de maïs. Est-ce que son papi et sa mamie pourraient venir le voir à l'auberge ? Bien sûr, avait répondu Lolly, d'ailleurs elle leur réserverait la meilleure chambre. Charlie lui avait sauté au cou pour la remercier.

Pour la soirée ciné, on avait choisi *Pas si simple*. A part Lolly, personne ne l'avait vu à sa sortie en salles et tout le monde se sentait d'humeur légère. « Encore une histoire de liaison », avait plaisanté Isabel. De liaison, oui, mais un peu particulière : celle qu'un homme entretenait avec… son ex-femme !

Kat avait lu le résumé sur le boîtier du DVD.

— Ça m'a l'air tordu, ce truc. Une minette pique le mari de Meryl Streep, du coup on est censé la soutenir quand elle recouche avec lui ?

— Le film s'appelle *Pas si simple*, ma chérie, fit remarquer Pearl. Je ne cautionne pas l'infidélité, mais il faut reconnaître que c'est cocasse comme situation !

Kat haussa les épaules et retira le papier de son cupcake aux trois chocolats.

Lolly se sentait en forme, assez du moins pour descendre au salon, et elle avait repris sa place attitrée sur le canapé. A ses côtés, entre deux bouchées de popcorn, Pearl dissertait sur les charmes d'Alec Baldwin.

Tout commençait à New York. Meryl Streep et son ex-mari, venus assister à la remise de diplôme de leur fils cadet, se retrouvaient coincés dans le même hôtel. Ils prenaient un verre, puis deux, dînaient ensemble et, un peu pompettes, se mettaient à danser.

— Heureusement qu'on n'a pas eu d'enfants, Edward et moi, déclara Isabel. Au moins, on n'aura pas à se recroiser aux spectacles de fin d'année, aux réunions parents-profs, aux remises de diplôme, aux mariages ou que sais-je encore.

June trinqua avec sa sœur.

— C'est vrai que ça doit faire bizarre. Surtout si les nouvelles conquêtes respectives sont de la partie. Meryl et Alec paraissent en plutôt bons termes, mais n'empêche.

— En excellents termes même, puisqu'ils vont recoucher ensemble ! Rappelle-moi de ne jamais reprendre un verre avec Edward !

— Vous entendez la musique ? dit Kat. C'est « Don't do me like that », de Tom Petty. C'est un signe ! N'y va pas, Meryl !

June gloussa.

— Trop tard...

Meryl Streep et Alec Baldwin recouchaient ensemble. Au lit, après, Meryl affichait un air effaré. Alec, lui, semblait plutôt content de lui.

Un peu plus tard, Isabel manqua s'étouffer avec son thé glacé.

— « Des années » ? Elle dit qu'il lui a fallu des années pour se sentir à nouveau normale après qu'il l'a quittée ? Je n'ai pas que ça à faire, moi !

— Tu te verrais dans dix ans devenir complice avec Edward ? demanda June.

— Ça va pas, la tête ? Je m'habitue tout juste à l'idée de divorcer... Edward m'a envoyé les papiers, au fait, alors s'il s'imagine qu'un jour on va trinquer et plaisanter ensemble il peut toujours courir !

— Meryl Streep craque pour ce mec alors qu'il l'a plaquée pour une petite jeune, dit Kat. Je veux bien qu'elle l'aime encore et qu'elle prenne ses précautions, mais quand même : ça ne sent pas bon. Il l'a trompée, il a brisé sa famille, détruit sa vie, et elle, alors qu'elle s'en remet à peine, qu'est-ce qu'elle fait ? Elle retombe dans le panneau ! Ce n'est pas comme s'il avait changé : il est toujours infidèle. C'est complètement idiot.

— Ravie de te l'entendre dire, répondit Isabel. Ça prouve que tu as des idéaux. Et ça vaut mieux, puisque tu vas te marier...

— Tu sous-entends que je suis naïve ?

— Pas du tout ! intervint June. Tu as des valeurs. C'est une bonne chose.

Pearl salua avec enthousiasme l'entrée de Steve Martin.

— Il est tordant ! J'espère que Meryl finira avec lui et pas avec son ex-mari !

— Il joue l'architecte engagé pour construire la maison de ses rêves : à en juger par la symbolique, je dirais qu'il y a de l'espoir, fit June.

Elle pensa à Henry. Grand, fort et taciturne. Berçant son bébé tandis qu'elle pleurait dans la réserve, dépassée par les événements. Emmenant Charlie à la pêche. Lui envoyant depuis sept ans des livres, des déguisements et des cerfs-volants. Il lui avait déclaré sa flamme et elle, elle avait pris la fuite. Parce qu'elle souffrait… et parce qu'elle avait peur.

A l'écran, Meryl flanchait.

— Il m'agace avec son charme ravageur ! s'irrita Isabel.

Kat reprit une poignée de pop-corn.

— Meryl Streep est sacrément bien conservée. Elle doit approcher de la soixantaine, non ?

Lolly vérifia sur le boîtier la date de sortie du film : 2009.

— Meryl Streep est née en 1949, elle avait pile soixante ans. C'est cette joie de vivre qui l'embellit.

— Je suis contente que ça se termine comme ça, conclut June, emballée, quand le personnage de Meryl découvrait enfin ce qu'elle voulait.

Elle aurait pu revisionner le film directement, dans la foulée. Isabel reprit la parole.

— J'ai bien aimé la réplique de Meryl, quand Alec Baldwin la persuade de refaire un essai : « Chacun de nous est devenu la personne que l'autre espérait. » C'est vrai qu'on change, qu'on évolue… On ne peut pas remonter le temps.

— Malheureusement, murmura Lolly d'une voix chargée d'émotion.

June observa sa tante. Pensait-elle à Harrison ? Difficile à dire : déjà, Lolly se reprenait et changeait de sujet :

— Les amies de Meryl sont de bon conseil. Je ne sais plus si c'est Rita Wilson ou Mary Kay Place qui lui dit : « Ne le laisse pas te forcer à le sauver de ses ennuis. » C'est sans doute la phrase clé du film.

Son sourire s'effaça et elle se tourna vers la fenêtre. Que s'était-il donc passé entre Lolly et son énigmatique amant ?

— Tu as raison, approuva Pearl.

Si elle connaissait le secret de Lolly, elle n'en laissait rien paraître.

— Moi, j'ai préféré le moment où Meryl raconte à Steve Martin son voyage à Paris et son stage en boulangerie, dit Kat.

Sa mère la scrutait, et elle se tut.

— Tu pourrais peut-être suivre une formation pendant ta lune de miel ? suggéra June. Enfin, si Oliver n'y voit pas d'inconvénient…

— C'est une idée… Je lui en parlerai.

Dehors, un klaxon retentit : le mari de Pearl l'attendait. Elle se leva et enfila son gilet.

— La scène où elle confectionne des croissants avec Steve est très mignonne, dit-elle en se dirigeant vers la porte. Vous faites ce genre de choses, Oliver et toi ?

Kat rit.

— Non, mais l'autre jour, avec Matteo, j'ai appris à faire des *cannoli*. Son père tient la Panetteria, vous savez, la boulangerie italienne ?

Elle prit un air rêveur, comme si elle revivait la scène.

— Mais contrairement à Meryl je ne me suis pas fabriqué des cache-tétons en pâte feuilletée ! C'était tordant, ce passage, ça paraissait si spontané ! Les acteurs ont dû bien rigoler...

Lolly se tourna vers sa fille.

— Kat, il se passe quelque chose entre le docteur Viola et toi ?

— Hein ? fit Kat, s'empourprant. Bien sûr que non !

Elle fixa ses pieds puis se mit à débarrasser pour se donner une contenance.

Isabel s'empressa de meubler le silence :

— Je me suis reconnue quand l'héroïne explique à son ex qu'elle avait sa part de responsabilité dans leur séparation. Parce qu'elle avait baissé les bras. En un sens, moi aussi. Je croyais que j'essayais de sauver mon couple, mais en fait j'avais renoncé. J'exigeais de lui la seule chose qu'il me refusait. « Pas si simple », en effet !

June hocha la tête.

— Rien n'est simple, le film le montre bien. Alec Baldwin finit par la décevoir une nouvelle fois – pour des raisons compliquées. Heureusement qu'elle a sa famille. C'est fou, des frères et sœurs qui se sautent au cou comme ça, dès qu'ils se voient, qui s'encouragent, s'épaulent, et sont toujours ravis de se voir...

— Ben quoi ? Nous aussi, on est comme ça maintenant ! protesta Kat. Moi aussi, j'ai envie de vous sauter au cou chaque fois que je vous vois... et pourtant je vous vois souvent !

Ses cousines pouffèrent.

— A la famille, déclara Lolly en levant son verre.

Mais elle fixait toujours sa fille, laquelle évitait soigneusement son regard. Sortait-elle vraiment avec le docteur Viola ? Elles trinquèrent. Kat semblait chercher un trou où se cacher. June fit de son mieux pour détendre l'atmosphère :

— Je mange comme un cochon : j'ai mis du pop-corn partout ! Par terre, dans mon tee-shirt...

— Estime-toi heureuse, dit Isabel. J'en ai jusque dans mon soutien-gorge !

Lolly eut un sourire.

— Et la scène où Alec Baldwin repasse une soirée chez Meryl avec les enfants, où ils regardent un film, comme au bon vieux temps, et où il prépare du pop-corn ? Ça ne vous a rien rappelé ?

Un débat s'ensuivit : combien de films avaient-elles regardés ensemble ? June en comptait sept, Kat – ravie de ne plus être sur la sellette – huit. *Sur la route de Madison*, *Le diable s'habille en Prada*, *Mamma Mia !*, *La Brûlure*, *Rendez-vous au paradis*, *Kramer contre Kramer*, *Bons baisers de Hollywood* et *Pas si simple*.

— Huit films de Meryl Streep en à peine quelques semaines ! conclut Isabel. Je ne me lasserai jamais de cette actrice. Elle excelle dans tous les rôles, du drame à la comédie sentimentale...

— Et même ses comédies font réfléchir, renchérit June. Quel talent ! Dans *Pas si simple*, elle explore l'idée de seconde chance. On se demande tous à un moment ou à un autre si nos vies auraient pu tourner autrement : elle, elle a la réponse.

June n'aurait jamais cette chance. Le rêve qui tantôt la portait, tantôt la freinait et derrière lequel elle se cachait depuis toutes ces années n'était plus.

— Parfois, il vaut mieux éviter de se poser la question, murmura Kat en tripotant sa bague de fiançailles.

— En effet, répondit sa mère sur le même ton.

— Comment ça ?

— Je le sais parce que...

Elle lança à sa fille un coup d'œil furtif, poursuivit :

— J'ai eu une liaison il y a longtemps. Et depuis mon cancer je ne cesse de me demander comment ma vie aurait tourné si...

Elle regarda le plancher.

— Quoi ? s'écria Kat. Tu as trompé papa ?

Sans relever le nez, Lolly hocha la tête.

Kat consulta ses cousines du regard et alla prendre place à côté de sa mère.

— Ben, raconte !

— Au début, c'était platonique. Une amourette... C'était un client. Il avait passé un week-end aux Trois Capitaines, suite à une séparation. On a beaucoup parlé...

— Qu'est-ce qu'il avait de si attirant ?

Kat se contrôlait mais sa voix vibrait d'émotion.

Pendant un moment, Lolly sembla perdue dans ses souvenirs.

— Je me sentais différente avec lui. J'avais l'impression d'être celle que je rêvais d'être. Plus intelligente, plus drôle, plus jolie, plus femme, plus intéressante. J'ignore pourquoi. Sans doute parce qu'il m'écoutait toujours avec beaucoup d'attention et qu'il me dévorait des yeux... Il est revenu le week-end suivant. Puis nous nous sommes vus chaque week-end après ça, mais dans un autre hôtel. Au cours de l'été, notre relation a évolué. Ce n'était pas une passade, Kat : j'ai envisagé de quitter ton père. J'ai tergiversé tout l'automne et encore pendant cet interminable mois de décembre...

— Tu as failli quitter papa ? Je n'en reviens pas !

— Puis il y a eu l'accident. Par ma faute.

Isabel et June se figèrent.

— Comment ça, par ta faute ? demanda Kat d'une voix blanche.

— Cette nuit-là, quand Allie a appelé pour qu'on vienne les chercher, elle et son mari, j'y ai envoyé ton père.

Elle émit une plainte gutturale qui semblait émaner des tréfonds de son être.

— Je lui ai dit d'y aller pour pouvoir téléphoner à Harrison. Pour célébrer le Nouvel An avec mon amant !

Elle enfouit son visage dans ses mains et se mit à sangloter. June et Isabel se tenaient par la main ; Kat restait coite, choquée.

— Je trompais mon mari, je songeais à le quitter et ça a coûté la vie à trois innocents. Mes nièces ont perdu leurs parents par ma faute.

Une pause.

— Moi, je serais peut-être passée par un autre chemin, j'aurais peut-être donné un coup de volant... Tout aurait été différent.

— Tante Lolly, ne te torture pas comme ça. On ne peut pas réécrire l'histoire, dit June. C'était un accident... tu n'y étais pour rien !

— Tu aimais papa ? chuchota Kat.

— Enormément. Je m'en suis aperçue quand je l'ai perdu. Je ne me rendais pas compte à quel point je l'aimais... je crois que je le tenais à distance par peur de le perdre, justement. Mais je l'ai perdu quand même.

— Oh, tante Lolly... dit Isabel.

June pleurait, abasourdie. Elle tenait Henry à distance, elle aussi...

— Tu penses que je fais pareil avec Oliver, devina Kat.

— Tout ce que je sais, c'est qu'il faut lui dire la vérité, quelles que soient les conséquences, répondit Lolly.

June la comprenait. La vérité blessait parfois, mais elle passait avant tout. Lolly peinait sa fille en lui avouant son aventure mais, en même temps, elle sauvait peut-être son bonheur futur.

Lolly se tourna vers ses nièces.

— J'avais tellement peur de ne pas être à la hauteur quand vous avez emménagé. Et toi, Kat... tu étais si proche de ton père ! J'avais honte. Alors j'ai rompu avec Harrison. Je lui ai dit que je ne voulais plus jamais le revoir, et je ne l'ai jamais revu. Alors qu'il était merveilleux... A l'époque, je pensais que c'était l'homme de ma vie.

— Et maintenant tu penses quoi ? demanda Kat.

— J'ai commis un acte impardonnable.

— Maman...

Kat tremblait comme une feuille. Elle était si blême que June redoutait une réaction violente, cruelle, de sa part.

— A ta place... Si j'étais mariée à Oliver et que je brûlais de discuter avec Matteo... J'aurais sans doute fait pareil. On ne peut pas prédire l'avenir. On ne peut que suivre son instinct.

Lolly l'empoigna brusquement et la pressa contre son cœur, et Kat lui rendit son étreinte.

— J'aimais ton père, Kat. Je m'en suis aperçue trop tard. Mais j'ai eu de la chance de connaître Harrison. J'étais très amoureuse de lui et je me suis toujours demandé ce qu'il était devenu. Je n'ai jamais pu l'oublier. Il n'y a rien de pire que les regrets. C'est ce que je voulais te dire ce soir, et c'est ce qui a motivé ma confession.

— Tu as tant souffert, tante Lolly, compatit June.

D'abord, elle avait perdu ses parents à vingt ans dans un accident de la route. Puis un chauffard avait fauché son mari, sa sœur et son beau-frère. L'amour de sa vie lui avait échappé. Et le cancer la terrassait.

— Tant souffert… répéta-t-elle.

Les yeux de sa tante s'embrumèrent.

— J'ai essayé de vous en parler plus tôt, mais avec la liaison d'Edward, le mal qu'il t'a fait, Isabel… Je n'ai pas osé.

Sa nièce se rapprocha, lui prit la main.

— Kat a raison, Lolly. Chacun fait ce qu'il peut. Parfois on se trompe. Parfois on sait que c'est mal, mais on ne peut pas résister. C'est comme ça que je m'explique la conduite d'Edward.

— Mais Edward s'est mal conduit ! Et moi aussi.

— Renoncer à ton grand amour, en un sens, c'était « mal ». J'en doutais encore quand on a regardé *Sur la route de Madison :* pour moi, en repoussant son amant, l'héroïne faisait le bon choix. D'ailleurs, en l'occurrence, je le pense encore. Mais toi, Lolly, tu étais libre ! Pourquoi te punir ainsi ?

— On se punit toujours, plus ou moins consciemment sous couvert de faire son devoir, intervint Kat. Parfois, il faut savoir tout envoyer balader. Vous voyez ce que je veux dire ?

— Oui, dit Lolly. Kat, est-ce que ça va ? Tu dois me détester…

Son masque d'indifférence commençait à se fissurer.

— Comment pourrais-je te détester, maman ? Je ne veux que ton bonheur !

Mère et fille s'enlacèrent à nouveau, puis Lolly rangea le DVD et s'appuya un instant sur la télé. Elle porta la main à son front. Elle vacilla, se raccrocha au poste de télévision.

— Maman ? Ça va ?

— Je me sens bizarre... Ma tête...

Elle s'écroula.

18

Kat

Quand Matteo téléphona, Kat faillit y voir un signe du destin. Sa mère se rétablissait peu à peu de l'infection qui l'avait terrassée, mais Kat restait très ébranlée et avait besoin de soutien. Sa mère était hospitalisée depuis le vendredi et occupait toutes ses pensées : seul Matteo, avec ses compétences médicales, saurait la réconforter. D'autant qu'il avait vécu avec le cancer de son père une expérience similaire. Sa voix, bien que dépourvue, contrairement à celle d'Alonzo, d'accent italien, la faisait voyager…

Il était passé plusieurs fois dans la chambre de Lolly pour s'enquérir de son état. Une fois, Oliver s'y trouvait et l'atmosphère s'était tendue ; même Lolly l'avait senti. Depuis, Matteo informait Kat par téléphone de toute évolution de l'infection. Il la rassurait : l'infection n'avait rien de surprenant, puisque la chimio affaiblissait le système immunitaire, et sa mère se battait, elle s'en remettrait. Kat s'accrochait à ces appels comme à une bouée.

Le lundi, Lolly regagna les Trois Capitaines. Kat la borda et la laissa entre les mains de l'infirmière à domicile qu'elle avait engagée. Elle descendit à la cuisine prendre un thé avec ses cousines. Toutes trois se répartirent des tours de veille au chevet de la malade : l'infirmière s'en occupait de 9 heures à 17 heures, les cousines la relaieraient la nuit et en début de matinée.

Quand elle remonta la voir, l'infirmière lui lisait une biographie de Margaret Thatcher. La Dame de fer – le surnom aurait pu, d'après Kat, décrire sa mère. Du moins l'avait-elle longtemps pensé. Mais elle venait de découvrir que sous ses airs implacables Lolly Weller avait un cœur tendre. Un cœur qui battait encore pour l'homme qu'elle avait jadis répudié, implacablement.

Depuis la révélation, Kat était le jouet de sentiments contradictoires. Sa mère avait eu une liaison. Elle avait vécu une grande passion. Et y avait renoncé par honte, culpabilité ou soif d'expiation. A moins qu'elle n'ait fini par réaliser que c'était son mari qu'elle aimait ? Kat ignorait quelle leçon en tirer. Devait-elle s'assurer de ses sentiments pour Matteo, au cas où ils compromettraient son mariage avec Oliver ? Fallait-il sortir avec lui et voir où ça la mènerait ? Quel message sa mère avait-elle tenté de lui faire passer ? L'infection l'avait nettement diminuée et Kat n'avait pas eu le cœur d'aborder le passé. Ni le présent, ni l'avenir, d'ailleurs. Quand elle avait prononcé le prénom de Harrison, ce matin-là, Lolly s'était repliée sur elle-même : « Je suis très fatiguée, Kat. » En d'autres termes : « Je n'ai pas envie d'en parler. » Trop douloureux sans doute. Ou bien redoutait-elle d'être incomprise ? Pourquoi n'exprimait-elle pas sa pensée, sans détour ? Et pourquoi Kat craignait-elle tant de le lui demander ?

Son portable sonna. Un texto de Matteo. *Libre à déjeuner ?* Elle s'isola pour lui téléphoner. Elle évoqua brièvement l'état de sa mère et l'infirmière, l'interrogea sur la prochaine séance de chimio et les risques de rechute infectieuse. Et finit par lui répondre que oui, elle était libre à déjeuner. Il l'invita chez lui, achevant de la convaincre : ils y seraient plus à l'aise pour discuter, sans personne alentour pour jaser. Non qu'ils aient à se cacher, ils ne faisaient rien de mal ! se dit-elle. Du moins, pas encore... En tout cas, elle y serait plus à même d'analyser ses sentiments.

En chemin, elle ressassait la thèse de *Pas si simple* : il faut par moments savoir suivre son instinct, quitte à prendre des risques. Poussé par de mauvaises raisons, il arrive qu'on se plante, qu'on regrette. Mais il y a parfois gros à gagner.

Kat n'en culpabilisait pas moins. Pauvre Oliver, ce n'était pas sa faute s'il ne parlait pas couramment métastase et globule blanc ! Pas sa faute non plus si sa seule vue rappelait à Kat le mariage qui approchait, la robe qui attendait d'être retouchée, les escarpins que sa mère découpait dans les catalogues à l'aide des ciseaux en plastique de Charlie, les seuls qu'elle parvenait encore à soulever. Pas sa faute si Kat avait des fourmis dans les jambes et que Matteo fleurait bon l'Italie et la pâtisserie...

Depuis une semaine, Kat et Oliver ne se voyaient pratiquement plus. Deux soirs plus tôt, alors que Lolly était encore hospitalisée et Kat passablement traumatisée, il avait réussi à la faire rire en lui racontant au téléphone des anecdotes sur son boulot. Un richissime client, propriétaire d'un terrain qui valait des millions, lui avait commandé un jardin pour ses enfants, avec labyrinthe en haies et arbustes à l'effigie de Winnie l'Ourson et d'Alice au pays des merveilles. Puis il lui avait parlé de la copine de son frère, qui le mitraillait par mails de liens vers des blogs de mariage cucul à souhait, qu'il effaçait sans même les ouvrir. Le mariage... Kat s'était dépêchée de raccrocher.

En approchant de chez Matteo, elle se promit de ne pas tromper son fiancé. Dans ce cas précis, pas de « pas si simple » qui vaille : ce serait tout bonnement mal ! Son avenir, avec ou sans Oliver, dépendait de sa décision ; il lui fallait écouter son cœur et sa raison, non son désir.

Elle remonta l'allée de dalles. Un adolescent tondait la pelouse. Elle frappa à la porte et Matteo emplit soudait son champ de vision, avec son teint mat, ses yeux sombres, son sourire plein de charme, de possibilités et, surtout, de nouveauté. Ces lèvres... Kat se secoua et inspecta le salon.

La maison que louait Matteo n'avait rien à voir avec le cottage d'Oliver, si typique de la région avec ses teintes blanches et bleues, son mobilier en bois peint. Matteo privilégiait pour sa part le cuir et le high-tech, à l'exception d'un tableau de canoë suspendu dans un coin.

— C'est un meublé, expliqua-t-il en refermant la porte, mais je l'aime bien.

— Je ne sais pas si je devrais être là, dit Kat. J'ai l'impression qu'on est sur le point de faire une bêtise, toi et moi...

Elle se mordit la langue, honteuse : peut-être ne lui plaisait-elle pas du tout ! Même pas physiquement !

Il l'invita à le rejoindre sur le canapé en cuir. Sur la table basse en verre, il avait disposé deux bières Shipyard, des hamburgers, de la salade et des fruits. Matteo piocha dans un bol de myrtilles. Ses lèvres, une fois de plus, l'hypnotisaient.

— Au contraire, c'est bien que tu sois là, affirma-t-il. L'honnêteté, c'est important... envers les autres et surtout envers soi. Tu es fiancée mais tu as des doutes... Si tu as des sentiments pour moi, tu dois en avoir le cœur net. Tu as envie de quoi, exactement ?

— Si je le savais !

Elle se concentra sur la feuille de laitue et la rondelle de tomate qui débordaient de son hamburger.

— Tu n'as pas envie de te marier ? Ou est-ce que tout allait bien dans ton couple jusqu'à ce qu'on se rencontre ?

— J'avais des réticences depuis le début. Alors, quand tu m'as pris la main, le premier jour...

— Ça n'a rien arrangé.

Elle picora quelques fraises. Matteo lui servit de la salade mais Kat avait perdu l'appétit. Elle reposa son assiette.

— Je connais Oliver depuis mes cinq ans. Il fut un temps où je l'aimais tellement qu'en sa présence j'avais du mal à respirer !

— Et aujourd'hui ?

— Je l'aime. Il m'aime. Je serais heureuse avec lui. Il ferait un bon père. C'est bien ce qui me perturbe : si je l'aime, pourquoi je n'ai pas envie de l'épouser ?

— Tu n'as que vingt-cinq ans, Kat. Tu n'es peut-être pas prête.

— Ou peut-être que je dois d'abord voir la France, l'Australie et le Japon. Ce serait une forme de fuite, tu crois ? Ma place est ici, à l'auberge...

Elle leva les mains, impuissante, et se laissa aller contre le dossier du canapé.

— Ou alors tu pourrais te faire engager comme chef pâtissier dans un grand restaurant new-yorkais. Comme ça, on pourrait continuer à se voir...

— Tu pars à New York ?

— On m'a proposé un poste au Mount Sinai Hospital. J'ai accepté. Tu vas me manquer. J'ai aimé les moments qu'on a passés ensemble, dans les couloirs, sur la jetée... Je déteste les regrets.

Comme sa mère. Sa mère, qui commençait à lui faire ses adieux...

— J'aimerais apprendre à mieux te connaître, ajouta-t-il.

— Tu pars quand ?

— A la mi-novembre. J'emménage dans mon nouvel appartement de l'Upper West Side le 14. C'est un petit studio, mais il est perché au vingt-troisième étage et en se penchant un peu on aperçoit Central Park par la fenêtre.

Elle se mariait le 15. Dire au revoir à Matteo le 14 et oui à Oliver le 15... Ça faisait trop, d'un coup.

Il effleura une mèche de ses cheveux et laissa ses doigts s'attarder sur sa joue. Mais quand il se pencha pour l'embrasser elle recula.

— Je ne peux pas.

— Je comprends. Mais un jour, peut-être...

— C'était un test ?

— Je ne suis pas calculateur, Kat. J'ai envie de t'embrasser depuis longtemps. La tentation l'a emporté.

— J'en ai envie aussi, mais je n'en ai pas le droit.

Elle se leva.

— Merci pour le déjeuner. Il faut que j'y aille.

Elle franchit la porte et s'enfuit en courant comme une dératée.

De retour à l'auberge, elle mit la main à la pâte. Pour sa mère, elle ferait une tarte aux pommes. Pour Charlie, de gros cookies moelleux au chocolat. Pendant quelques heures, elle se paierait le luxe de suivre les instructions claires et simples de ses recettes, et tout rentrerait dans l'ordre. Mais elle renversa le pot de sucre dans l'appareil à biscuit et, d'ailleurs, avait-elle déjà ajouté la vanille ? Le trou noir.

Quelque chose la travaillait. Et ce n'était ni Oliver ni Matteo, pour une fois. C'était Harrison. Cet homme éconduit quinze ans plus tôt, sans raison valable.

Elle retira son tablier poisseux et monta voir sa mère sans tarder – sinon, elle risquait de changer d'avis ou de se dégonfler. Elle poussa la porte. Par chance, Lolly dormait. L'infirmière leva le nez de son magazine et lui sourit. Kat s'approcha de la table de nuit sur la pointe des pieds et s'empara de l'album de photos qui y était posé.

Dans la cuisine, fébrilement, elle commença à le feuilleter. C'était l'album que sa mère préférait. Elle avait griffonné quelques mots au dos de chaque cliché. *Allie et Isabel, 1993 : Isabel se fait percer les oreilles. Papa et Kat, 1995 : on enlève les petites roulettes !* Elle les retourna tous et enfin, à la toute dernière page, dissimulé derrière une photo de sa mère en doudoune bleue devant un arbre, l'air joyeux (*Moi, décembre 1996 : premières neiges*), Kat trouva celui qu'elle cherchait.

Harrison Ferry, septembre 1997 : quai 10.

C'était le moment de suivre son instinct – en espérant ne pas se planter ! Elle monta et alluma son ordinateur. Harrison Ferry n'était pas difficile à localiser : professeur d'astronomie à la fac de Bowdoin, à Brunswick, il résidait à trois quarts d'heure par la route. Elle se procura son adresse mail professionnelle et composa un message. En objet, elle tapa *Lolly Weller.*

Cher Monsieur Ferry,

Il y a quinze ans, vous avez connu ma mère, Lolly Weller. Elle est en train de mourir d'un cancer. Elle m'a confié récemment avoir aimé un homme, il y a longtemps, et l'avoir quitté pour des raisons compliquées. Mais aujourd'hui la situation est très simple : ma mère n'en a plus pour longtemps et je crois qu'elle aurait plaisir à vous revoir. Pour vous dire qu'elle regrette ou simplement vous tenir la main. Je crois que ça la soulagerait d'un grand poids.

Pardonnez mon indiscrétion. Je comprendrais que vous ne me répondiez pas.

Cordialement,

Kat Weller

Des larmes plein les yeux, elle cliqua sur « envoyer ». Recevrait-elle une réponse ? Pas sûr. Mais il fallait essayer.

Il n'y avait rien d'autre qu'elle pût faire.

— Kat, je vais jeter ton téléphone par la fenêtre, menaça Oliver, furieux.

C'était vendredi et elle dînait chez lui – la soirée ciné avait été annulée en raison de l'état de santé de sa mère. Kat était allée chercher de la moutarde pour son hot dog... sans lâcher son iPhone. Depuis quatre jours, il semblait greffé à sa paume. Elle guettait en effet une réponse de Harrison Ferry et vérifiait le contenu de sa boîte mail avec une fréquence confinant à la frénésie.

« Il est peut-être mort, avait dit June la veille, quand Kat lui avait fait part de son inquiétude. Ça ne serait pas le premier.

— Cette bonne blague », avait marmonné Isabel.

Kat avait éteint la lumière et ruminé leur court échange longtemps après que ses cousines se furent endormies. S'il était mort, ses recherches le lui auraient appris.

— Je guette un message, expliqua Kat en rangeant son portable dans sa poche arrière.

Elle saisit la moutarde. Oliver croisa les bras.

— Un message de qui ? Matteo ?

— Oliver !

— Réponds.

— Non. Je...

Elle ne lui avait pas parlé de la liaison de sa mère et n'avait aucune envie de le faire. Il se tracasserait. Se figurerait qu'elle allait en prendre de la graine.

— Tu vis scotchée à ton téléphone.

— Oliver, nos hot dogs vont refroidir...

— Tant pis ! Il faut qu'on parle.

— Je n'ai pas envie de parler.

De toute façon, elle n'avait plus faim.

— C'est qui, Kat ? Dis-moi qui t'obsède à ce point.

— Ça a à voir avec Lolly, je ne veux pas en parler. Tu es bien avancé, maintenant !

— Avec Lolly ? Comment ça ?

— Je t'ai dit que je ne voulais pas en parler !

— On se cache des choses maintenant ?

— Oliver, arrête, tu...

— Quoi ? Je te flique ? Je t'étouffe ?

— Oui !

— Dis-moi qui c'est !

Kat se retint de lui hurler de la laisser tranquille. Au fond, ce n'était pas un nom qu'il réclamait, mais une raison de lui faire confiance, un gage d'amour, au lieu de toutes ces cachotteries. Kat avait cessé de s'appuyer sur lui. Elle avait ses cousines désormais.

C'étaient elles ses confidentes, à présent. C'était vers elles que Kat se tournait quand le sol se dérobait sous ses pieds. Elle ne leur cachait rien. Elle avait besoin d'elles.

Oliver, pardonne-moi, je n'ai pas envie de t'en parler, songea-t-elle.

Elle lui confia une bribe de l'histoire pour le calmer et qu'ils puissent terminer leur dîner.

— J'ai écrit à un vieil ami de Lolly, quelqu'un qu'elle a connu avant l'accident. Je lui ai parlé de son cancer et lui ai demandé de passer la voir. Je pense que ça lui ferait plaisir.

— C'était si difficile à dire ? maugréa Oliver.

Il posa sa main sur la nuque de la jeune femme. Elle haussa les épaules.

— Ça ne tourne pas rond dans ma tête en ce moment, grommela-t-elle.

Ils regagnèrent leurs places. Kat croqua dans un gros cornichon pour se remonter le moral, mais il lui laissa un arrière-goût aigre et désagréable. Il fallait se ressaisir : ce Harrison était le cadet de ses soucis. Elle n'avait même pas envie de le rencontrer. Elle avait d'autres priorités !

Mais non. Le bonheur de sa mère passait avant tout.

19

Isabel

Devant la petite serre à l'angle de la rue, Isabel poussait une brouette pleine de pivoines en pots. Elle visualisait déjà leurs roses et leurs rouges éclatants au pied du perron blanc. Lolly adorait les pivoines et, quand elle s'en sentait la force, elle aimait prendre son petit déjeuner sur le perron. Isabel l'accompagnait souvent. Tout en lui caressant le bras, elle lui rapportait les dernières nouvelles de l'auberge, les anecdotes sur les clients, les requêtes inhabituelles, les épisodes amusants. A sa sortie de l'hôpital, Lolly avait gardé le lit mais, ce matin-là, leur petit rituel avait repris. Elle était fière de sa nièce, de son travail à l'auberge, et elle le lui avait dit : selon elle, Isabel présentait des aptitudes naturelles pour ce métier. Emue, la jeune femme avait répondu qu'elle se sentait à sa place aux Trois Capitaines. Elles s'étaient enlacées, les yeux humides. Puis Lolly avait changé de sujet et exprimé son envie d'un parterre de pivoines. Sa voix trahissait une telle nostalgie qu'Isabel avait téléphoné au magasin sitôt sa tante recouchée. Elle aurait fait n'importe quoi pour l'égayer.

Et donc Isabel poussait sa brouette sur le trottoir, des mèches folles plein les yeux, humant l'air frais où flottaient les exhalaisons des fleurs et de l'herbe coupée, mêlées aux embruns venus de la baie. Elle reprit le chemin de l'auberge.

En approchant, elle distingua sur la balancelle du perron une silhouette masculine. L'homme portait des lunettes de soleil. Elle n'attendait pas de clients ce matin-là, mais peut-être n'avait-il pas réservé ? Il était tôt pour prendre une chambre... Quoi qu'il en soit, Kat avait dû s'en occuper.

L'homme se leva et s'avança vers les marches, à sa rencontre.

Edward.

— Isabel, dit-il en retirant ses lunettes de soleil. Tu as l'air en forme. Ce hâle te sied à ravir. Je suis content de te voir.

Il l'étudiait du regard. Remarquait sa queue-de-cheval floue, sa brouette, son jean délavé, son débardeur en coton, ses ballerines rouges. L'ancienne Isabel ne se serait jamais habillée comme ça.

Edward... Les souvenirs affluèrent d'un coup. Elle avait seize ans et se noyait des heures durant dans son regard sombre comme de l'écorce, sans dire un mot... Assis sur ce même perron, sur la balancelle ou bien sur la rambarde en bois, ils se tenaient la main et Isabel se sentait en sécurité... Longtemps, Isabel avait tenté d'oublier la jeune fille qu'elle avait été, mais ce n'était plus nécessaire désormais : cette adolescente ne lui inspirait plus que de la compassion.

— Qu'est-ce que tu fais là ?

Pas trace de colère dans sa voix – Isabel elle-même s'en étonna.

— Pourquoi ne m'as-tu rien dit pour Lolly ? J'ignorais tout de sa maladie !

Isabel monta les marches et s'assit à son tour sur la balancelle. Lui s'appuyait contre la rambarde en face, la tête contre un pot de violettes africaines qui semblaient lui jaillir de l'oreille.

— Tu l'as appris comment ?

— Les nouvelles vont vite. Quelqu'un en a informé mon frère, qui m'a appelé. Je suis navré, Isa...

— Tu as fait tout ce trajet pour me dire ça ?

Isabel remit un peu d'ordre dans les prospectus disposés sur la table en osier à côté de la balancelle. Elle peinait encore à regarder en face cet homme qu'elle avait tant aimé et qui avait bouleversé deux fois le cours de son existence.

— Tu sais combien Lolly compte pour moi, affirma-t-il.

— Elle est très affaiblie, Edward. Je ne sais pas si elle sera en état de te recevoir. Mais je lui dirai que tu es passé.

Il hocha la tête et se tourna face au port.

— J'envisage d'épouser Carolyn. Je voulais que tu le saches. Ce n'était pas une sordide aventure sans lendemain, entre elle et moi.

— Et c'est censé me...

Elle s'interrompit : à quoi bon épiloguer ? Entre Edward et elle, la rupture était consommée.

— Je me mets à ta place, poursuivit-il. Je suis tombé amoureux d'une femme qui a un enfant. Selon mon psy, tu dois le vivre comme une double trahison. Crois-moi, je n'avais pas du tout l'intention de me mêler de la vie de sa fille. Je ne voulais pas ! Mais la situation a évolué...

Isabel se retint de lever les yeux au ciel. Quel baratin !

— A mon avis... tu me corriges si je me trompe... quand Carolyn s'est aperçue que tu refusais de tenir le rôle du beau-père, elle t'a joué « jamais sans ma fille ».

Et elle a sacrément bien fait ! ajouta-t-elle à part soi.

Edward hocha la tête, penaud. Voilà qui expliquait pourquoi il avait été pris d'une envie subite de prendre la route : sa vie était en vrac !

— C'est un bon test, reprit Isabel. Si tu l'aimes vraiment, tu ne l'abandonneras pas.

Comme tu m'as abandonnée, moi.

Ils se connaissaient depuis si longtemps qu'Edward lut dans ses pensées. L'atmosphère se chargea de non-dits.

— Pardon, Isa. Tu as été ma meilleure amie et j'ai du mal à m'adapter à la vie sans toi, même si j'ai quelqu'un d'autre. Ça doit te sembler déplacé.

— Je vois ce que tu veux dire. C'était très dur, au début, de vivre sans toi. Mais j'ai appris des choses essentielles sur mon identité. Des choses positives. Et je me sens bien ici. Vraiment !

— Dans ce cas, moi aussi ! Enfin, je veux dire... je suis content que tu sois heureuse.

Et, heureuse, elle l'était.

Une brise lui balaya le visage et elle leva le menton pour la savourer.

Il s'assit à côté d'elle, les mains sur les cuisses. Pas d'alliance à son doigt. Elle avait retiré la sienne, elle aussi.

— J'ai vu que tu avais signé les papiers que mon avocat t'a envoyés. Dans quelques mois, ce sera terminé. Quinze ans... Le règlement de divorce te permettra de faire construire ce jardin d'hiver dont Lolly rêve depuis toujours... Tu ne manqueras de rien.

— Edward, si j'avais un verre, je boirais à ton avenir.

Alors qu'en août elle lui en aurait jeté le contenu au visage.

Il la regarda du coin de l'œil.

— Ton séjour ici te réussit. Tu parais… zen. Si je m'attendais à ça !

Isabel se retint de lui aboyer qu'elle se passait aisément de son approbation. Elle se contenta de sourire un peu froidement.

Il se leva et regagna sa place contre la rambarde.

— La vue du port m'a manqué, dit-il. Elle soigne les bleus à l'âme.

Il fourra ses mains dans ses poches.

— Je vais vendre la maison. Tu peux venir récupérer ce que tu veux.

— D'accord. On passera avec June la semaine prochaine. Certains meubles feront joli, ici. Le reste, libre à toi de le revendre ou de le garder.

Il hocha la tête.

— J'ai toujours aimé cet endroit. Même quand toi tu le détestais.

Il descendit les marches. Parvenu à sa voiture, il se retourna et eut un dernier regard pour l'auberge et sa pancarte, gravée du nom *Aux Trois Capitaines* et des profils des trois marins.

— Ça me plaît de te savoir ici.

Ça me plaît d'être ici, songea Isabel.

— Bonne chance, Edward.

Elle le lui souhaitait sincèrement.

Il chaussa ses lunettes de soleil et s'installa au volant de sa Mercedes noire. Quand il s'éloigna, elle s'aperçut qu'elle n'avait jamais identifié Madame Désolée, l'auteur de la lettre anonyme. Sa bienfaitrice de l'ombre…

Deux jours après cette irruption de son passé sous les traits de son futur ex-mari, Isabel faisait des crêpes avec Alexa Dean. La jeune fille s'était battue avec une camarade du lycée pendant un cours de travaux ménagers. L'autre avait critiqué son pain perdu (« Il a l'air encore plus dégueu que toi ! » lui aurait-elle lancé), et Alexa lui avait jeté une poignée de sucre en guise de représailles. L'autre avait répliqué avec un œuf, et la dispute avait dégénéré. Les deux filles avaient été renvoyées pour la journée et Alexa avait écopé de six séances avec le psychologue du lycée pour apprendre à dominer sa colère. En outre, elle devait préparer des pancakes, des crêpes ou du pain perdu pour toute la classe. Or, son pain perdu, Alexa le reconnaissait elle-même, était vraiment « dégueu ». D'où son appel à l'aide à Isabel : elle avait mangé des crêpes délicieuses, un jour, à l'auberge... Isabel s'en souvenait : elle en avait préparé un matin pour les clients et avait remporté un franc succès ; ils n'avaient pas cessé d'en redemander, au sucre, à la chantilly, à la confiture de fraises, au chocolat... Normal : non seulement Isabel tenait sa recette de Kat, mais elle adorait bichonner ses pensionnaires, préparer le thé, servir le café, composer des petits déjeuners tantôt simples et équilibrés, tantôt originaux et sophistiqués... Dans l'exercice de ces tâches domestiques, Isabel rayonnait. Qui l'eût cru ?

— Devine ce que j'ai fait aujourd'hui ! dit Alexa en écrasant un grumeau de farine.

La table de cuisine leur servait de plan de travail. La radio diffusait une chanson de Norah Jones. Dehors, Happy chassait le bâton que Charlie lui lançait. Isabel repaissait ses yeux de l'adolescente, si jolie avec son jean, ses tee-shirts superposés, ses trente-six colliers et ses cheveux presque aussi foncés que ceux de son père.

— Je ne sais pas. Tu as eu une super note à un devoir ?

— J'ai eu quinze à mon commentaire sur *Le Lys de Brooklyn*, mais ce n'est pas de ça que je voulais parler. C'est assez mélangé, là ?

Elle lui tendit son saladier.

— Parfait. Bravo pour ta note ! *Le Lys de Brooklyn* est l'un de mes romans préférés.

Pendant que la pâte reposait, elles sortirent une poêle et de l'huile et firent chauffer la plaque. En versant un peu d'appareil dans la poêle chaude, Alexa reprit son récit :

— Je me suis inscrite à Entraid', l'assoce du lycée. C'est un groupe de bénévoles qui aident les élèves en difficulté à faire leurs devoirs, par exemple… Bon, et il y a cette fille, Mischa – j'aime trop son prénom ! –, ses parents lui ont annoncé hier qu'ils se séparaient. Alors pendant ma séance le psy m'a demandé d'être sa conseillère ! C'est cool, non ? On a déjeuné ensemble dans la cour et on a parlé pendant au moins une heure. Je crois que j'ai réussi à lui remonter un peu le moral…

Isabel fit sauter la crêpe d'Alexa qui menaçait de brûler et, dès que ce fut fait, lui passa rapidement le bras autour des épaules.

— C'est super ! Je suis sûre que tu as été très utile à cette Mischa. Ce genre de soutien, ça peut changer le cours d'une vie !

Alexa jubilait. Les crêpes s'empilaient, souples et dorées, dans leur plat. Alexa inspecta le tablier d'Isabel.

— On s'est mis de la pâte partout. Même dans les cheveux !

— On cuisine, c'est normal de s'en mettre partout !

Alexa lui décocha un sourire irrésistible. Non, Isabel ne s'inquiétait pas pour la jeune fille.

— Tu avais raison, c'est cool d'aider les gens quand on connaît leur situation, comme moi avec le divorce de maman et papa. A moi aussi, ça m'a fait du bien ! En plus, c'est sympa d'être « celle qui sait », si tu vois ce que je veux dire.

— Très bien, répondit Isabel.

En dépit de tout, Edward restait celui qui l'avait sauvée, à seize ans, quand elle fuyait sa famille au lieu d'y chercher le soutien dont elle avait si cruellement besoin. Elle lui en resterait toujours reconnaissante. Heureusement : en cas de coup de blues, ces souvenirs compenseraient ceux de sa trahison.

Pendant l'heure qui suivit, Isabel et Alexa dégustèrent leurs crêpes en parlant de tout et de rien, du *Lys de Brooklyn* à ce qui pouvait bien pousser les garçons à tirer sur les bretelles de soutien-gorge. Elles s'amusaient bien et auraient pu continuer longtemps sur leur lancée, mais la voix de Kat retentit :

— C'est par ici !

Une jolie brune franchit la porte battante de la cuisine.

— Salut, maman ! dit Alexa. Je vais dire au revoir à Happy, je reviens !

Elle sortit. Isabel et sa mère tournèrent les yeux vers la fenêtre. Dehors, Charlie lui prêta son bâton et Alexa le lança. La brise portait son rire cristallin.

Isabel se présenta. La mère d'Alexa – l'ex de Griffin – s'appelait Valérie.

— Enchantée de faire votre connaissance, assura Isabel en lui serrant la main.

— Je tenais à vous remercier, répondit Valérie. Alexa m'a parlé de vous et de vos discussions. Je crois que c'est grâce à vous qu'on a recommencé à communiquer, elle et moi.

— J'étais comme elle, à son âge. Je suis sûre que tout va s'arranger.

— En tout cas, merci.

Alexa rentra, récupéra sa pile de crêpes. Isabel lui dit au revoir. Elle avait un peu trop mangé, mais c'était son cœur qui éclatait !

Le mercredi soir, Griffin invita Isabel chez lui – il avait la maison pour lui tout seul. C'était un robuste cottage en pierre, sans étage mais plein de recoins, bâti en 1830, à en croire la plaque d'architecte. Isabel admira le salon carré avec son mur de livres et sa cheminée, la chambre d'Emmy, avec son tapis rose au pied du lit à demi enseveli sous les peluches, les albums et les crayons, et même celle d'Alexa, avec son plancher jonché de vêtements, sa coiffeuse en fer-blanc noyée sous les produits de beauté et, coincée entre le miroir et son cadre, une photo d'elle avec sa sœur et son père.

Isabel se sentait bien dans cette maison, avec cet homme. Quelques mois plus tôt, elle voguait à la dérive, sans attaches, sans famille, sans domicile, mais l'auberge des Trois Capitaines était devenue sa maison, elle avait renoué avec sa sœur, sa tante et sa cousine, et entre elle et Griffin il était en train de naître quelque chose de magique.

Ils préparèrent ensemble le dîner – des pâtes aux pois et à la *pancetta*. Griffin avait acheté du pain à la boulangerie italienne. Ils parlèrent, burent du vin, parlèrent encore... flirtèrent aussi.

Après le repas, assis sur les marches de pierre devant la maison, ils contemplèrent l'horizon. De là où elle se trouvait, Isabel apercevait presque l'auberge, juchée sur sa colline.

— Il m'est arrivé de la chercher des yeux, moi aussi, lui avoua Griffin. Quand je distinguais la girouette de ton toit, j'avais l'impression d'être relié à toi.

Isabel ne trouvait pas les mots pour exprimer son bonheur, alors elle lui prit la main et la tint un moment contre sa cuisse. Il l'embrassa. Tendrement d'abord, puis plus fougueusement. Elle noua ses bras autour de son cou et lui rendit son baiser. Ils rentrèrent et Griffin la conduisit par la main à travers le salon, le long du couloir, jusqu'à sa chambre.

Isabel avait fantasmé sur Griffin en changeant ses draps, à l'auberge. Elle se demandait alors comment ce serait de sentir son poids sur elle, de s'allonger sur lui. Maintenant elle savait. Et ça dépassait tout ce qu'elle avait imaginé.

Le lendemain, dans l'aile des enfants du Coastal General Hospital, Isabel disputait une partie de jeu de l'oie avec un patient de quatre ans. Sa mère, épuisée, était partie se chercher un café. Et Isabel songeait qu'un jour elle aussi elle aurait un enfant à aimer, à élever. Que ce soit le sien ou celui d'un autre, d'un précédent mariage. Quitte, même, à adopter.

Et elle ferait une bonne mère. Elle n'en doutait plus. L'infirmière qui l'encadrait le lui avait assuré deux fois déjà. Et Griffin aussi, lors d'une de leurs promenades, peu après sa conversation avec Alexa, dans le Sanctuaire. Mais même sans ça...

Elle ferait une bonne mère parce qu'elle débordait d'amour. Parce qu'elle avait veillé sa tante toute la nuit quand on l'avait hospitalisée d'urgence, au moment de son infection. Serré dans ses bras sa cousine malade d'inquiétude. Réconforté sa sœur. Et soutenu Pearl. Elle aimait ces gens. Elle avait tant d'amour à donner ! Ça, ça ferait d'elle une bonne mère. Isabel le savait. Quand on aimait, le reste suivait.

Après sa garde, Isabel fit une halte devant la nursery. Les petites frimousses roses dépassant des couvertures rayées l'émerveillaient toujours autant. Deux mois auparavant, au même endroit, Isabel avait pleuré, complètement perdue.

Elle sourit à la petite Putter endormie.

Ne laisse jamais personne te dicter ta conduite, lui dit-elle par la pensée. C'est toi qui décides qui tu es.

Ce soir-là, Isabel passa une tête dans la chambre de Lolly : elle dormait à poings fermés alors qu'il était à peine 19 h 30. La chimio et l'infection avaient puisé dans ses réserves et elle peinait de plus en plus à se lever. Avec son déambulateur, elle gagnait parfois sa fenêtre pour regarder son petit-neveu jouer dehors avec le chien. Un jour, elle avait vu le bâton atterrir dans le tas de feuilles que Kat avait rassemblé : devant l'explosion rouge et or, les aboiements de joie et les applaudissements d'un Charlie ravi, elle avait ri aux éclats.

Installée sur la chaise longue qu'on avait montée dans la chambre de Lolly quand il était devenu nécessaire de la veiller vingt-quatre heures sur vingt-quatre, Kat dessinait une pièce montée. La sienne ? Difficile à dire. Elle ne mentionnait plus guère Matteo ni Oliver et parait toute question en distribuant des scones et des cookies, aussi ses cousines avaient-elles cessé de lui en poser. Mais Isabel lui faisait confiance : elle finirait par prendre la bonne décision.

Pearl, venue tenir compagnie à son amie, apparut dans l'embrasure. Isabel et Kat embrassèrent Lolly et se retirèrent au salon. Elles y trouvèrent June à quatre pattes : un client avait malencontreusement renversé le plateau de fromages. A trois, elles eurent tôt fait de tout nettoyer. Puis elles s'assirent à leurs places attitrées – la dernière soirée ciné remontait à loin, mais pas question pour autant de déroger à la tradition.

Isabel inspecta la DVD-thèque de sa tante. La collection Meryl Streep en occupait un rayonnage entier.

— Lolly voudrait revoir *Out of Africa* vendredi, annonça-t-elle.

Elle le mit de côté et se rassit. Kat se mit à pleurer.

— Ça veut dire qu'elle est en train de mourir... Je le sais ! C'est son Meryl Streep préféré. Il lui est sacré, comme *Le Choix de Sophie*. Elle ne l'a vu qu'une fois, il l'a tellement bouleversée qu'elle n'a jamais eu le courage de le revoir. Si elle en a envie maintenant, ça veut dire que...

Isabel et June s'accroupirent à côté de son pouf.

— C'est seulement une faiblesse passagère, suggéra Isabel. Tu connais Suzanne, la voisine ? Sa mère a eu un cancer du sein et la même infection que Lolly. Elle a tenu encore trois séances de chimio, après ça...

— Mais elle est morte quand même, et maman va mourir aussi. Peut-être pas demain ni le mois prochain, mais elle ne survivra pas trois mois. Les médecins m'ont dit de me préparer..

Isabel ferma les yeux.

— Comment se préparer à ça ?

— Il le faut, dit June, des sanglots dans la voix.

Isabel lui prit la main.

— Je n'arrive pas à m'imaginer me levant le matin et ne trouvant pas Lolly dans la cuisine, ou dans les couloirs, ou sur le perron en train de prendre son thé... Je n'arrive pas à imaginer les Trois Capitaines sans elle...

— Tu as l'intention de rester ? s'étonna Kat.

— Ma foi... Oui. Si ça ne te dérange pas. Je n'aimerais rien tant que vivre ici et gérer l'auberge. Je me sens bien dans ce rôle. C'est fou ! A dix-huit ans, j'ai fui cet endroit sans me retourner, je revenais pour les vacances en traînant les pieds, et maintenant... je m'y sens bien. J'aime m'occuper des clients, leur préparer le petit déjeuner, assurer la liaison avec nos contacts... Même le ménage me détend !

— Tu m'ôtes une sacrée épine du pied ! s'exclama Kat. Je n'ai plus à me soucier de recruter un gérant. Sans compter que ça ne plairait pas à Lolly qu'on confie l'auberge à un étranger. Quant à vendre... C'est hors de question, non ?

— Cette décision t'appartient, dit June, mais je t'avoue que personnellement je suis contre. J'ai trop à faire à la librairie pour vous aider, mais je suis très attachée aux Trois Capitaines. Je vais essayer de me libérer plus souvent pour vous prêter main-forte...

— Cette décision nous appartient, à toutes les trois, rectifia Kat. Même si Lolly me léguait l'auberge à moi seule, ce dont je doute, je ne ferais rien sans votre accord. C'est chez nous, ici.

« Chez nous »... Voilà qui sonnait bien.

20

June

— Bientôt, ma grand-tante, elle va aller au ciel, dit Charlie à Eleanor et Steven Smith en leur faisant visiter la niche de Happy, le lundi suivant. C'est pour ça qu'on laisse Happy dormir à l'intérieur. Parfois il dort avec moi et parfois il dort avec ma grand-tante Lolly. Pourtant, elle ne lui donne même pas de biscuits !

— Il doit beaucoup l'aimer.

Dans les yeux verts d'Eleanor se lisait la compassion.

— Happy sait faire des tas de trucs. Tu veux voir ? L'ami de ma tante Isa est vétérinaire et il lui a appris plein de tours. Happy, donne la patte !

Happy obéit, et les grands-parents de Charlie s'extasièrent. Peu après, ils passèrent au salon. Kat avait préparé des gâteaux, du café et de la citronnade. Les Smith logeaient (gratuitement, bien sûr) dans la Merlebleu et avaient eu droit au traitement VIP : petit déjeuner irlandais confectionné avec amour par Isabel, scones maison de Kat, visite guidée de la maison et du jardin avec Charlie, guides touristiques de la région offerts par June et accueil chaleureux de Lolly, que Kat avait installée un moment dehors. June, Charlie et les Smith avaient enchaîné les visites, déjeuné à bord d'un bateau de tourisme, fait une promenade au jardin botanique...

Vers 19 heures, la nuit commençait à tomber et l'on se sépara, non sans avoir arrêté la date des prochaines retrouvailles.

Isabel jouait à Puissance 4 avec le petit dans le salon et June en profita pour monter à l'étage. Elle frappa à la porte de Lolly et entra. Sa tante feuilletait un vieil album de photos, Happy à ses pieds, Pearl à son chevet en train de tricoter. June ne s'habituait pas à voir sa tante si maigre ; elle avait perdu plus de quinze kilos depuis qu'on avait diagnostiqué son cancer. Sans parler de ses cheveux, dont il ne restait plus que quelques mèches sous les jolis foulards dont elle s'enturbannait. Lolly se redressa au prix d'un tel effort que June grimaça. Pour la ménager, la soirée ciné avait encore été repoussée, la semaine précédente. Mais ce vendredi, peut-être ? June aurait voulu que les soirées ciné ne s'arrêtent jamais. Que Meryl Streep les rassemble éternellement, toutes les cinq, dont Pearl, devant la télé, pour rire et pleurer, réfléchir et échanger, toutes ensemble. June ne se lasserait jamais de discuter en famille...

Elle lissa sur les genoux de sa tante la courtepointe jaune aux étoiles de mer délavées qui avait autrefois appartenu à sa mère.

— Merci pour tout, Lolly. Tu as été super avec les Smith.

— C'est normal. Ce sont des gens bien.

Pearl hocha la tête en signe d'assentiment

— Je suis fière de toi, poursuivit Lolly. C'était courageux de te lancer à leur recherche pour Charlie, et tu t'es débrouillée comme un chef. C'est comme ça, la vie : parfois, quand on perd une chose, on en gagne une autre.

— Je sais, murmura June. Quand j'ai perdu mes parents, je t'ai gagnée, toi.

Lolly retenait ses larmes. June se blottit contre elle.

— Je t'aime, tante Lolly.

— Moi aussi, je t'aime, souffla sa tante avant de sombrer dans le sommeil.

June l'embrassa, fit un petit signe à Pearl et sortit. Sur le palier, elle flancha et laissa couler ses larmes. Sa tante était en train de mourir.

La voix de Charlie retentit dans le salon : il fallait se maîtriser. June se tamponna les yeux et calma sa respiration avant de le rejoindre.

— Tu as encore gagné, râlait Isabel. Tu es imbattable !

— On fait la revanche alors ? demanda son neveu avec espoir.

— Au lit, ouistiti ! ordonna June.

Après d'âpres négociations (« Alleeeeez, encore cinq minutes ! »), Charlie embrassa Isabel, puis Kat, qui discutait avec Oliver dans la cuisine. Pour finir, il fit un gros câlin à Happy, qui frotta sa truffe contre son cou.

— J'adore mes grands-parents ! annonça Charlie en montant se coucher.

Il était près de 20 heures : ça laissait un peu de temps pour lui lire une histoire avant l'extinction des feux. La journée avait été chargée et le petit tombait de fatigue.

Charlie enfila son pyjama et se brossa les dents avant de se glisser sous sa couette. June attrapa *Babe, l'histoire du cochon devenu berger*, qu'elle lui lisait depuis quelques jours. La veille, les Smith l'avaient remplacée, lisant un chapitre chacun leur tour, comblés par ce cadeau de la vie qu'ils n'attendaient plus. Devant ce joli tableau, June s'était troublée et avait dû s'éclipser.

— Maman, est-ce que ce soir tu pourrais plutôt me raconter comment tu as rencontré papa, et pourquoi vous êtes tombés amoureux ?

— Avec plaisir, dit-elle en embrassant ses cheveux de jais. C'est mon histoire préférée.

June s'éloigna à pas de loup et referma doucement la porte de la chambre de Charlie. La maxime de sa tante lui revint alors : « Parfois, quand on perd une chose, on en gagne une autre. »

Elle avait tant gagné ! D'abord Lolly, après la mort de ses parents. Puis Charlie, après celle de l'homme de sa vie. En perdant son emploi, elle avait retrouvé l'auberge et sa famille. Quand elle avait été forcée de renoncer à son rêve, elle avait rencontré les grands-parents de Charlie. Et en abandonnant le mirage qu'elle pourchassait depuis sept ans, elle avait gagné l'amour de Henry Books. Un amour bien ancré dans la réalité…

Il était temps de répondre à sa déclaration. En son cœur, en son âme et conscience, June se sentait enfin libre de le faire. Pour le moment, elle ignorait ce qu'elle lui dirait mais il lui suffirait de le voir pour trouver les mots.

Henry la remplaçait depuis son départ inopiné ; Bean, que June avait croisée par hasard en ville, l'en avait informée. Books Brothers ouvrait jusqu'à 20 heures, sept jours sur sept. L'heure de la fermeture approchait, Henry devait se trouver à bord de sa péniche, prêt à filer un coup de main à la vendeuse en cas d'affluence soudaine – fréquente, après le dîner, même depuis la rentrée.

En chemin, June se rendit compte à quel point la librairie lui avait manqué. Autrefois, elle avait été son havre de paix et de sécurité. Désormais, réalisa-t-elle en poussant la poignée en manche de pagaie, elle y éprouvait un bien-être pur et simple.

Le carillon tinta. A cinq minutes de la fermeture, les allées ne désemplissaient pas. Bean lui sourit avec chaleur.

— Tu arrives juste à temps pour le champagne ! dit-elle en lui montrant l'arrière-boutique.

— Ah ? On fête quoi ?

Mais une cliente accaparait son interlocutrice.

Henry ne se trouvait pas dans son bureau. La pression montait. Bientôt elle le verrait, s'avancerait vers lui, l'embrasserait ! Si en plus les ventes étaient bonnes, que demander de plus ? Elle sortit sur l'embarcadère par la porte de derrière et y trouva Henry. Mais il n'était pas seul.

Il enlaçait Vanessa. Laquelle portait au doigt une bague en diamant.

June se figea sur place. Non ! Elle avait trop tardé. Il avait renoué avec son ex. Pour de bon, cette fois...

Accablée, elle chancela. Et voilà que Vanessa, en minirobe et Doc Martens montantes, l'abordait, avec aux lèvres un rictus mauvais.

— Il est à toi !

Et de passer en la bousculant.

Quoi ? Qu'est-ce...

June, parfaitement ahurie, regarda Henry, qui l'observait. Elle semblait statufiée, aussi fut-ce lui qui la rejoignit.

— Qu'est-ce que… Vous… vous n'êtes pas fiancés, Vanessa et toi ?

Il eut un petit rire.

— Non ! Elle épouse son mécano. Apparemment, quand c'est le bon, on le sait.

Le soulagement la submergea, et elle répondit :

— Je valide cette affirmation.

Il la dévisageait, perplexe.

— June ? Ça va ?

Elle fit un pas et l'enlaça, curieuse de voir comment il réagirait. Il la prit par la taille.

— Oui, dit-elle. Ça va même très bien. Je voudrais être avec toi, si tu veux encore de moi.

— Et comment ! s'exclama-t-il.

Il semblait si ému que June se lova dans ses bras sans rien ajouter.

Je suis au lit avec Henry Books ! Au beau milieu de l'après-midi !

June pouffa.

— Qu'est-ce qui te fait rire ? demanda Henry en déposant une file de baisers le long de sa clavicule.

Elle se tourna, admira ses larges épaules, son torse bronzé, ses cheveux un peu trop longs, ses yeux bruns malicieux… Il était vraiment très séduisant, comme un rêve devenu réalité. Car il était bien réel. Et bien présent, à ses côtés.

— J'ai encore du mal à y croire. Toi et moi ici, ensemble. Ça me paraît à la fois incroyable et évident.

— Je ressens la même chose.

La veille, leur baiser s'était enflammé et ils avaient migré vers le salon, puis vers la chambre, où, se guidant mutuellement, ils avaient laissé s'exprimer sept ans de désir contenu. Vers 5 heures du matin, Henry l'avait raccompagnée chez elle pour que Charlie ne trouve pas son lit vide à son réveil. Sitôt la porte du dortoir refermée, pour le plus grand plaisir de June, Isabel et Kat l'avaient assaillie de mille questions indiscrètes. Si Henry avait été à la hauteur ? Oh que oui ! Et plus encore !

Elle avait repris le travail le matin même. Son bonheur crevait les yeux et Bean la taquinait : « T'es amoureuse ou quoi ? » June pouffait. Plutôt, oui. Sa relation avec Henry lui semblait à la fois toute neuve, pleine de fraîcheur et de tendres maladresses, et familière, comme s'il connaissait déjà par cœur son corps et son cœur dénudés. June avait été très productive pendant la matinée : elle avait disposé les coups de cœur du libraire, créé un nouveau concept (« Si vous avez aimé... vous aimerez aussi... »), conçu un club de lecture junior – le tout sans cesser de penser à sa folle nuit avec Henry. Comme il lui tardait de le rejoindre sur son bateau ! Ils avaient prévu de passer l'après-midi ensemble et June espérait bien que cela se terminerait au lit ou bien sous les étoiles, sur le pont. Son vœu s'était réalisé.

16 heures sonnèrent, l'heure de se rendre à la réunion d'anciens élèves du lycée de Boothbay Harbor. Pour June, c'était une première. Isabel et Kat, qui y allaient chaque année avec Oliver, étaient de la partie, de même que Kip et Marley, alors elle s'était laissé tenter. D'autant qu'à présent elle se contrefichait de l'avis de ses anciennes camarades. Elle était fière de la vie qu'elle menait. Elle irait, et la tête haute !

Bien sûr, son entrée au bras du bel Henry fut saluée par les mesquineries de Pauline Altman et de sa cour.

— Tiens, mais c'est Juju ! La major du lycée nous fait enfin l'honneur de sa présence !

Dire qu'elle avait souffert de ces gamineries ! June leva les yeux au ciel, salua Marley, qui dansait un slow langoureux avec son amoureux, et rejoignit au bar sa sœur et sa cousine. Isabel portait une robe portefeuille jaune pâle qu'elle avait empruntée à Kat et qui lui allait à ravir. Nerveuse, ou distraite, Kat tripotait l'ombrelle de son cocktail. Oliver papotait avec d'anciens amis.

Henry partit chercher des verres et Isabel en profita :

— Vous êtes trop mignons, tous les deux !

— Oui, ça c'est de la réunion ! dit Kat. Entre nous trois, plus proches que jamais, et June qui sort enfin avec Henry... Tout est pour le mieux dans le meilleur des mondes.

Son air soucieux contredisait pourtant ses propos. La santé de sa mère la préoccupait, bien sûr, ainsi sans doute que sa relation avec Oliver. Il riait à gorge déployée à quelques pas de là, et le regard que lui lançait sa fiancée n'était ni tendre ni heureux...

Henry revint avec les boissons et les trois filles trinquèrent.

— A la famille, dit June à sa sœur et à sa cousine.

Puis, se tournant vers Henry :

— Et à l'amour.

Le lendemain, en début d'après-midi, elles déjeunèrent toutes les trois avec Lolly – des clients étaient arrivés avec pas mal de retard. Charlie avala en quatrième vitesse ses crêpes à la béchamel – une des nouvelles spécialités d'Isabel – et sortit faire la course avec le chien dans le jardin, avant de lui donner sa pâtée et de s'installer sur une serviette de plage, avec des feutres et du papier.

Dans sa chaise roulante, Lolly mangea de bon appétit. Elle avait le teint clair et un air enjoué. June dévorait ses crêpes à belles dents.

— Regarde ! J'ai agrandi mon arbre ! brailla soudain Charlie qui rentrait en courant.

En plus des noms de ses grands-parents et de ses oncles figuraient désormais sur l'arbre généalogique du petit, à côté de la bulle d'Isabel, *Grifine le vétérinère* et, à côté de celle de June, *Henry Books*.

— Elle est chouette, ma famille, hein ?

— Tu l'as dit ! répondit sa mère.

Autour de la table, tout le monde partageait son avis.

21

Kat

— Kat ! Il a répondu ! cria Isabel.

Kat ouvrit un œil : le réveil affichait 5 h 30 du matin et il faisait encore nuit. Elle enfouit sa tête sous son oreiller.

Isabel le lui arracha.

— Je te dis qu'il a répondu !

— Grmpf... Qui ça ?

— Je regardais la météo sur ton ordi et ta boîte mail était ouverte : Harrison Ferry t'a écrit !

Kat arracha ses couvertures et se rua devant son ordinateur où, sa cousine penchée au-dessus de son épaule, elle lut le mail sans même prendre le temps de s'asseoir.

Chère Kat,
Pardon d'avoir tardé à vous répondre. Je suis en congé ce semestre (j'écris un livre) et je consulte à distance ma boîte professionnelle, mais votre mail avait été reclassé automatiquement dans mes indésirables par erreur.
J'ai été désolé d'apprendre la maladie de Lolly. Pas un jour ne s'est écoulé sans que je pense à elle. Je voudrais lui rendre visite, si vous êtes toujours d'accord. J'habite à Brunswick, vous n'avez qu'à me faire signe.

Merci de m'avoir contacté.
Bien cordialement,

Harrison Ferry

Kat et Isabel se sautèrent au cou, échangèrent un regard joyeux, s'enlacèrent de nouveau.

— Il ne l'a pas oubliée ! dit Kat, qui avait envie de danser.

Elle s'assit pour composer sa réponse.

— Il a l'air gentil, ajouta Isabel. C'est rassurant !

Kat lui proposa de passer le jour même ou le lendemain, selon ses disponibilités.

Cinq minutes plus tard, il avait répondu : il passerait dans la soirée.

Kat apporta à sa mère son petit déjeuner : des œufs brouillés, du pain de campagne grillé, des myrtilles et de la camomille. Lolly n'avait pas la force qu'on l'installe dans la chaise roulante et les bavardages des clients l'épuisaient, aussi Isabel lui avait-elle préparé ce plateau. June l'avait veillée toute la nuit ; Kat la trouva sur la chaise longue, plongée dans un énorme roman.

— Miam, ça sent bon ! Je vais m'en chercher une portion, déclara June en cédant sa place. J'espère qu'il y a du bacon !

— Dépêche-toi, Charlie est en train de lui faire un sort...

Quand elles se croisèrent, Kat lui glissa à voix basse qu'il y avait du nouveau et qu'Isabel la renseignerait. Restée seule avec sa mère, elle posa le plateau sur ses maigres genoux et s'assit sur le rebord de son lit.

Comment lui annoncer ? Pas la peine de tourner autour du pot, sa mère n'aimait pas les manières. Mieux valait se jeter à l'eau.

— C'est vrai que ça sent bon, dit Lolly en ramassant une miette de toast.

— Tu vas recevoir de la visite, ce soir. Une surprise.

Kat avait les yeux fermés. Quand elle les rouvrit, sa mère choisissait une myrtille.

— Ah ? Qui donc ?

— Harrison Ferry.

Lolly en lâcha sa myrtille.

— Quoi ?

— Je lui ai envoyé un mail. Il va passer.

— Tu lui as envoyé un mail ? Harrison va passer ?

Kat hocha la tête, crispée.

— Il sait pour mon cancer ?

— Oui.

— Harrison va venir...

Des larmes perlaient au coin de ses yeux clairs, sa main vola à sa bouche et elle se détourna. June avait ouvert les rideaux. Dehors, il bruinait. Kat retint son souffle : sa mère allait-elle sortir de ses gonds, furieuse qu'on se soit mêlé de ses affaires, regrettant de s'être confiée ?

— Tu... Tu m'aideras à me faire belle ? balbutia Lolly.

Kat respira.

— Tu es toujours belle, maman. Mais si tu veux, on va te rendre magnifique.

Sa mère s'illumina de l'intérieur et Kat sut qu'elle avait fait ce qu'il fallait.

Harrison Ferry aurait pu passer pour le grand frère de Pierce Brosnan. La soixantaine, grand, élancé, il avait belle allure avec ses cheveux argent et son bouquet d'iris. Il tenait à la fois du parfait gentleman et du capitaine au long cours. Kat évita de songer à la liaison que sa mère avait entretenue avec lui quinze ans plus tôt, pendant que son père l'emmenait à la foire régionale, comme le mari cocu dans *Sur la route de Madison*. Sa mère l'avait aimé, le reste ne comptait pas.

Lolly avait demandé à Kat de le conduire dans sa chambre sitôt son arrivée, et de les laisser seuls. Au cours des dernières heures, Kat et ses cousines, tout excitées, lui avaient essayé différents foulards, appliqué un peu de blush et une touche de mascara brun, redessiné au crayon ses sourcils épars et vaporisé un nuage de Chanel N° 19. Quant à la chambre, au cours des semaines passées, elles en avaient fait un vrai cocon : bouquets de fleurs, parure de lit bleue pour rappeler à Lolly son cher océan Atlantique, tableaux aux murs, et même quelques originaux de ce génie pour l'heure méconnu, Charlie Nash.

Kat servit un Perrier à Harrison et le fit patienter au salon, le temps de prévenir sa mère.

— Maman, il est là !

Lolly pâlit, se reprit.

— Je suis prête.

Kat hocha la tête et retourna chercher le visiteur.

— Ma mère est dans sa chambre. Elle a du mal à se déplacer en ce moment.

Kat le laissa frapper à la porte, bouquet au poing, et s'éloigna, mais s'arrêta à l'angle du couloir. Là, elle tendit l'oreille. Sa mère murmura le nom de Harrison et étouffa un sanglot. Puis la porte se referma. Il s'était assis à ses côtés et la serrait dans ses bras, Kat en aurait juré.

Les deux jours qui suivirent, il revint chaque soir chargé de livres, de fleurs et de chocolats, et même d'un télescope pour permettre à Lolly d'admirer les étoiles depuis son lit. Il prévoyait de passer le week-end à l'auberge. Kat avait craint qu'il ne fût marié et père de famille ; il était divorcé. Il s'était marié un an après sa rupture avec Lolly, et apparemment ça n'avait pas marché.

En sa présence, Lolly était transformée, elle arborait le même sourire niais qu'Isabel et June. Un sourire qui faisait plaisir à voir.

A 12 h 30, l'infirmière prit sa pause déjeuner et Kat la releva. Elle servit à sa mère un croque-monsieur et mangea en sa compagnie. Lolly plongea la main dans le tiroir de sa table de nuit.

— J'ai un cadeau pour toi.

Elle lui tendait une enveloppe.

— Mais... tu n'as pas à me faire de cadeau ! Tu m'as déjà tant donné...

— Ouvre-la.

Un aller simple pour Paris, à son nom.

— Je t'ai bien observée, Kat. Et bien écoutée, aussi. Nous ne sommes pas très proches, mais je te connais. Et je t'aime. Et je veux ton bonheur.

Kat se blottit contre sa mère et laissa couler ses larmes.

— Maman...

— Entendons-nous bien : la décision te revient. Ton bonheur est tout ce qui m'importe. Qu'il prenne la forme d'un séjour ou même d'une expatriation définitive à Paris, d'un mariage avec ton meilleur ami ou d'une histoire avec le beau médecin. C'est ton choix. Et rien ne doit l'influencer, surtout pas moi.

— Je… je t'aime, maman, bredouilla Kat, infiniment reconnaissante.

— Promets-moi une chose.

— Tout ce que tu voudras.

— Promets-moi de ne pas vivre avec des regrets. Ils vous poursuivent jusqu'au bout. Je ne te souhaite pas ça.

Bouleversée, Kat resta muette. Elle se contenta de serrer entre les siennes la main de sa mère.

— Je te le promets, dit-elle enfin. Pas de regrets.

Sa décision prise, elle l'assumerait.

— Ton père serait tellement fier de toi…

Kat s'allongea à côté de Lolly. Pour la première fois depuis des mois, elle était sereine.

Kat avait longtemps joui d'un sommeil profond. Rien ne la perturbait, ni les tondeuses à gazon vrombissant à l'aube, ni les clients jacassant et entrechoquant leurs tasses dans le jardin, ni leurs longues douches matinales, ni les cigales, ni le cliquetis de l'ordinateur à l'époque où June cherchait à toute heure le père de Charlie, pas même les ronflements d'Isabel. Depuis peu pourtant, elle souffrait d'insomnies. Elle se réveillait en nage au milieu de la nuit, sans raison. Et elle se mettait à ruminer. La question d'Oliver la taraudait : « Tu veux m'épouser, oui ou non ? » Puis elle avait des flashs de Matteo, songeait à son invitation à le suivre à New York pour explorer leur relation…

Il était 1 heure et des poussières. Lasse de se tourner et de se retourner en vain, Kat se leva aussi discrètement que possible et descendit dans le salon. Sans conviction, elle prit sur l'étagère un livre et un magazine, s'assit sur son pouf, alluma la télé et zappa un moment sans rien trouver qui capte son attention. En désespoir de cause, elle alla fouiller dans la DVDthèque, tomba sur *Julie & Julia*, un Meryl Streep classé par erreur sur le rayonnage dévolu à Susan Sarandon.

Kat lut le résumé. Comment avait-elle pu le manquer au moment de sa sortie ? Meryl Streep y incarnait le grand chef cuisinier Julia Child, à l'époque de sa formation à Paris. En parallèle, le spectateur suivait l'histoire de Julie Powell, jeune mariée new-yorkaise un peu paumée, en quête de sens, qui décidait de réaliser en un an les cinq cents et quelques recettes du best-seller de Julia Child sur la cuisine française. Le film s'inspirait de deux histoires vraies et le thème parlait à Kat. Elle se prépara une tasse de thé, préleva dans la bonbonnière un muffin au citron et reprit place sur son pouf.

Le film la transporta dans le Paris des années 1940-1950, où Julia Child, novice, s'inscrivait au culot dans une école de cuisine de grand renom et avait tôt fait de faire sien l'art de la cuisine française, grâce à son « ouverture d'âme et d'esprit ». Fidèle à son habitude, Meryl Streep incarnait son personnage au point que Kat oublia qu'il s'agissait d'un film : elle vivait les scènes comme en direct, en plein cœur de Paris, la Ville lumière, la ville de ses rêves...

Rien ne lui faisait plus envie que Paris.

Et sûrement pas un mariage avec Oliver, encore moins une vie rangée à Boothbay Harbor.

Bien sûr, elle comblerait sa mère en épousant le gentil voisin qui la soutenait sans faillir depuis ses cinq ans, mais elle ne la comblerait pas moins en réalisant son rêve. Lolly Weller voulait son bonheur. Kat le savait désormais.

Le mari de Julie Powell l'encourageait. Cinq cent vingt-quatre recettes en trois cent soixante-cinq jours ? Bien sûr qu'elle en était capable ! Il fallait commencer quelque part. « Julia Child n'a pas toujours été Julia Child. » Kat en avait la chair de poule : elle croyait entendre Oliver.

Lui souhaiterait-il bon voyage ? Ou fallait-il lui demander de l'accompagner ?

La meilleure réplique du film revenait, une fois de plus, à Meryl Streep. Julia Child racontait à son mari qu'au début les hommes de son cours se montraient tous très désagréables, jusqu'à ce qu'ils prennent conscience de son intrépidité, qu'elle avait d'ailleurs découverte en même temps qu'eux.

Kat aussi se voulait intrépide. Elle se félicitait d'avoir gardé son calme quand sa mère lui avait raconté ce qui s'était vraiment passé, le soir de l'accident. Et d'avoir écrit à Harrison de sa propre initiative. Elle avait suivi son instinct au lieu de céder à la peur, et ça lui avait plu.

A 2 h 45, elle remonta se coucher. Dans ses rêves, elle confectionnait des macarons dans une grande école française de pâtisserie.

On était début octobre et il faisait un temps de carte postale. Soleil au beau fixe, vingt degrés. Kat accompagnait sa mère à l'hôpital pour ses tests mais son moral, lui aussi, était au beau fixe. Depuis que Lolly lui avait offert le billet, Kat continuait de s'interroger, mais ses angoisses s'étaient dissipées. D'abord parce que sa mère, amoureuse, rassérénée, avait fait la paix avec son passé. Ensuite, à cause de l'aller simple pour Paris, caché sous son matelas : pour la première fois depuis longtemps, Kat se sentait insouciante.

L'infirmière relevait la température de sa mère et Kat saisit cette occasion de faire un saut à la cafétéria. Du bout du couloir, une grappe de médecins arrivait et, parmi eux, Matteo. Il l'aperçut et lui décocha un sourire ravageur. Comme à chaque fois, Kat se troubla.

— Je vais m'offrir un thé, tu te joins à moi ? lui proposa-t-elle.

Ils ne s'étaient pas beaucoup vus ces derniers jours. Il lui téléphonait de temps à autre, et Kat avait déjeuné avec lui rapidement à la cafétéria de l'hôpital la semaine précédente ; elle en avait profité pour reporter l'atelier muffins d'Alonzo et Francesca : sa mère n'était pas en état. A cette exception près, Kat évitait Matteo. Tout comme elle évitait Oliver. Lequel, blessé, lui envoyait des SMS de plus en plus secs : « A quoi tu joues ? Je ne comprends plus rien. » Les messages que Matteo laissait sur son répondeur, eux, se voulaient plus techniques et moins personnels : sans doute battait-il en retraite.

Matteo la détrompa.

— Je n'arrête pas de penser à toi, Kat, lui dit-il tandis qu'elle maintenait son gobelet sous le débit d'eau chaude. J'ai gardé mes distances parce que tu as une grande décision à prendre, à propos de ton… mariage. Mais je crois qu'il y a vraiment quelque chose de fort entre nous.

Et là, soudain, Kat réalisa qu'il se trompait. Il avait remué quelque chose en elle, mais à présent ça lui paraissait évident : elle ne pouvait ni se marier ni suivre un homme à New York sur un coup de tête. Matteo et son accent italien parlaient non à ses sens mais à quelque chose de bien plus profond. Il avait réveillé une envie que, par peur, elle réprimait : celle de quitter Boothbay. De voyager. De se former à Barcelone, à Rome et à Paris. De décider toute seule qui elle était – et qui elle aimait.

Matteo lui parlait et elle fixait ses lèvres qu'elle avait si souvent brûlé d'embrasser, tout en se remémorant le personnage de Clint Eastwood dans *Sur la route de Madison* : il demandait à son amante de le suivre sans se préoccuper de ce que cela impliquait pour elle. Certes, Kat n'avait encore pour sa part ni mari ni enfants, et elle n'aurait hélas plus à s'occuper de sa mère très longtemps, mais se jeter à corps perdu dans une nouvelle relation n'était pas la solution.

Elle avait besoin de voler de ses propres ailes. Une fois qu'elle se serait trouvée, elle reviendrait peut-être épouser Oliver, à moins qu'elle ne choisisse de mordre dans la belle bouche de Matteo.

En attendant, elle était libre.

Sur le canapé d'Oliver, Kat ouvrit la bouche pour lui annoncer qu'elle ne pouvait pas l'épouser, qu'elle n'était pas prête, mais elle ne parvenait pas à articuler un son. C'était une chose d'hésiter, de tergiverser et de se torturer la cervelle ; c'en était une autre de blesser Oliver, son plus fidèle ami.

— J'ai quelque chose pour toi, déclara-t-il en se levant.

Il prit une feuille de papier dans le bureau sous la fenêtre et la lui tendit.

— Qu'est-ce que c'est ?

— Lis, tu verras !

Elle parcourut le texte rapidement, poussa un cri : c'était la facture électronique d'un stage de pâtisserie de six semaines à Paris. Il commencerait le 4 janvier suivant.

— On dit que l'amour endure tout, dit Oliver. Si on est vraiment faits pour être ensemble, notre amour endurera bien une séparation de quelques mois ! Bien sûr, il est possible que tu ne reviennes jamais de Paris, ou que tu ramènes dans tes valises un petit Français à béret. Ou peut-être que c'est moi qui aurai rencontré quelqu'un... Tout ce que je sais, c'est que si tu ne pars pas tu le regretteras. Tu n'es pas prête à te marier. Je t'aime, et je dois te laisser partir.

Il la soutenait, comme elle l'espérait.

— Mon père avait raison : tu es une perle rare. Un ami, un vrai.

Il lui prit les mains.

— Je suis ton meilleur ami, Kat. Peut-être n'ai-je jamais été autre chose à tes yeux. J'ai profité d'un moment de faiblesse pour t'imposer un autre type de relation. J'en suis conscient...

— Oliver, je...

— Va à Paris. Quoi que l'avenir nous réserve, je t'aimerai toujours. Je t'ai toujours aimée, et ce n'est pas près de changer !

— Moi aussi, je t'aime, chuchota-t-elle en le serrant de toutes ses forces.

Le vendredi, la lune pleine brillait si bas dans le ciel que Kat la voyait luire par la fenêtre de la cuisine pendant qu'elle glaçait sa génoise au chocolat. Elle traça un *L* pour Lolly, un *I* pour Isabel, un *J* pour June, un *C* pour Charlie, un *K* pour Kat et un *P* pour Pearl.

Puis elle apporta son œuvre dans la chambre de Lolly, où tout le monde s'était rassemblé pour la soirée ciné.

— C'est pour moi, ce *P* ? s'émut Pearl à sa vue.

— Bien sûr, dit Kat en découpant sa part. Tu fais partie de la famille !

Pearl s'illumina.

— Ton compagnon se joint à nous ? demanda Isabel, qui lorgnait sa part de gâteau, l'eau à la bouche.

— Non, dit Lolly, un peu gênée. Il arrivera vers 22 heures. Il me tarde de le voir. Je suis heureuse qu'il fasse à nouveau partie de ma vie.

Kat et ses cousines échangèrent un regard béat et Lolly lança *Out of Africa*.

— Je suis également très heureuse de revoir ce film. C'est mon préféré. Il m'a tellement émue la première fois que je ne pensais pas trouver le courage de le revoir… mais je me sens prête.

— Moi aussi, je l'aime beaucoup, dit Pearl. Et Robert Redford est à couper le souffle !

« J'avais une ferme en Afrique… » Le silence se fit.

Meryl Streep incarnait Karen Blixen, la narratrice. Son mari commençait par piller sa fortune pour acheter en Afrique une plantation de café puis la délaissait et enfin la trompait. Karen, elle, tombait follement amoureuse de sa contrée d'adoption et s'éprenait d'un homme encore plus indépendant qu'elle. Mais elle exigeait de lui une chose qu'il n'était pas prêt à lui donner, et pour ne pas trahir ses valeurs elle renonçait à lui. A la fin, elle perdait tout : sa ferme, son grand amour… mais jamais sa dignité.

Aux trois quarts du film, Lolly appuya sur la touche « pause » et se tamponna les yeux.

— Cette scène, je m'en souviens par cœur. Ce moment où elle a tout perdu et explique que quand tout va très mal, quand elle sent que trop, c'est trop, elle se remémore son bonheur passé... Et que, quand elle se sent à bout de résistance, elle tient un petit moment de plus, et elle sait alors qu'elle peut tout endurer... C'est tellement vrai.

Elle appuya sur « lecture ».

June renifla.

— Désolée, je pleure comme une Madeleine.

— Moi aussi ! dit Isabel en lui piquant un mouchoir.

Kat tenait la main de sa mère. Comme les autres, elle retenait son souffle, tendue, et se désintéressait complètement du pop-corn. A l'écran, Meryl Streep, le cœur brisé, disait à Robert Redford qu'il ne lui offrait pas assez.

— Mets sur « pause » ! dit soudain Isabel. Il faut que je note cette citation : « Il y a des moments qui valent la peine mais il faut en payer le prix, et je veux être un de ces moments. » Je vais la garder dans mon portefeuille...

Kat comprit d'un coup ses hésitations des mois passés. Elle avait douté de ce qu'elle croyait valoir.

A présent, elle avait son billet d'avion et son stage prépayé. Elle avait sa famille. Et elle avait un but : trouver qui elle était.

Trois jours plus tard, Lolly mourut dans son sommeil. Kat s'était réveillée sur la chaise longue vers 4 heures du matin. Un souffle d'air agitait les voilages par la fenêtre entrouverte. Elle s'était levée pour la fermer puis s'était penchée au-dessus du visage de sa mère, et elle avait compris tout de suite qu'elle ne dormait pas.

Elle s'était agenouillée à son chevet, avait dit une prière et, secouée de sanglots, était montée réveiller ses cousines.

A l'enterrement, Pearl fit une oraison funèbre très touchante et, sur un rythme lent, entonna « SOS », la chanson d'ABBA qu'interprétait Meryl Streep dans *Mamma Mia !*. Kat se surprit à la fredonner, elle aussi. June et Isabel, qui l'enlaçaient, en psalmodiaient les paroles.

Bien plus tard, quand chacun fut rentré chez soi, les trois cousines se réunirent au salon et allumèrent une bougie pour Lolly. Sur le poste de télévision se trouvait une sélection de longs métrages en prévision de la prochaine soirée ciné : *The Hours*, *Le Temps d'un été*, *Julia* et *La Dame de fer*. Mais comment regarder un film de Meryl Streep sans Lolly ? Il était trop tôt, pour le moment du moins.

Sur le mur, à droite de la télévision, Kat avait accroché le cadeau qu'elle et ses cousines avaient offert à sa mère deux jours avant sa mort : un portrait peint d'après une photo prise en septembre et qui les représentait, sur le perron de l'auberge, Isabel, June et elle.

Les trois capitaines, enfin réunis.

Remerciements

Alexis Hurley, chez InkWell Management, est un agent littéraire extraordinaire à l'œil éditorial acéré. Il a cru en mon roman et m'a soutenue dès le début. Il n'y a pas assez de bon chocolat sur terre pour le remercier de tout ce qu'il a fait pour moi !

Par une heureuse conjonction des astres, il m'a été donné de travailler avec Karen Kosztolnyik, éditrice chez Simon & Schuster/Gallery. Elle m'a aidée à ciseler mon texte tout en traitant mes personnages avec amour. J'espère collaborer à nouveau avec elle sur de prochains romans !

Louise Burke et Jen Bergstrom, de Gallery, ont cru en moi et en mon livre : du fond du cœur, je les en remercie.

Quant à Kara Cesare, ma bonne fée éditrice, je la remercie également.

Mes amis et ma famille, à vous aussi j'adresse un grand merci, et surtout à toi, mon cher fils, dont le sourire et l'énergie m'inspirent jour après jour. Mais quand même, dire à une cinéphile que Meryl Streep est « cool » parce qu'elle a fait la voix de Mrs Fox dans *Fantastic Mr Fox* !

Il y a maintenant plusieurs années, je suis tombée sur une interview de Meryl Streep dans le cadre de l'émission *Inside the Actors Studio*. Pour conclure, James Lipton lui a demandé : « Si le paradis existe, que souhaitez-vous entendre de la bouche de Dieu à votre arrivée ? » Meryl a ouvert grand les bras et répliqué : « Par ici, tout le monde ! » C'est pour cela que je l'aime. Aussi loin qu'il m'en souvienne, je l'ai toujours trouvée belle et surtout incroyablement douée.

Merci, Meryl, pour tes plus de cinquante rôles qui m'ont fait rire, pleurer, réfléchir et rêver. Ce roman est pour toi.

MIXTE
Issu de sources responsables
FSC® C003309

Composé par Nord Compo Multimédia
7, rue de Fives, 59650 Villeneuve-d'Ascq

Cet ouvrage a été imprimé en France par

FIRMIN-DIDOT

à Mesnil-sur-l'Estrée (Eure)
septembre 2012

N° d'impression : 113712
Dépôt légal : octobre 2012